BYE BYE STUDIO'S

FASHION SKETCHBOOK
CAHIER DE CROQUIS DE MODE

NAME

BRAND

EMAIL

PHONE

BYE BYE
STUDIO

BODY MEASUREMENTS/*MESURES*

For precise body measurements, use a flexible, non-stretch tape measure and keep it level and comfortably snug. Measure with the subject standing naturally and relaxed. Sizing standards differ globally: a U.S. size 8 usually equates to a European size 38 and a U.K. size 12. Asian sizes often run smaller. Consulting size conversion charts is essential for accurate fitting across different markets.

Pour des mesures précises, utilisez un ruban flexible et non extensible, et assurez-vous qu'il reste niveau et confortablement ajusté. Prenez les mesures avec la personne debout et détendue. Les tailles varient globalement : une taille 8 aux États-Unis correspond généralement à une taille 38 en Europe et à une taille 12 au Royaume-Uni. Les tailles asiatiques sont souvent plus petites. Consultez les tableaux de conversion pour un ajustement précis.

STANDARD BODY MEASUREMENTS/*MESURES CORPORELLES STANDARD* in | cm

Size/Taille (US)	4		6		8		10		12	
Size/*Taille* (UK/AU)	8		10		12		14		16	
Size/*Taille* (DE/NL/DK/SE)	34		36		38		40		42	
Size/*Taille* (FR/ES/IT)	36		38		40		42		44	
Head/*Tour de tête*	21 1/2	54.6	21 1/3	55.25	21 3/4	55.25	22	55.8	22	55.8
Neck/*Tour d'encolure*	14	35.6	14 1/4	36.2	14 1/2	36.8	14 3/4	37.5	15	38
Shoulder width/*Largeur d'épaules*	15	38	15 1/4	38.75	15 1/2	39.4	15 3/4	40	16	40.6
Front width/*Largeur devant*	11 7/8	30.2	12 3/8	31.5	13	33	13 1/4	33.65	14 1/8	36
Cross-Back Measur./*Carrure dos*	12 1/4	31	12 7/8	32.7	13 1/8	33.5	13 1/4	33.65	14 1/8	36
Bust/*Tour de poitrine*	34 3/8	87.3	35 3/8	89.75	36 3/8	92.4	37 7/8	96.25	39 3/8	100
Neck to Bustpoint/*Hauteur de poitrine*	10	25.4	10 1/8	25.75	10 3/8	26.4	10 3/4	27.25	11 1/8	28.25
Waistline/*Tour de taille*	26 1/2	66.4	27 1/4	69.25	28 1/2	72.5	29 3/4	75.5	31 1/4	79.5
Shoulder lenght/*Longueur épaule*	14.2	36	14.6	37.1	15	38.1	15.4	39.1	15.8	40.1
Neck to Waist/*Longueur taille devant*	14	35.6	14 1/4	36.2	14 1/2	36.8	14 3/4	37.5	15	38
Neck to Waist back/*Longueur taille dos*	15 5/8	39.75	15 7/8	40.3	16 1/4	41.25	16 1/2	42	16 3/4	42.5
High Hip/*Tour de petites hanches*	33 3/8	84.75	34 5/8	88	35 3/4	90.75	37 1/4	94.5	38 3/4	98.5
Hip/*Tour de grandes hanches*	36 3/8	92.4	37 3/8	95	38 1/2	97.75	40	101.5	41 1/2	105.5
Inseam/*Hauteur taille à terre*	29 3/4	75.5	30	76.2	30 1/4	76.75	30 1/2	77.5	30 3/4	78
Total Rise/*Enfourchure*	25 1/4	64.25	26	66	26 5/8	67.75	27 3/8	69.5	28 1/8	71.5
Rise/*Hauteur du montant*	10 7/8	27.4	11	28	11 3/8	29	11 5/8	29.5	11 7/8	30.2
Thigh/*Tour de cuisse*	20 1/8	51	20 3/4	52.75	21 1/4	54	22 5/8	57.5	24	61
Arm Lenght/*Longueur bras*	21 1/2	54.6	21 7/8	55.5	22 1/2	57.2	23 1/4	59	23 3/4	60.3
Elbow/*Tour de coude*	8 3/4	22	8 3/4	22	9 1/8	23	9 1/4	23.5	9 1/2	24
Wrist/*Tour de poignet*	6 1/8	15.5	6 3/8	16	6 1/2	16.5	6 3/4	17	7	17.8
Bustpoint to Bustp./*Ecart de poitrine*	7.9	20.1	8.3	21	8.7	22	9.1	23.1	9.4	24
Bicep/*Tour de bras*	10 1/2	26.5	10 3/4	27.25	11	28	11 14	28.5	11 1/2	29.25
Knee/*Tour de genou*	13 1/4	33.65	13 5/8	34.5	14 1/4	36.2	14 5/8	37	15	38
Calf/*Tour de mollet*	12 1/4	31	12 7/8	32.7	13 1/2	34.3	13 3/4	35	14 1/2	36.8
Waist to Hip/*Hauteur taille-Hanches*	7.5	19.1	7.9	20.1	8.3	21	8.7	22	9.1	23.1
Ankle/*Tour de cheville*	9 1/4	23.5	9 1/2	24	9 3/4	24.8	10	25.4	10 1/4	26
Armhole Circumference/*Tour d'emmanchure*	15	38.1	15.4	39.1	15.7	39.9	16.1	40.9	16.5	41.9
Waist to knee/*Hauteur taille au genou*	20.5	52.1	20.9	53.3	21.3	54	21.7	55	22	56
Side to Floor/*Hauteur taille côté à terre*	39	99	39.4	100	39.8	101	40.2	102	40.6	103

STANDARD BRA SIZES/*TAILLES DE SOUTIEN-GORGE STANDARD*

Bust Size/*Tour de poitrine* Underbust Size/*Tour sous-poitrine*	<1	1	2	3	4	5	6	7	8
EU & US	AA	A	B	C	D	E / DD	F / DDD	G	H
UK	AA	A	B	C	D	DD	E	F	FF

STANDARD HAT SIZES/*TAILLES DE CHAPEAU STANDARD*

Size/*Taille*	XS	S	S	M	M	L	L	XL	XL
Size/*Taille* (US)	6 5/2	6 3/4	6 7/8	7	7 1/8	7 1/4	7 3/8	7 1/2	7 5/8
Size/*Taille* (UK)	6 1/2	6 5/8	6 3/4	6 7/8	7	7 1/8	7 1/4	7 3/8	7 1/2
Size/*Taille* (EU)	32	34	36	38	40	42	44	46	48
Circumference (cm)	53	34	55	56	57	58	59	60	61

STANDARD SHOE SIZES/*TAILLES DE CHAUSSURES STANDARD*

Size/*Taille* (US)	6	6.5	7	7.5	8	8.5	9	9.5	10
Size/*Taille* (UK)	3.5	4	4.5	5	5.5	6	6.5	7	7.5
Size/*Taille* (AU)	4.5	5	5.5	6	6.5	7	7.5	8	8.5
Size/*Taille* (EU)	36	37	37.5	38	38.5	39	40	41	42
Size/*Taille* (JP)	22	22.5	23	23.5	24	24.5	25	25.5	26

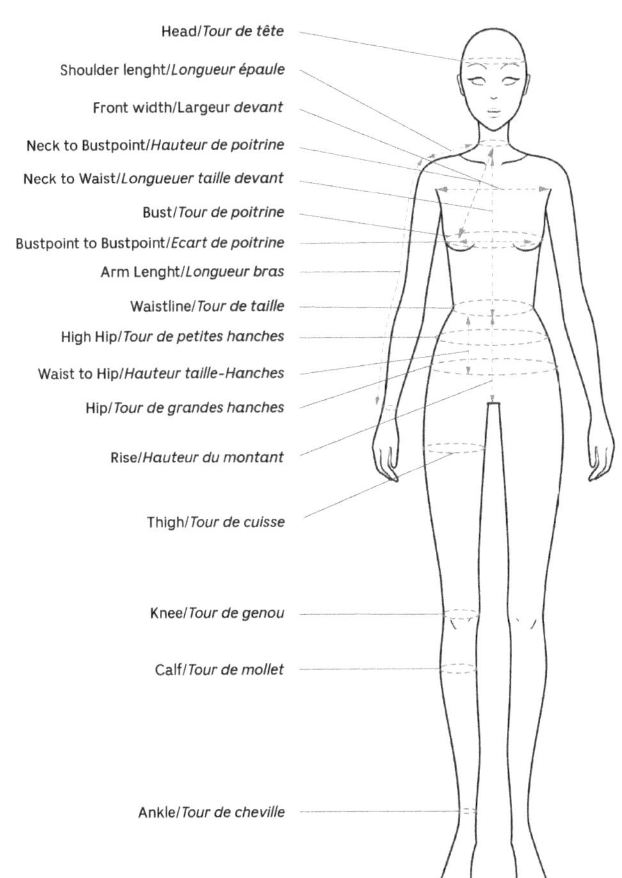

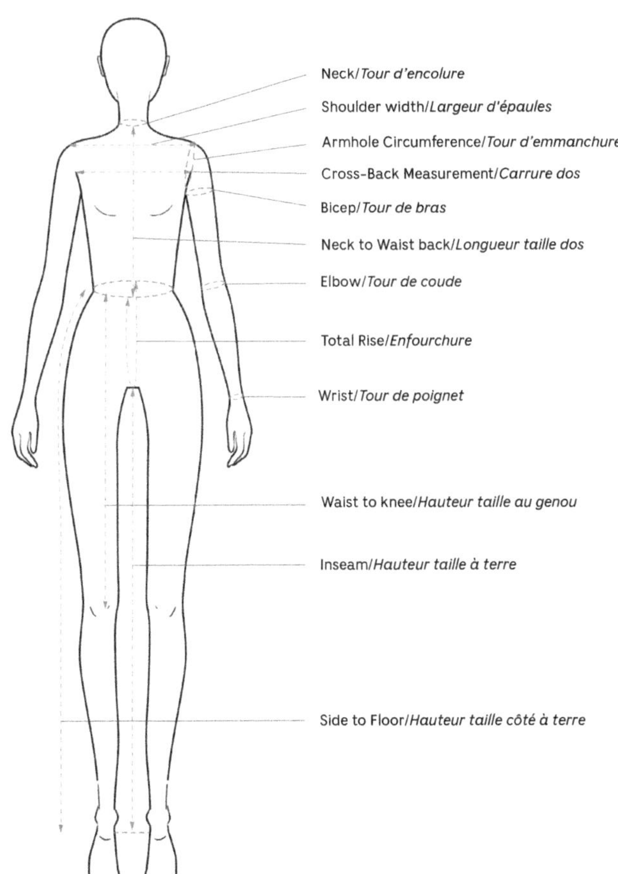

OUTERWEAR/*VÊTEMENTS D'EXTÉRIEUR*

Outerwear includes clothing like coats, jackets, and raincoats, designed to be worn over other clothes for protection against the weather. It ranges from lightweight for mild conditions to heavy-duty for extreme weather, serving both practical and fashion purposes.

Les vêtements d'extérieur comprennent des articles tels que les manteaux, les vestes et les imperméables, conçus pour être portés par-dessus d'autres vêtements afin de se protéger contre les intempéries. Ils vont des modèles légers adaptés aux conditions douces aux modèles robustes adaptés aux conditions extrêmes, répondant à la fois à des besoins pratiques et esthétiques.

Wrap Coat
Manteau portefeuille

Double breasted Blazer
Blazer croisé

Baby Doll Coat
Manteau Baby Doll

Blazer
Blazer

Cape
Cape

Bolero
Boléro

Biker Jacket
Blouson de motard

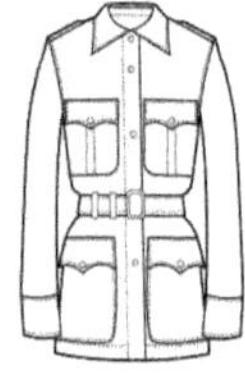

Safari Jacket
Veste Safari

Blouson
Blouson

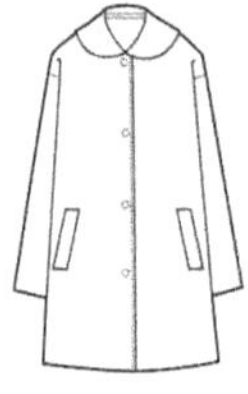

A-Line Coat
Manteau évasé

Windbreaker
Coupe-vent

Denim Jacket
Veste en jean

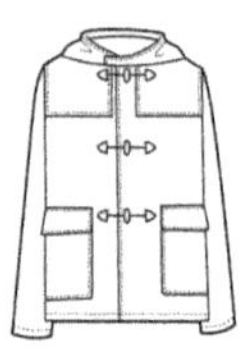

Duffle Coat
Manteau duffle

Wrap Coat
Manteau portefeuille

Parka
Parka

H-Line Coat
Manteau ligne H

Tuxedo
Smoking

Varsity Jacket
Blouson universitaire

Fleece Jacket
Veste polaire

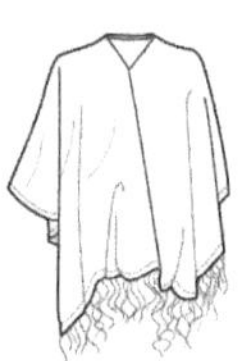

Poncho
Poncho

Trench Coat
Manteau trench

Zip-up Hoodie
Sweat à capuche zippé

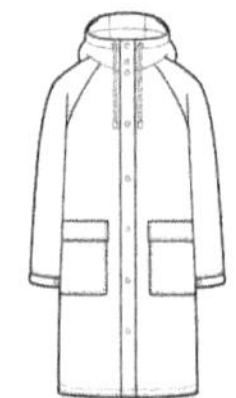

Rain Coat
Imperméable

Pea Coat
Caban

Down Jacket
Doudoune

Frock Coat
Redingote

PANTS/*PANTALONS*

When designing pants, focus on elements such as fit, rise, and cut to ensure both comfort and style. Accurate measurements of the waist, hips, inseam, and outseam are essential for achieving a precise and flattering fit. Consider the fabric's drape, stretch, and weight to enhance the garment's overall silhouette and functionality.

Lors de la création de pantalons, il est important de se focaliser sur des éléments clés comme la coupe, la hauteur de taille et le design pour assurer confort et style. Des mesures précises de la taille, des hanches, de l'entrejambe et de l'ourlet sont essentielles pour obtenir un ajustement précis et flatteur. Il est également crucial de considérer le drapé, l'élasticité et le poids du tissu pour améliorer la silhouette et la fonctionnalité du vêtement.

SKIRTS/*JUPES*

In skirt design, focus on elements such as waist fit, length, and silhouette to achieve a harmonious balance between comfort and aesthetics. Precise measurements of the waist, hips, and length are crucial for ensuring a flattering and tailored fit. Additionally, consider the fabric's flow, drape, and weight to enhance the overall form and movement of the skirt.

Lors de la conception de jupes, il est essentiel de se concentrer sur l'ajustement à la taille, la longueur et la silhouette pour un équilibre entre confort et esthétique. Des mesures précises de la taille, des hanches et de la longueur assurent un ajustement flatteur. Le drapé, la fluidité et le poids du tissu sont également importants pour optimiser la forme et le mouvement de la jupe, garantissant ainsi un design à la fois élégant et fonctionnel.

Wrap skirt
Jupe portefeuille

Fitted Skirt
Jupe ajustée

Safari Skirt
Jupe safari

Wrapover Skirt
Jupe croisée

Pencil Skirt
Jupe crayon

Sunray Peats Skirt
Jupe à plis soleil

Full Cercle Skirt
Jupe cercle

Half Cercle Skirt
Jupe demi-cercle

Poncho Skirt
Jupe poncho

Sarong
Sarong

Tiered Skirt
Jupe à étages

Mini Skirt
Jupe mini

Tennis Skirt
Jupe de tennis

Godet Skirt
Jupe godet

Handkerchief Skirt
Jupe mouchoir

Flounce Skirt
Jupe à volants

Draped Skirt
Jupe drapée

Culottes Skirt
Jupe Culottes

Balloon Skirt
Jupe ballon

Bib Skirt
Jupe bretelles

Scottish Kilt
Kilt écossais

Petticoat
Jupon

A-line Jeans Skirt
Jupe en jean évasée

Inverted Pleat Skirt
Jupe à plis inversés

Fringes Skirt
Jupe à franges

Skirt with Box Pleats
Jupe à plis plats

TOPS/*HAUTS*

In designing tops, attention to detail is key, particularly regarding fit, neckline shape, and sleeve type to achieve a stylish yet comfortable garment. Taking accurate measurements of the bust, waist, and overall length ensures a well-fitted piece that flatters the figure. Additionally, the choice of fabric plays a significant role; considering its texture, elasticity, and weight can enhance the drape and movement of the top.

Dans la création de hauts, il est crucial de prêter attention aux détails, notamment l'ajustement, la forme de l'encolure et le type de manches pour obtenir un vêtement à la fois élégant et confortable. Des mesures précises du buste, de la taille et de la longueur totale garantissent un ajustement flatteur. Par ailleurs, le choix du tissu est déterminant ; prendre en compte sa texture, son élasticité et son poids peut améliorer le drapé et le mouvement du haut.

Tube Top *Haut tube*	Babydoll Shirt *Chemise babydoll*	Wrap Top *Top cache-cœur*	Tank Top *Débardeur*	Henley T-shirt *T-shirt Henley*
Corset *Corset*	Sailor Shirt *Marinière*	Longsleeve Shirt *T-shirt à manches longues*	Shirt *Chemise*	T-shirt *T-shirt*
Crop Top *Crop Top*	Military Shirt *Chemise militaire*	Dashiki Blouse *Blouse dashiki*	Knotted Blouse *Blouse nouée*	Chinese Collar Blouse *Blouse à col Mao*
Chinese Blouse *Blouse chinoise*	Tunic *Tunic*	Blouse with Jabot *Blouse avec jabot*	Romantic Blouse *Blouse romantique*	Body *Body (Justaucorps)*
Hoodie *Sweat à capuche*	Pussycat Bow Blouse *Blouse à nœud papillon*	Blouse *Blouse*	Carmen Blouse *Blouse Carmen*	Wrap Blouse *Blouse cache-cœur*

Pussycat Bow Blouse
Blouse à nœud papillon

KNIT WEAR/*MAILLE*

The choice of yarn—be it merino, cashmere, or a synthetic blend—affects the garment's drape, warmth, and resilience. Pay attention to knitting techniques, as they influence the fabric's elasticity and visual pattern. Precise measurements ensure the garment contours comfortably to the body, while the knit's structure can enhance or alter the silhouette.

Le choix du fil—qu'il s'agisse de mérinos, de cachemire ou de mélanges synthétiques—affecte le drapé, la chaleur et la résilience du vêtement. Il est important de prêter attention aux techniques de tricot, car elles influencent l'élasticité du tissu et le motif visuel. Des mesures précises garantissent que le vêtement épouse confortablement les courbes du corps, tandis que la structure du tricot peut améliorer ou modifier la silhouette.

Ribbed crewneck Knit Sweater
Pull en tricot à col rond côtelé

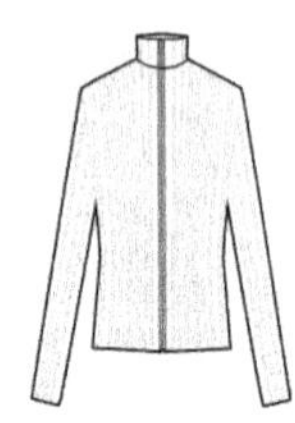

Zipped Knit Sweater
Pull en tricot zippé

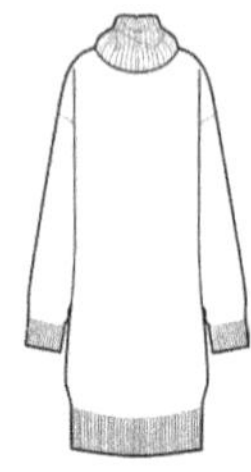

Knit Dress
Robe en tricot

Knit Wrap Cardigan
Cardigan en tricot à nouer

Knit Vest
Gilet en tricot

V-Neck Knit Sweater
Pull en tricot à col en V

Slipover with Argyle Pattern
Débardeur à motif argyle

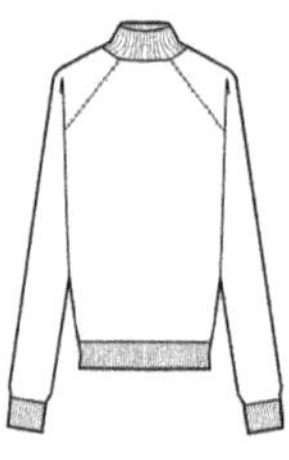

Raglan Knit Sweater
Pull en tricot à manches raglan

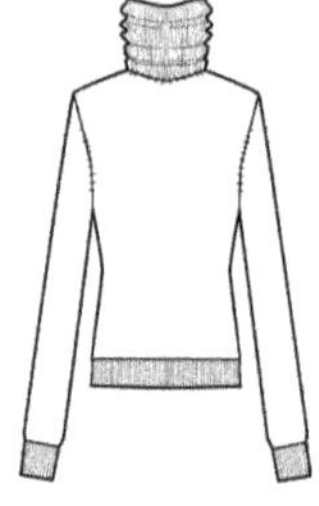

Tube Collar Knit Sweater
Pull en tricot à col tube

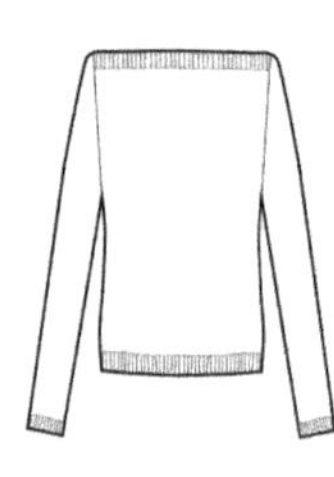

Off the Shoulder Knit Sweater
Pull en tricot décolleté

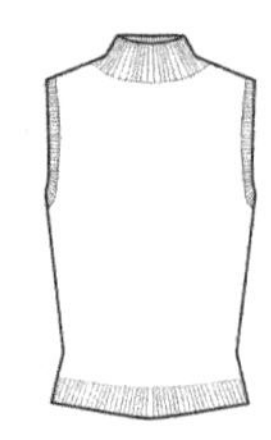

Sleeveless Turtleneck
Gilet à col roulé

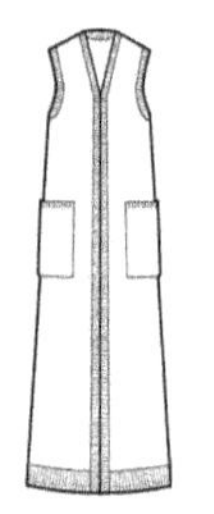

Sleeveless long Knit Vest
Gilet long en tricot sans manches

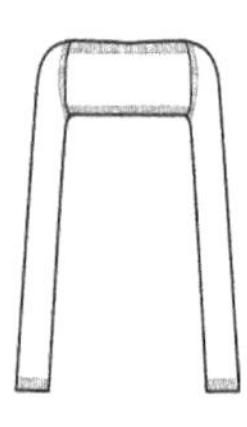

Knit Shrug
Boléro en tricot

Short Knit Vest
Gilet court en tricot.

Rollneck Knit Sweater
Pull en tricot à col roulé

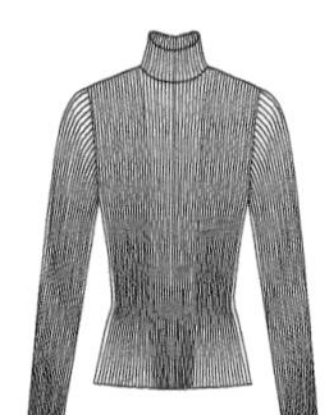

Ribbed Turtleneck Knit Sweater
Pull en tricot à col roulé côtelé

Polo Knit Sweater
Pull en tricot à col polo

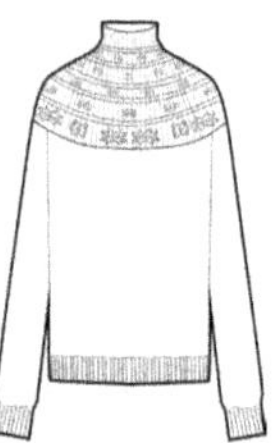

Scandinavian Sweater
Pull scandinave

Knit cardigan
Cardigan en tricot

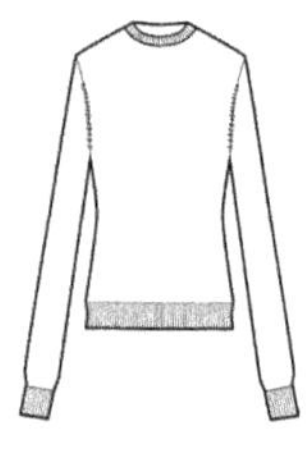

Crewneck Knit Sweater
Pull en tricot à col rond

Long Knit Coat
Manteau long en tricot

Twin Set
Twinset

Troyer
Pull à col camionneur

Army Sweater
Pull militaire

Sweater with Shawl collar
Pull à col châle

DRESSES/*ROBES*

In designing dresses, prioritize the interplay between silhouette and fabric to achieve a distinctive aesthetic. Experimenting with construction techniques, such as darts or princess seams, can enhance the shape and fit, allowing for a tailored look. Additionally, the choice of fabric—whether flowing chiffon or structured cotton—affects how the dress falls and moves, making it essential to consider the intended use and seasonality for optimal design impact.

Lors de la conception de robes, il est crucial de privilégier l'interaction entre la silhouette et le tissu pour créer une esthétique unique. L'expérimentation avec des techniques de construction, comme les pinces ou les coutures princesses, peut améliorer la forme et l'ajustement, offrant un look ajusté. De plus, le choix du tissu—qu'il s'agisse de chiffon fluide ou de coton structuré—impacte la façon dont la robe tombe et se déplace, rendant essentiel de considérer l'utilisation prévue et la saisonnalité pour un impact de design optimal.

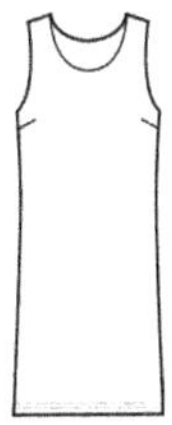

Shift Dress
Robe droite

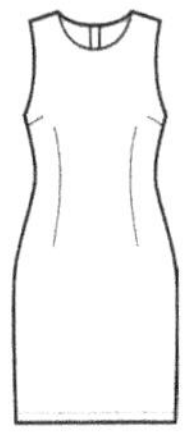

Sheath Dress
Robe fourreau

Shirt Dress
Robe chemise

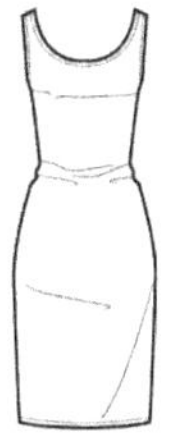

Tank Dress
Robe débardeur

Cut-out Dress
Robe découpée

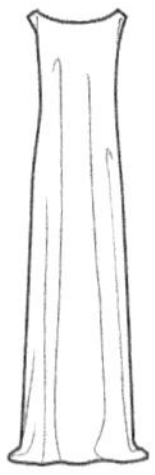

Column dress
Robe colonne

Sari
Sari

Cocktail Dress
Robe de cocktail

Pareo Wrap Dress
Robe pareo

Folk Dress
Robe folklorique

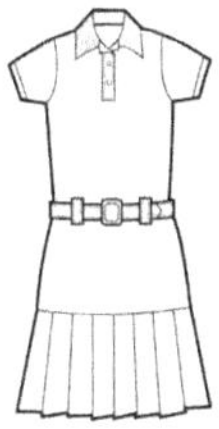

Polo Dress
Robe Polo

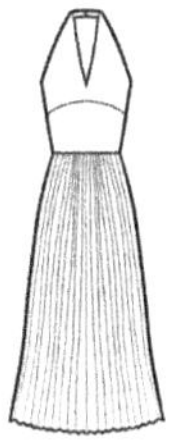

Halterneck Dress
Robe à dos nu

Babydoll Dress
Robe babydoll

Bishop Dress
Robe à smocks

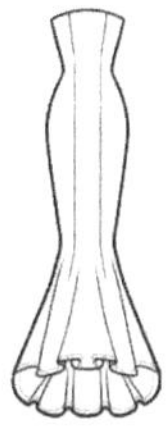

Mermaid Dress
Robe sirène

Wrap Dress
Robe portefeuille

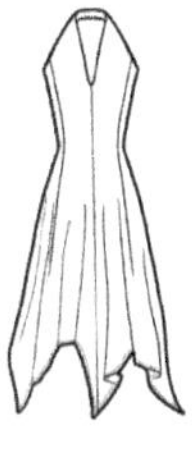

Handkerchief Dress
Robe mouchoir

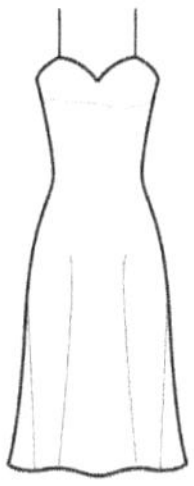

Slip Dress
Robe nuisette

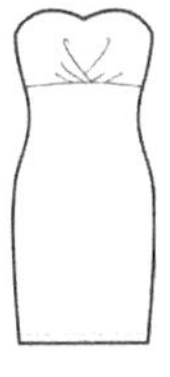

Strapless Dress
Robe sans bretelles

Tunic Dress
Robe tunique

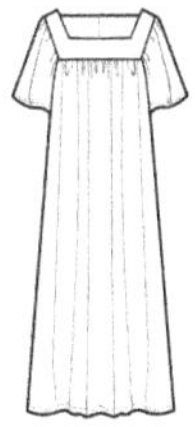

Patio Dress
Robe patio

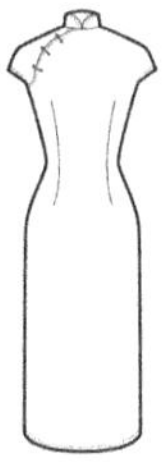

Chinese Dress
Robe chinoise

Ball Gown
Robe de bal

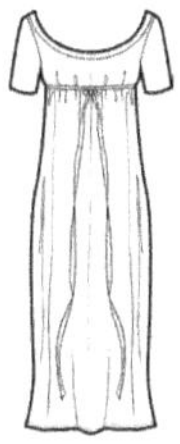

Empire Dress
Robe empire

Dirndl
Dirndl

Overlay Dress
Robe superposée

LINGERIE/*LINGERIE*

In lingerie design, focus on the balance between aesthetics and comfort, ensuring that each piece enhances the wearer's body while providing adequate support. Pay attention to construction details such as seam placement and elastic quality, as these factors significantly influence fit and longevity. The choice of fabrics—like delicate lace or breathable cotton—plays a crucial role in defining the lingerie's overall feel and appeal, allowing for a blend of sensuality and practicality.

Dans la conception de lingerie, il est essentiel de trouver l'équilibre entre esthétique et confort, en veillant à ce que chaque pièce mette en valeur le corps tout en offrant un soutien adéquat. Portez une attention particulière aux détails de construction, tels que le placement des coutures et la qualité de l'élastique, car ces éléments influencent considérablement l'ajustement et la durabilité. Le choix des tissus—comme la dentelle délicate ou le coton respirant—joue un rôle crucial dans la définition de la sensation et de l'attrait de la lingerie, permettant de marier sensualité et praticité.

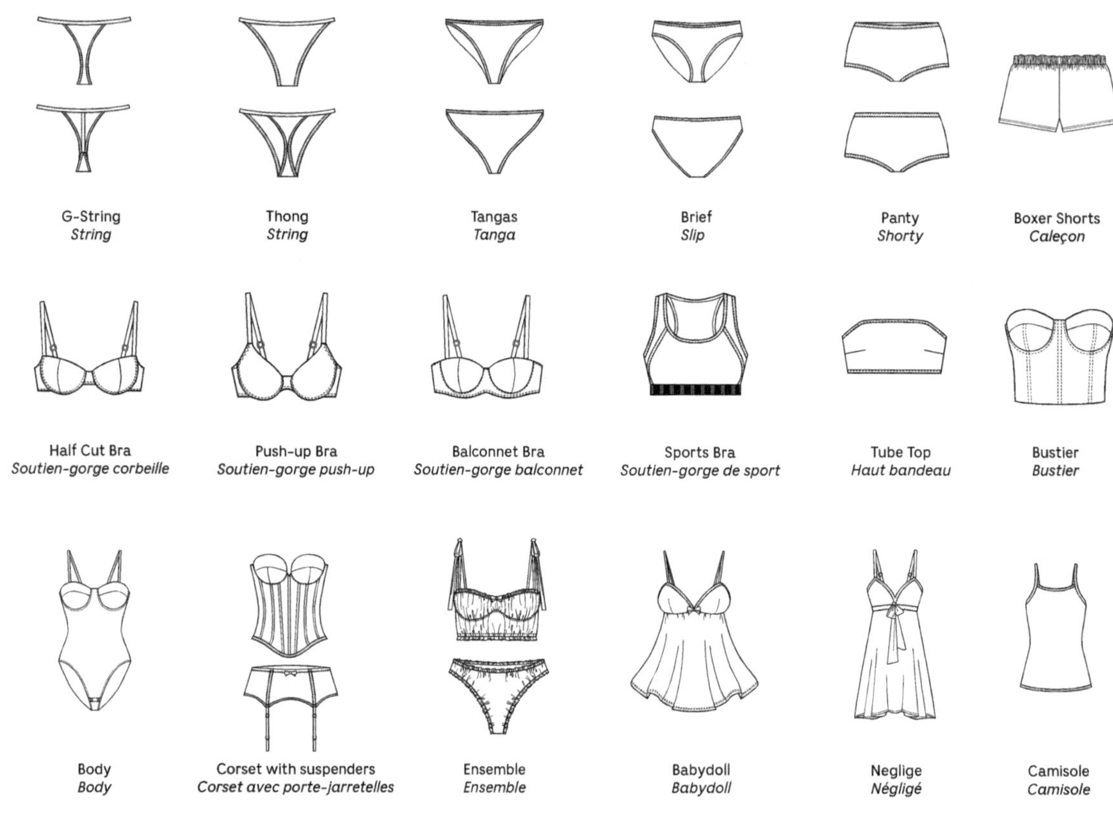

G-String	Thong	Tangas	Brief	Panty	Boxer Shorts
String	*String*	*Tanga*	*Slip*	*Shorty*	*Caleçon*

Half Cut Bra	Push-up Bra	Balconnet Bra	Sports Bra	Tube Top	Bustier
Soutien-gorge corbeille	*Soutien-gorge push-up*	*Soutien-gorge balconnet*	*Soutien-gorge de sport*	*Haut bandeau*	*Bustier*

Body	Corset with suspenders	Ensemble	Babydoll	Neglige	Camisole
Body	*Corset avec porte-jarretelles*	*Ensemble*	*Babydoll*	*Négligé*	*Camisole*

SWIMWEAR/*MAILLONS DE BAIN*

In swimwear design, prioritize fit and functionality to ensure comfort and support during movement. Consider details like seam construction and lining, as these impact both durability and appearance. The choice of fabrics, such as quick-drying nylon or stretchy spandex, is essential for achieving the desired shape and performance, while also allowing for creative prints and styles that reflect personal expression.

Dans la conception de maillots de bain, il est crucial de privilégier l'ajustement et la fonctionnalité pour garantir confort et soutien en mouvement. Prenez en compte des détails comme la construction des coutures et la doublure, qui influencent la durabilité et l'apparence. Le choix des tissus, comme le nylon à séchage rapide ou le spandex extensible, est essentiel pour obtenir la forme et la performance souhaitées, tout en permettant des motifs et styles créatifs qui reflètent l'expression personnelle.

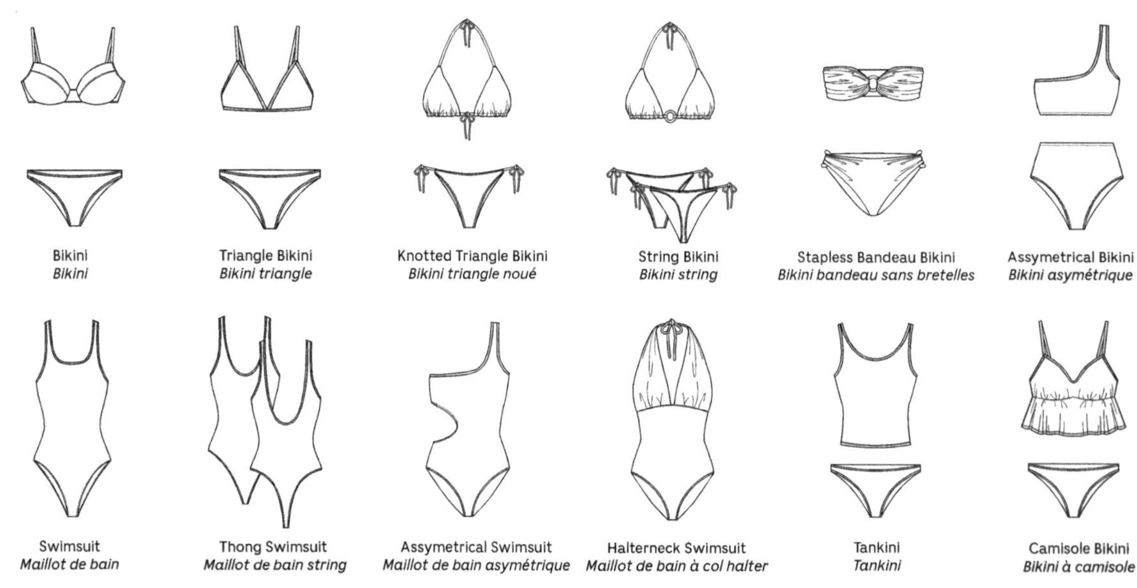

Bikini	Triangle Bikini	Knotted Triangle Bikini	String Bikini	Stapless Bandeau Bikini	Assymetrical Bikini
Bikini	*Bikini triangle*	*Bikini triangle noué*	*Bikini string*	*Bikini bandeau sans bretelles*	*Bikini asymétrique*

Swimsuit	Thong Swimsuit	Assymetrical Swimsuit	Halterneck Swimsuit	Tankini	Camisole Bikini
Maillot de bain	*Maillot de bain string*	*Maillot de bain asymétrique*	*Maillot de bain à col halter*	*Tankini*	*Bikini à camisole*

FASHION SILHOUETTES/*SILHOUETTES DE MODE*

Fashion silhouettes define the shape and outline of clothing on a figure, capturing style changes over time. They result from design choices in cut and fit, influencing garment and collection appearances.

Les silhouettes de mode dessinent les contours et la forme des tenues sur le corps, reflétant l'évolution des styles à travers le temps. Elles découlent des décisions de coupe et de confection, modelant ainsi le visuel des pièces individuelles et des collections entières.

NECKLINES/DÉCOLLETÉS

Necklines play a pivotal role in defining a garment's character, influencing its silhouette and accentuating the wearer's features. Each neckline, from the timeless crew neck to the bold off-the-shoulder style, carries a unique aesthetic that shapes fashion trends and personal expression. As designers experiment with innovative cuts, they create a harmonious blend of comfort and style while honoring the classic designs.

Les encolures jouent un rôle essentiel dans la définition du caractère d'un vêtement, influençant sa silhouette et mettant en valeur les caractéristiques du porteur. Chaque encolure, du classique col rond au style audacieux dénudé d'épaule, offre une esthétique unique qui façonne les tendances de la mode et l'expression personnelle. À mesure que les designers expérimentent des coupes innovantes, ils créent un mélange harmonieux de confort et de style tout en rendant hommage aux designs classiques.

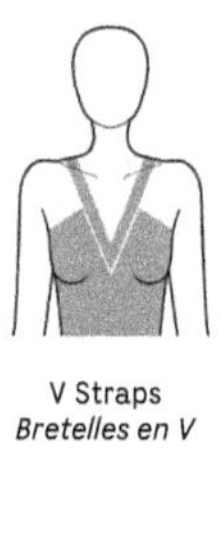 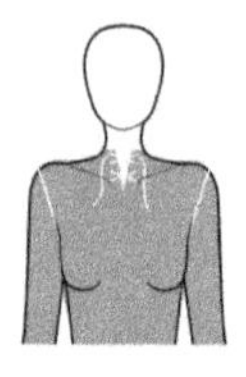 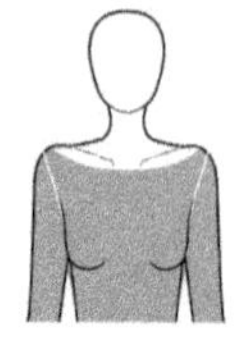 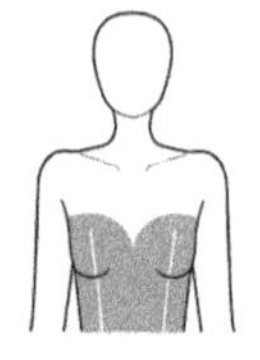 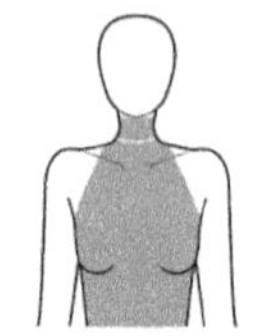 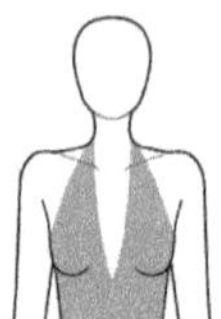

| V Straps | Lace up Neckline | Bateau Neckline | Heart Shaped Neckline | American Shoulder | Halterneck |
| *Bretelles en V* | *Encolure lacée* | *Encolure bateau* | *Encolure en cœur* | *Encolure américaine* | *Encolure dos nu* |

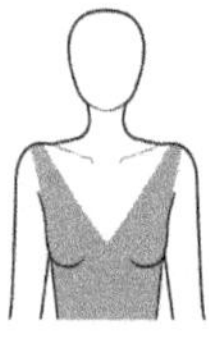 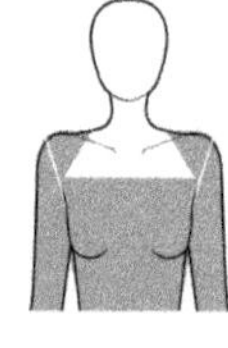 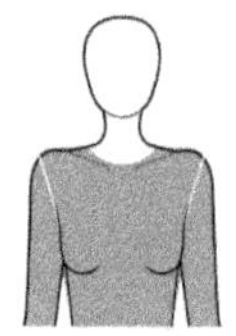 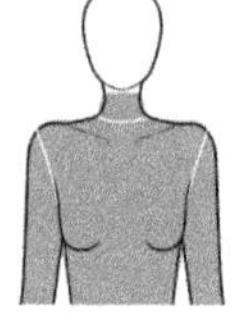 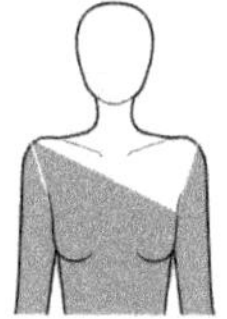

| V Neckline | Trapez Neckline | Round Neckline | Vamp Neckline | Turtleneck | Assymetric Neckline |
| *Encolure en V* | *Encolure trapèze* | *Encolure ronde* | *Encolure plongeante* | *Col roulé* | *Encolure asymétrique* |

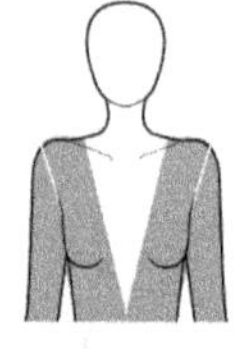 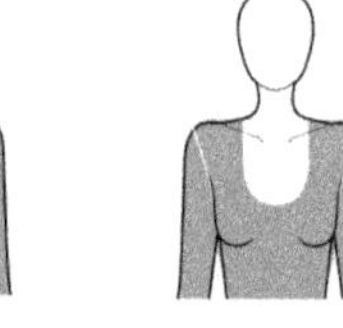 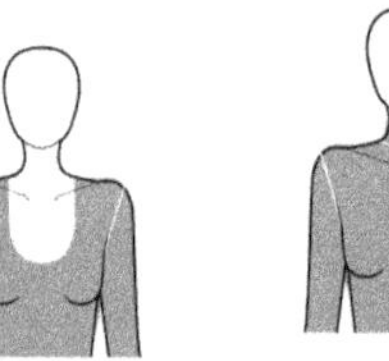 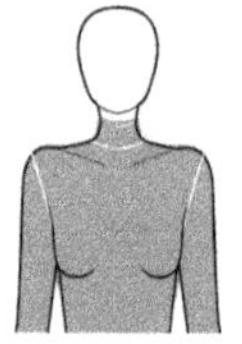 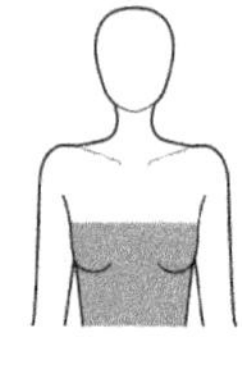 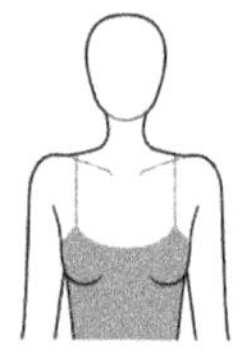 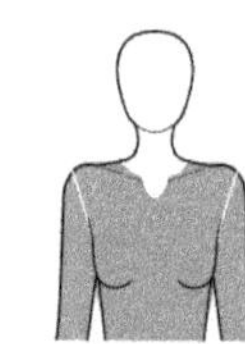

| Plunging V Neckline | U Neckline | Rollneck | Strapless Neckline | Thin strap Neckline | Notch Neckline |
| *Encolure plongeant V* | *Encolure en U* | *Col roulé* | *Encolure sans bretelles* | *Encolure à fines bretelles* | *Encolure fendue* |

LAPELS/REVERS

The choice between notched, shawl, or peak lapels can dramatically alter a garment's silhouette and overall aesthetic, with each style serving a unique purpose. Reinforcement techniques, such as interlining and stitching, not only enhance the durability of lapels but also help maintain their structure, ensuring a polished appearance that stands the test of time.

Le choix entre des revers crantés, châles ou à pointe peut transformer la silhouette et l'esthétique d'un vêtement, chaque style ayant sa propre fonction. Les techniques de renforcement, telles que l'entoilage et les coutures, améliorent non seulement la durabilité des revers, mais aident également à maintenir leur structure, garantissant un aspect soigné qui résiste à l'épreuve du temps.

 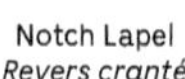 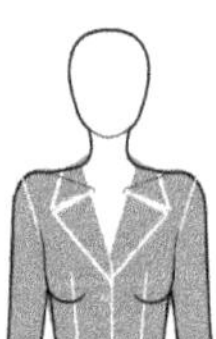 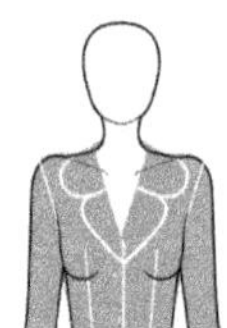 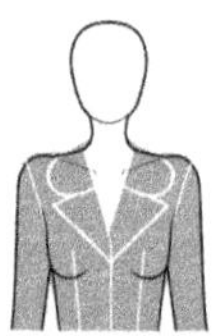 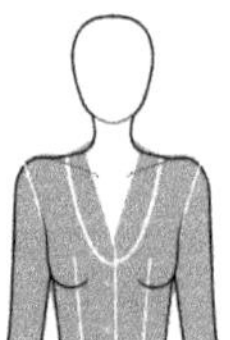 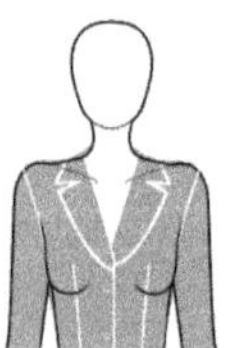

| Notch Lapel | Tailored Lapel | Clover Collar | Half Clover Collar | Tuxedo Collar | Notch Shawl Lapel |
| *Revers cranté* | *Revers tailleur* | *Col rond de trèfle* | *Col rond de demi-trèfle* | *Col de smoking* | *Revers châle cranté* |

 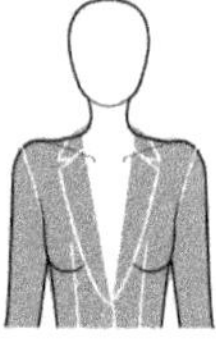 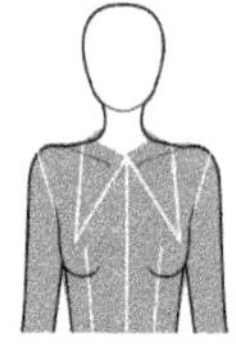 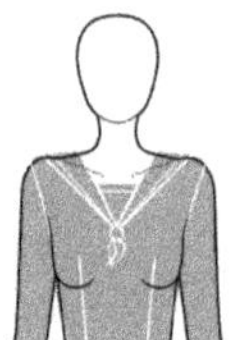 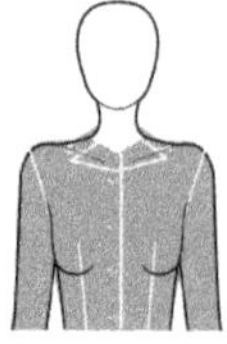 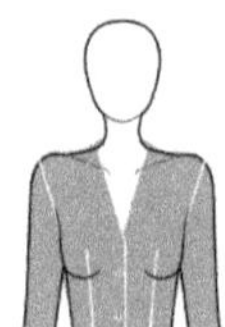

| Peak Lapel | Long Roll Lapel | Danton Collar | Sailor Collar | Short Lapel | Lapeless |
| *Revers à pointe* | *Revers long* | *Col Danton* | *Col marin* | *Revers court* | *Sans col* |

DARTS/PINCES

Darts are essential tailoring elements that shape a garment to fit the body's contours, ensuring a flattering silhouette. By creating folds or tucks, darts enhance the garment's structure and allow for better movement. Properly executed darts improve the overall fit, emphasizing curves and creating a polished look that elevates any design.

Les pinces sont des éléments de couture essentiels qui façonnent un vêtement pour épouser les contours du corps, assurant une silhouette flatteuse. En créant des plis ou des fronces, les pinces renforcent la structure du vêtement et favorisent une meilleure liberté de mouvement. Des pinces bien exécutées améliorent l'ajustement global, mettant en valeur les courbes et créant un look soigné qui valorise le design.

Empire Waist
Taille empire

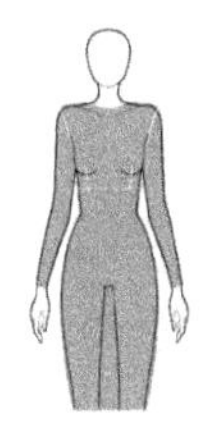

Raised Waist Midriff
Taille haute cintrée

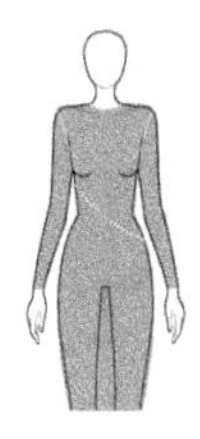

Assymetric Waist
Taille asymétrique

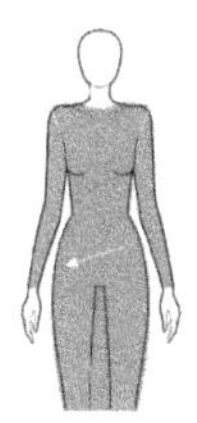

Bias Cut without Darts
Coupe en biais sans pinces

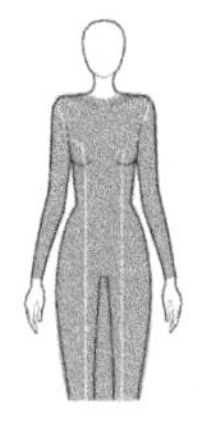

Vienna Seams
Coutures de Vienne

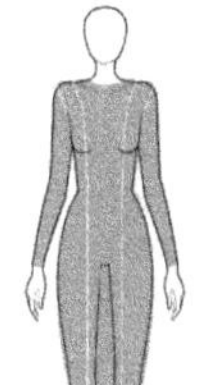

Longtitudinal Partition Seam
Couture longitudinale

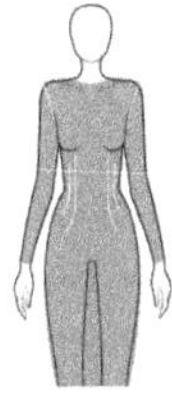

Double Waist Darts
Pinces doubles à la taille

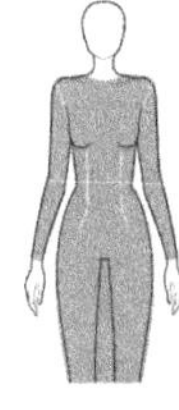

Waist Darts
Pinces à la taille

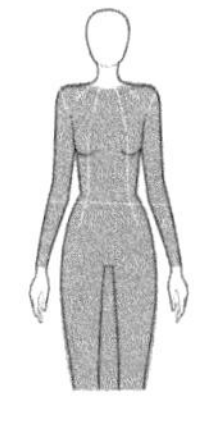

Neck and Waist Darts
*Pinces au cou et
à la taille*

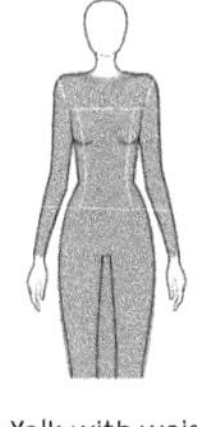

Square Yolk with waist darts
*Empiècement carré
avec pinces à la taille*

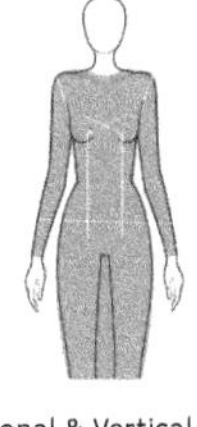

Diagonal & Vertical Darts
*Pinces diagonales et
verticales*

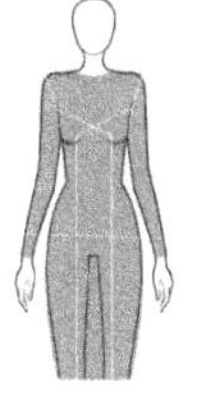

Diagonal & Vertical Darts
*Pinces diagonales et
verticales*

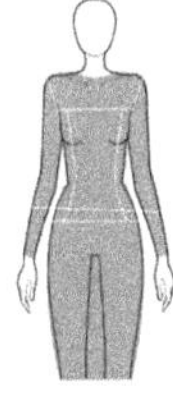

Horizontal Seams with Darts
*Coutures horizontales
avec pinces*

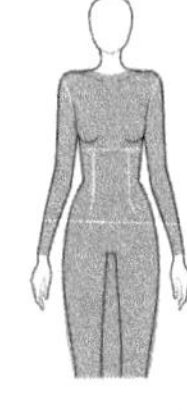

Empire Waistline
without Darts
Taille empire sans pinces

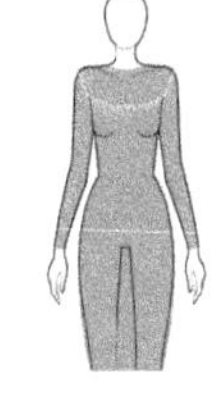

Center Seam with Gathers
*Couture centrale
avec fronces*

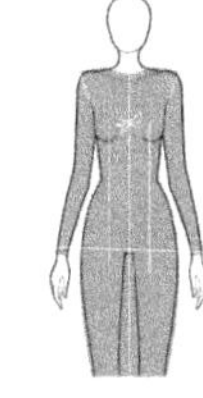

Center front seam with
gathers/darts
Couture devant avec fronces/pinces

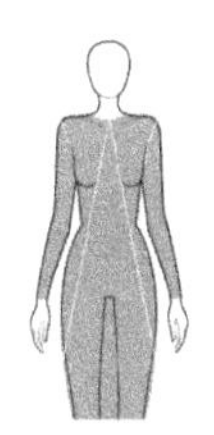
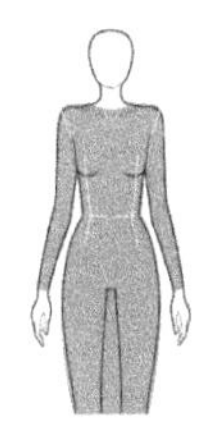
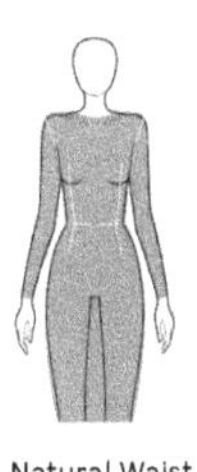
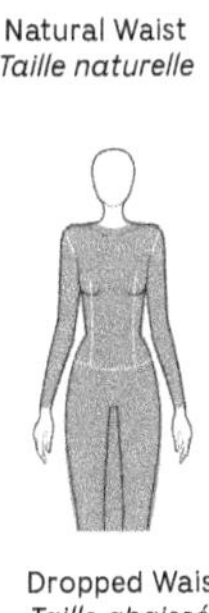

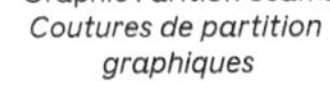
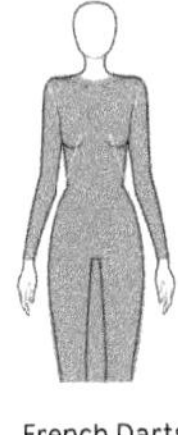

Graphic Parition Seams
*Coutures de partition
graphiques*

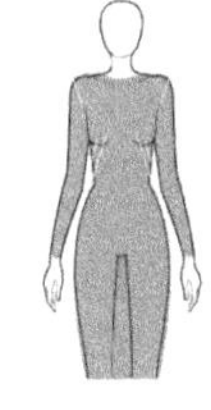

Rectangular Yoke
Empiècement rectangulaire

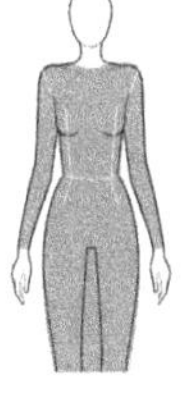

Pyramidal Waist
Taille pyramidale

Natural Waist
Taille naturelle

French Darts
Pinces françaises

Double French Darts
pinces françaises doubles

Wasp Waist
Taille de guêpe

Dropped Waist
Taille abaissée

Coat dress with waist darts
Robe-manteau avec pincesà la taille

CUFFS/POIGNETS

Cuffs are a vital design element that adds polish and sophistication to garments, particularly in shirts and jackets. They can range from classic buttoned styles to more modern, embellished designs, each offering a unique flair. Well-constructed cuffs enhance the aesthetic while providing functional reinforcement for durability and a clean finish.

Les poignets sont un élément de design essentiel qui apporte élégance et sophistication aux vêtements, notamment aux chemises et aux vestes. Ils peuvent varier des styles classiques à boutons aux designs modernes et embellis, chacun offrant une touche unique. Des poignets bien conçus améliorent l'esthétique tout en fournissant un renforcement fonctionnel, garantissant durabilité et finition soignée.

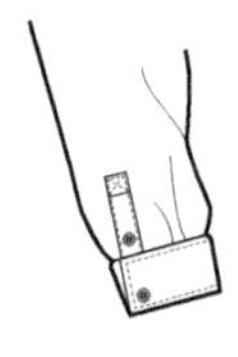

Placket
Patte de boutonnage

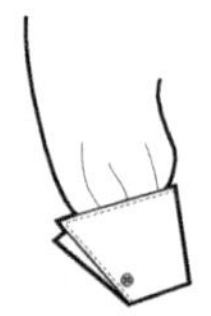

Wing
Poignet avec rabat

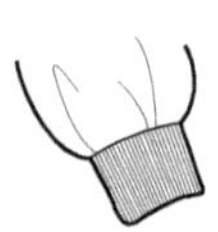

Knit
Poignet côtelé

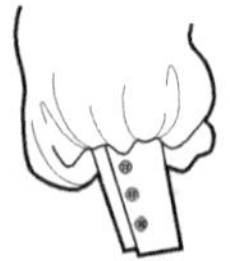

Long Buttoned
Poignet long avec boutons

Rounded
Poignet arrondi

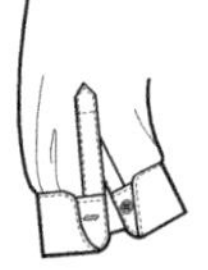

Folded Back
Poignet replié

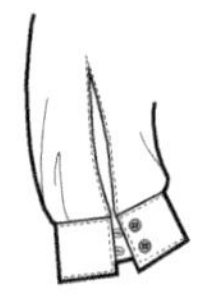

Loop Closure
Poignet à fermeture à boucle

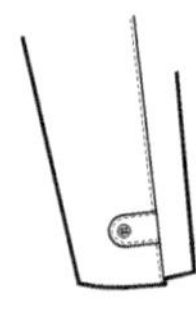

Tab Closure
Poignet à fermeture à patte

Pleated
Poignet plissé.

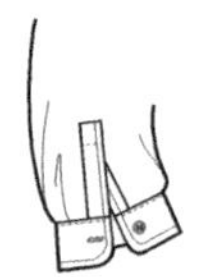

Edge Trim
Poignet à finition à bord

Square
Poignet carré

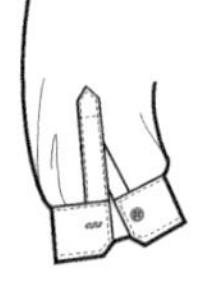

Notched
Poignet à encoches

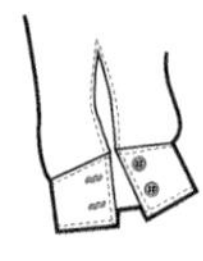

Western
Poignet western

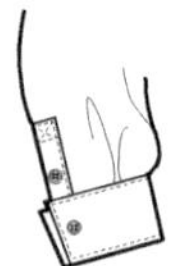

French
Poignet français

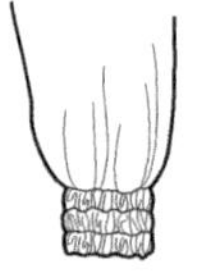

Elastic
Poignet avec élastique

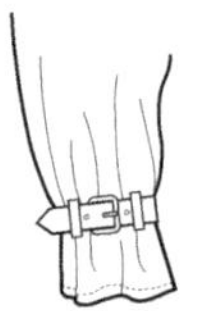

Trench Coat Cuff
Poignet de trench-coat

Ruffle
Poignet avec volant

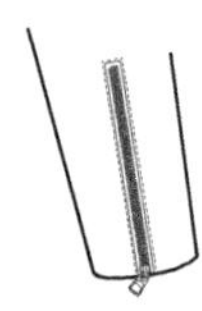

with Zipper
Poignet avec fermeture éclair

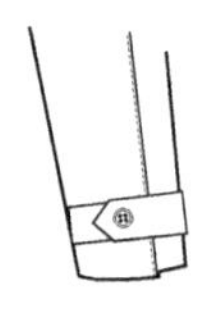

with buttoned Strap
Poignet avec patte boutonnée

Frilled
Poignet à volants

FASTENINGS/SYSTÈME DE FERMETURE

Fastening systems are integral to a garment's functionality and visual appeal, affecting both fit and ease of wear. Traditional methods like buttons and zippers provide reliable closure, while innovative options like magnetic fasteners and snaps enhance convenience and accessibility. The choice of fastening can influence the garment's overall silhouette, as seen in tailored pieces where hidden closures create a sleek look, or in casual wear where exposed elements add character.

Les systèmes de fermeture sont essentiels à la fois pour la fonctionnalité et l'attrait visuel d'un vêtement, influençant l'ajustement et le confort. Les méthodes traditionnelles comme les boutons et les fermetures éclair offrent une fermeture fiable, tandis que des options innovantes telles que les attaches magnétiques et les pressions améliorent la commodité et l'accessibilité. Le choix de la fermeture peut également influencer la silhouette globale du vêtement, comme dans les pièces taillées où les fermetures cachées créent un look épuré, ou dans les vêtements décontractés où les éléments exposés ajoutent du caractère.

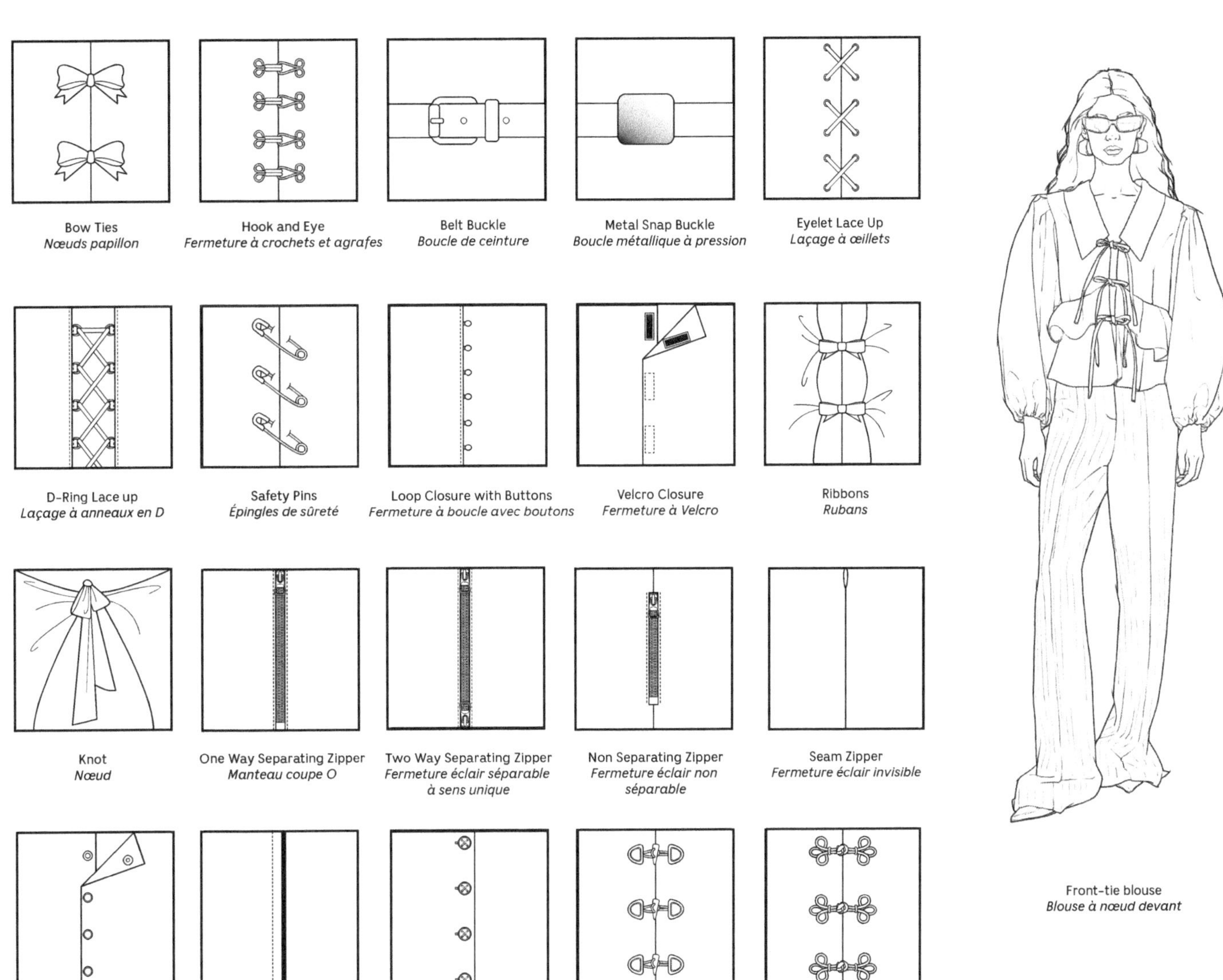

Bow Ties
Nœuds papillon

Hook and Eye
Fermeture à crochets et agrafes

Belt Buckle
Boucle de ceinture

Metal Snap Buckle
Boucle métallique à pression

Eyelet Lace Up
Laçage à œillets

D-Ring Lace up
Laçage à anneaux en D

Safety Pins
Épingles de sûreté

Loop Closure with Buttons
Fermeture à boucle avec boutons

Velcro Closure
Fermeture à Velcro

Ribbons
Rubans

Knot
Nœud

One Way Separating Zipper
Manteau coupe O

Two Way Separating Zipper
Fermeture éclair séparable à sens unique

Non Separating Zipper
Fermeture éclair non séparable

Seam Zipper
Fermeture éclair invisible

Snap Fastening
Fermeture à pression

Concealed Panel
Fermeture cachée

Buttons
Boutons

Horn Toggels
Brandebourgs en corne

Frog Fastening
Fermeture Brandebourg

Front-tie blouse
Blouse à nœud devant

PLEATS/*PLIS*

Pleats add depth and movement to garments, transforming static fabric into dynamic silhouettes. From sharp knife pleats that create a structured look to soft, flowing tucks that offer a relaxed feel, the placement and type of pleats influence the overall style. This design element allows for creativity in both casual and formal wear, enhancing fit and comfort with added volume.

Les plis apportent de la profondeur et du mouvement aux vêtements, transformant le tissu statique en silhouettes dynamiques. Des plis crantés qui offrent un look structuré aux plis doux et fluides qui confèrent une allure plus décontractée, le placement et le type de plis influencent le style global. Cet élément de design permet une créativité tant dans les vêtements décontractés que formels, tout en améliorant l'ajustement et le confort grâce à un volume supplémentaire.

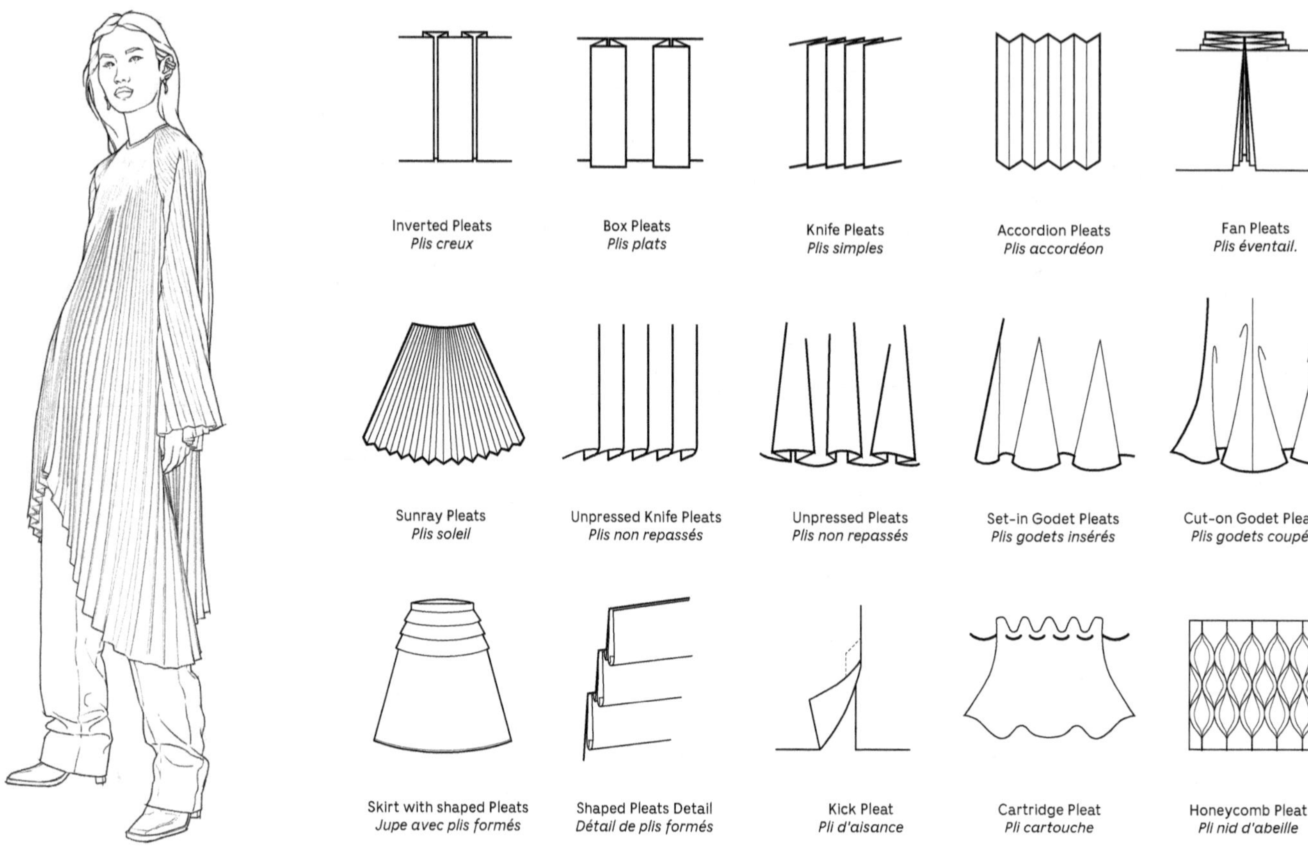

Inverted Pleats *Plis creux*	Box Pleats *Plis plats*	Knife Pleats *Plis simples*	Accordion Pleats *Plis accordéon*	Fan Pleats *Plis éventail.*
Sunray Pleats *Plis soleil*	Unpressed Knife Pleats *Plis non repassés*	Unpressed Pleats *Plis non repassés*	Set-in Godet Pleats *Plis godets insérés*	Cut-on Godet Pleats *Plis godets coupés*
Skirt with shaped Pleats *Jupe avec plis formés*	Shaped Pleats Detail *Détail de plis formés*	Kick Pleat *Pli d'aisance*	Cartridge Pleat *Pli cartouche*	Honeycomb Pleat *Pli nid d'abeille*

A-line tunic with sunray pleats and a round collar
Tunique évasée à col rond et plis soleil

TUCKS, GATHERINGS /*PLIS PIQUÉS, FRONCES*

Tucks and gatherings are design techniques that introduce texture and volume into garments, enhancing their visual interest. Tucks create subtle folds that add sophistication, while gatherings produce soft, billowy effects that offer a relaxed, casual vibe. Both techniques can be strategically placed to shape silhouettes, allowing for creative expression in various styles, from elegant dresses to laid-back tops.

Les plis piqués et les fronces sont des techniques de design qui ajoutent de la texture et du volume aux vêtements, enrichissant leur intérêt visuel. Les plis piqués créent des fronces subtiles qui apportent une touche de sophistication, tandis que les fronces produisent des effets doux et flottants qui confèrent une allure décontractée. Ces techniques peuvent être placées de manière stratégique pour façonner les silhouettes, permettant une expression créative dans divers styles, des robes élégantes aux tops décontractés.

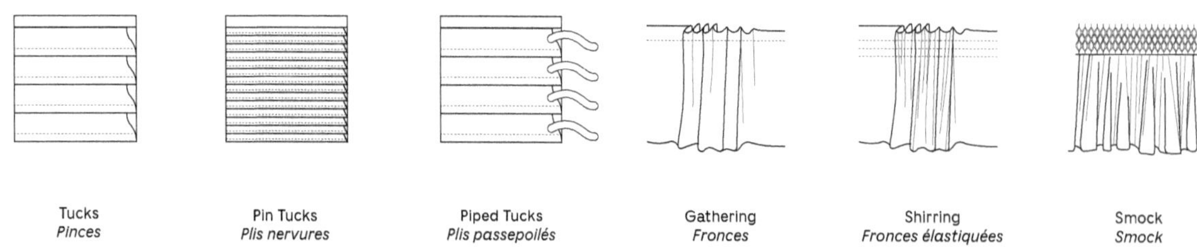

| Tucks
Pinces | Pin Tucks
Plis nervures | Piped Tucks
Plis passepoilés | Gathering
Fronces | Shirring
Fronces élastiquées | Smock
Smock |

POCKETS/*POCHES*

Pockets are functional details that enhance the practicality of garments while also serving as design elements. They can vary in style—from sleek hidden pockets that maintain a streamlined look to patch pockets that add a casual touch. The placement and shape of pockets can influence the silhouette, providing balance and interest while offering convenient storage solutions in everything from tailored jackets to everyday wear.

Les poches sont des détails fonctionnels qui améliorent la praticité des vêtements tout en servant d'éléments de design. Elles peuvent varier en style, des poches cachées élégantes qui préservent un look épuré aux poches plaquées qui ajoutent une touche décontractée. Le placement et la forme des poches influencent la silhouette, apportant équilibre et intérêt tout en offrant des solutions de rangement pratiques dans tout, des vestes tailleur aux vêtements quotidiens.

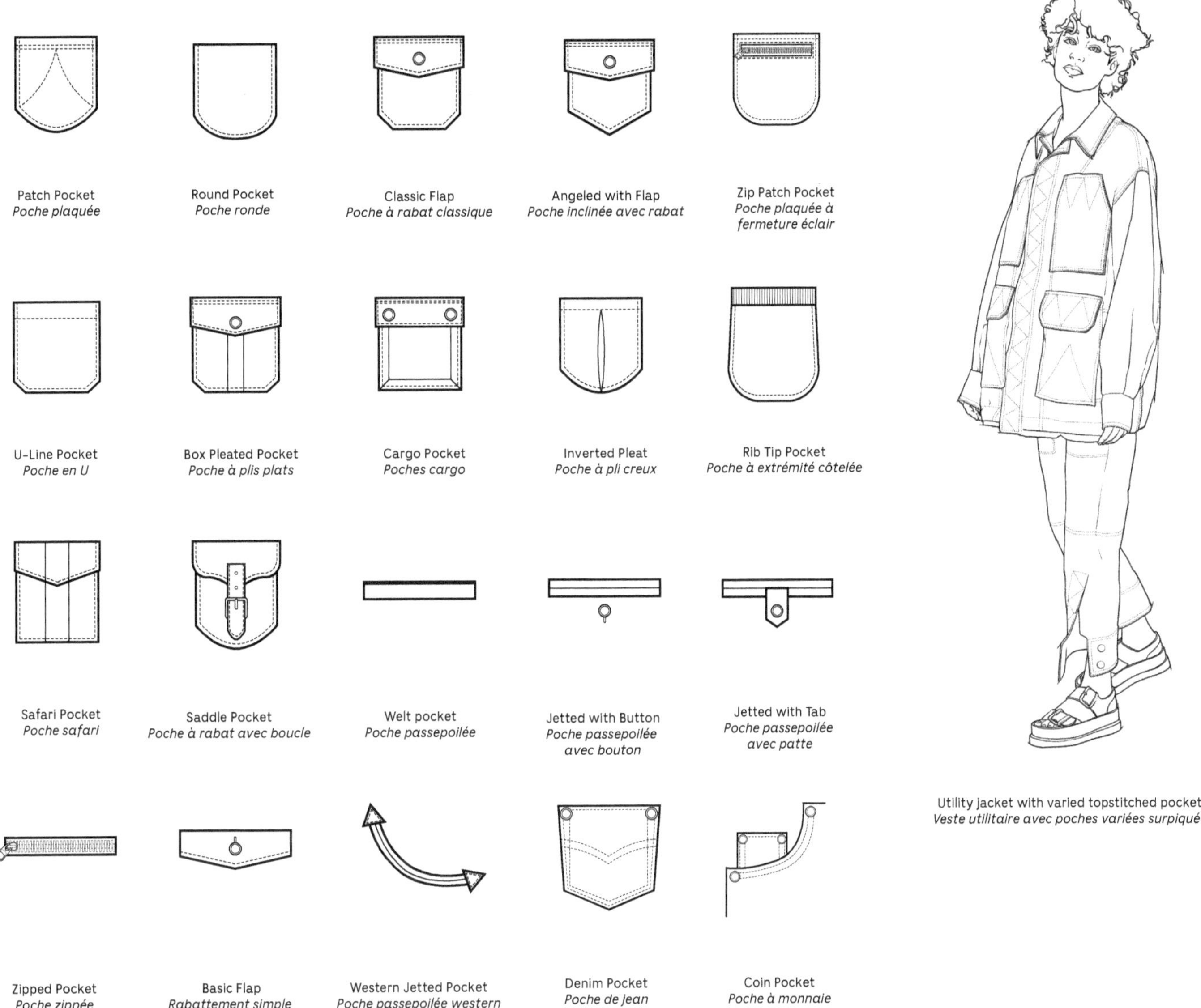

Patch Pocket
Poche plaquée

Round Pocket
Poche ronde

Classic Flap
Poche à rabat classique

Angeled with Flap
Poche inclinée avec rabat

Zip Patch Pocket
Poche plaquée à fermeture éclair

U-Line Pocket
Poche en U

Box Pleated Pocket
Poche à plis plats

Cargo Pocket
Poches cargo

Inverted Pleat
Poche à pli creux

Rib Tip Pocket
Poche à extrémité côtelée

Safari Pocket
Poche safari

Saddle Pocket
Poche à rabat avec boucle

Welt pocket
Poche passepoilée

Jetted with Button
Poche passepoilée avec bouton

Jetted with Tab
Poche passepoilée avec patte

Zipped Pocket
Poche zippée

Basic Flap
Rabattement simple avec bouton

Western Jetted Pocket
Poche passepoilée western

Denim Pocket
Poche de jean

Coin Pocket
Poche à monnaie

Utility jacket with varied topstitched pockets
Veste utilitaire avec poches variées surpiquées

EDGE FINISHING/*FINITION DES BORDS*

Edge finishing is a critical detail that enhances the durability and appearance of garments. Techniques such as serging, binding, or hemming not only prevent fraying but also contribute to the overall aesthetic. The choice of finishing method can influence the garment's style, from clean, tailored edges that exude professionalism to more relaxed finishes that add a casual flair.

La finition du bord est un détail crucial qui améliore la durabilité et l'apparence des vêtements. Des techniques telles que le surjet, le biais ou l'ourlet empêchent non seulement l'effilochage, mais contribuent également à l'esthétique générale. Le choix de la méthode de finition peut influencer le style du vêtement, des bords nets et soignés qui dégagent du professionnalisme aux finitions plus décontractées qui ajoutent une touche informelle.

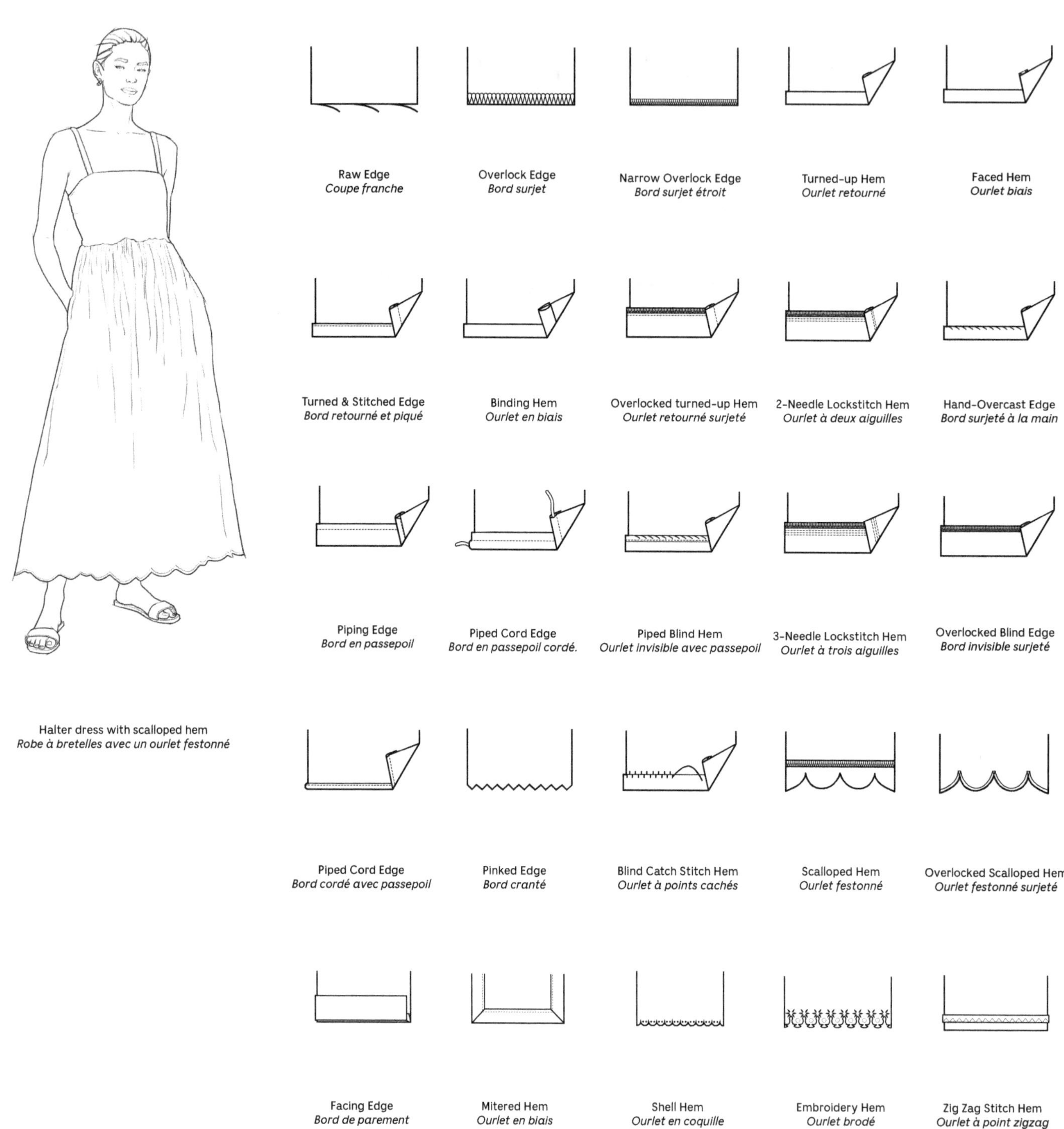

Halter dress with scalloped hem
Robe à bretelles avec un ourlet festonné

FABRIC PATTERN/*MOTIFS DE TISSU*

Fabric patterns are pivotal in defining a garment's personality and aesthetic appeal. From classic stripes and polka dots to bold florals and intricate geometric designs, patterns can convey various moods and styles. The choice of pattern not only influences the visual impact of a piece but also affects how it drapes and moves, allowing for creative expression in both casual and formal wear.

Les motifs de tissu sont essentiels pour définir la personnalité et l'attrait esthétique d'un vêtement. Des rayures classiques et des pois aux fleurs audacieuses et aux designs géométriques complexes, les motifs peuvent transmettre diverses ambiances et styles. Le choix du motif influence non seulement l'impact visuel d'une pièce, mais affecte également sa façon de tomber et de se mouvoir, permettant une expression créative tant dans les vêtements décontractés que formels.

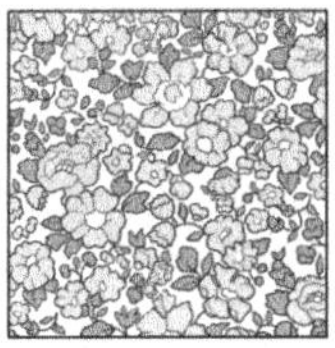

Liberty
Liberty

Animal Print
Imprimé animal

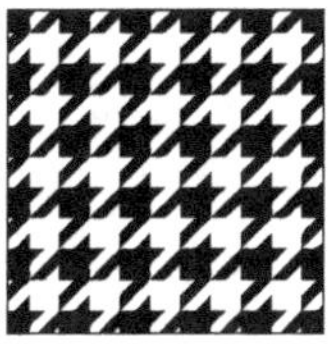

Houndtooth
Pied-de-poule

Herringbone Pattern
Motif en chevrons

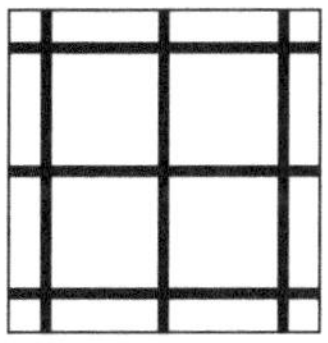

Window Pane
Motif à carreaux

Plaid
Carreaux

Paisley
Paisley

Nails Head
Tête de clou

Floral
Imprimé floral

Gingham
Vichy

Ogee
Motif en ogive

Shepherd's Check
Carreaux de berge.

Scales
Écaille

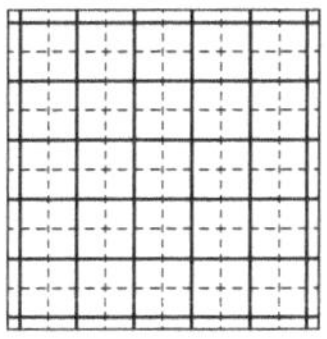

Tattersall
Carreaux tattersall

Madras
Madras

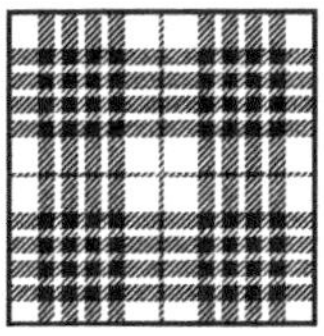

Tartan
Tartan

Awning Stripe
Rayure de store

Bengal Stripe
Rayure bengale

Candy Stripe
Rayure bonbon

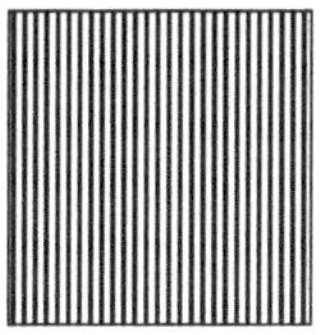

Pencil Stripe
Rayure crayon

Marine Stripe
Rayure marine

Ikat
Ikat

Argyle
Argyle

Chevron
Chevron

Stars
Motif à étoiles

Camouflage
Camouflage

Dots
Poids

Fleurs de Lys
Fleurs de Lys

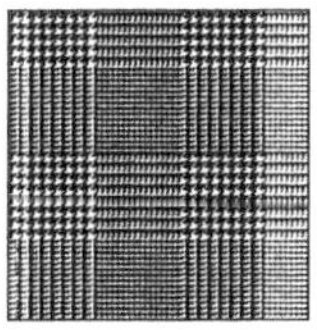

Glen Check
Vichy écossais

Clover
Motif trèfle

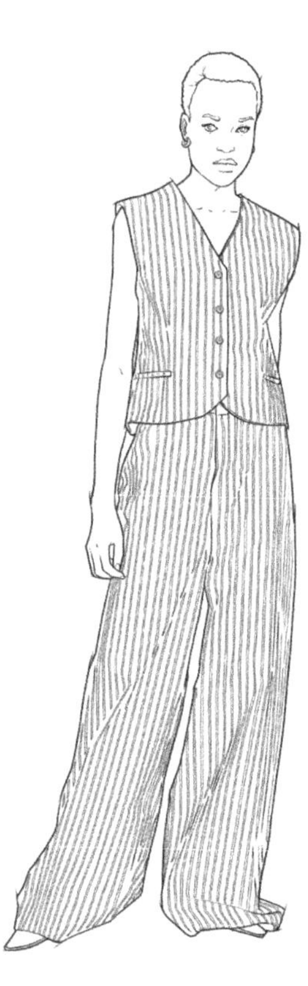

Pencil-striped vest and wide pants set
Ensemble pantalon et gilet à rayures à crayon

BAGS & SMALL LEATHER GOODS/*SACS & PETITE MAROQUINERIE*

In bag design, the integration of functionality and aesthetics is vital. Key aspects such as pocket organization, strap functionality, and closure mechanisms enhance user experience and practicality. Choosing the right materials—whether durable nylon for everyday use or premium leather for a more sophisticated appearance—greatly influences the bag's style and longevity.

Dans la conception de sacs, l'intégration de la fonctionnalité et de l'esthétique est essentielle. Des aspects clés tels que l'organisation des poches, la fonctionnalité des anses et les mécanismes de fermeture améliorent l'expérience utilisateur et la praticité. Le choix des matériaux—qu'il s'agisse de nylon durable pour un usage quotidien ou de cuir haut de gamme pour une apparence plus sophistiquée—influence considérablement le style et la longévité du sac.

Top Handle Bag
Sac à main à poignée supérieure

Top Handle Bag
Sac à main

Baguette Bag
Sac baguette

Bucket Bag
Sac seau

Saddle Bag

Minaudière
Minaudière

Backpack
Sac à dos

Tote
Sac fourre-tout

Crossbody Bag
Sac bandoulière

Hobo
Sac hobo

Bowling Bag
Sac bowling

Duffle Bag
Sac de voyage

Briefcase
Porte-documents

Messenger Bag
Sac messager

Belt Bag
Sac banane

Wallet
Portefeuille

Beach Bag
Sac de plage

Clutch
Pochette

Toiletry Bag
Trousse de toilette

Mini Bag
Sac Mini

Phone Pouch
Pochette de téléphone

COMPONENTS OF A TOTE BAG/COMPOSANTS D'UN CABAS

When designing a tote bag, it's important to consider the various components that enhance both functionality and style. Features like sturdy handles for comfort, an open main compartment for easy access, and interior pockets for organization play significant roles. Additionally, the selection of materials is important, as it determines whether the bag will have a structured or soft design.

Lors de la conception d'un sac fourre-tout, il est essentiel de prendre en compte les différents composants qui améliorent à la fois la fonctionnalité et le style. Des éléments tels que des anses solides pour le confort, un compartiment principal ouvert pour un accès facile et des poches intérieures pour l'organisation jouent un rôle important. De plus, le choix des matériaux est crucial, car il détermine si le sac aura un design structuré ou souple.

COMPONENTS OF A SHOULDER BAG/COMPOSANTS D'UN SAC À ÉPAULE

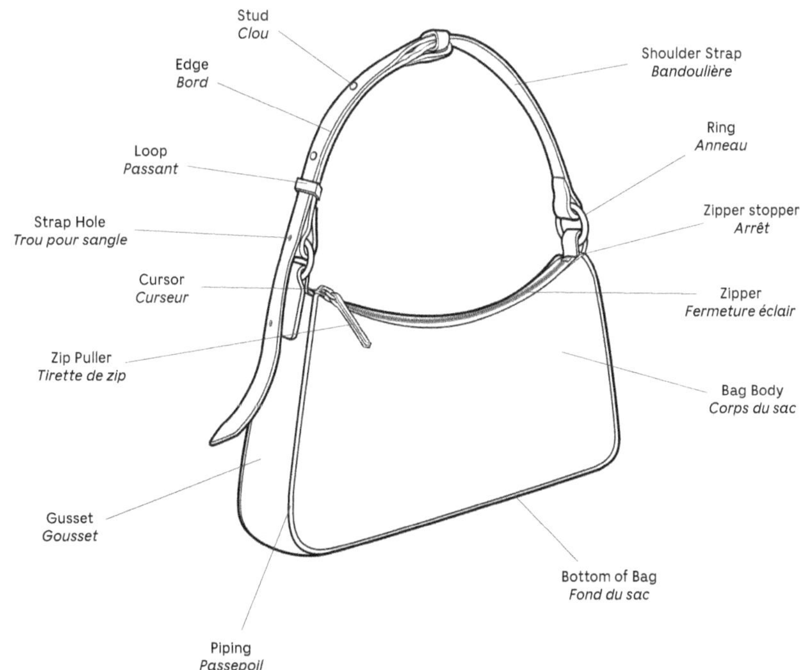

SHOES/*CHAUSSURES*

Effective shoe design requires careful consideration of comfort and support to create an optimal product. Key elements include supportive insoles, appropriate heel height, and breathable construction to ensure a proper fit. Additionally, the choice of materials influences whether the shoe has a structured or flexible design. A well-balanced combination of these factors results in footwear that is functional and aesthetically pleasing.

La conception efficace de chaussures nécessite une attention particulière au confort et au soutien pour créer un produit optimal. Les éléments clés incluent des semelles intérieures de soutien, une hauteur de talon appropriée et une construction respirante pour garantir un bon ajustement. De plus, le choix des matériaux influence le design structuré ou flexible de la chaussure. Une combinaison bien équilibrée de ces facteurs aboutit à des chaussures à la fois fonctionnelles et esthétiques.

Pump
Escarpin

Slingback
Slingback

Mary Jane
Mary Jane

Mule
Mule

Platform
Plateforme

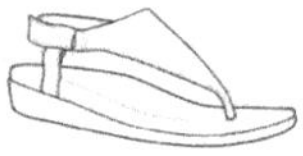

Thong
Tongs

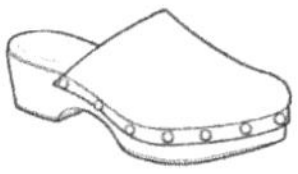

Clog
Sabots

Espadrille
Espadrille

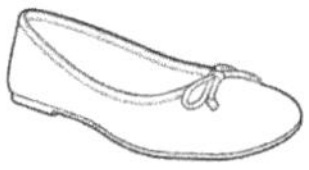

Ballerina
Ballerine

Oxford
Oxford

Ankle Boots
Bottines

Boots
Bottes

Chelsea Boots
Bottes Chelsea

Snow Boot
Bottes de neige

Wedges
Chaussures compensées

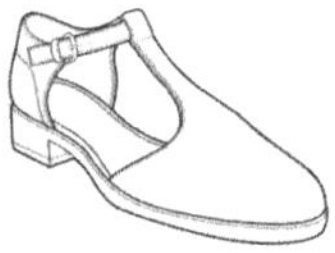

T-Bar
Chaussures T-Bar

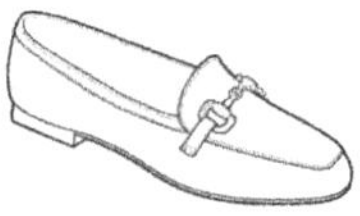

Loafer
Mocassin

Low-top Sneakers
Baskets basses

High-top Sneakers
Baskets montantes

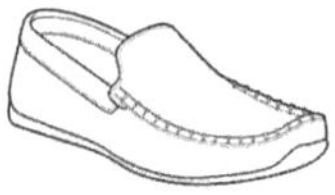

Mocassin
Mocassin

Cowboy Boots
Bottes de cowboy

HEEL HEIGHT/*HAUTEUR DU TALON*

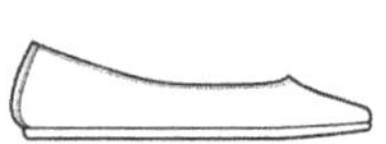

Super Flats: 0.2 inches
Ultra-plats: 0.5 cm

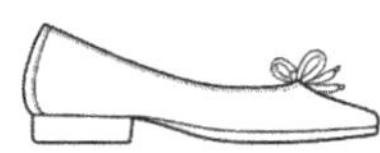

Ballerina: 0.6 inches
Ballerine: 1.5 cm

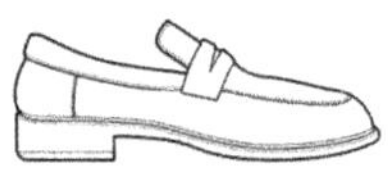

Flats: 0.2-1.2 inches
Chaussures plates: 0.5 - 3 cm

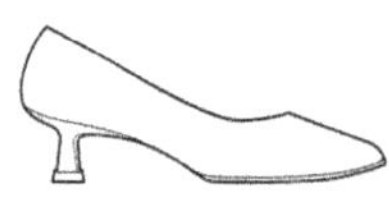

Kittenheel: 1.6 inches
Talon kitten: 4 cm

Medium Heel: 1.4-2.2 inches
Talon moyen: 3.5 - 5.5 cm

High Heel: 2.4 inches
Talon haut: 6+ cm

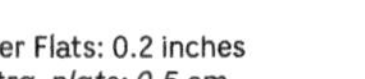

COMPONENTS OF A HIGH HEEL/COMPOSANTS D'UNE CHAUSSURE À TALON HAUT

Creating high heels demands a focus on elements that balance aesthetics with functionality. Heel height and shape are crucial, as they affect not only the overall silhouette but also the wearer's posture and comfort. Arch support and cushioning are vital for reducing strain during wear, while the toe shape influences both fit and style.

La création de talons hauts nécessite une attention particulière aux éléments qui équilibrent esthétique et fonctionnalité. La hauteur et la forme du talon sont cruciales, car elles influencent non seulement la silhouette générale, mais aussi la posture et le confort du porteur. Le soutien de la voûte plantaire et le rembourrage sont essentiels pour réduire la fatigue, tandis que la forme des orteils impacte l'ajustement et le style.

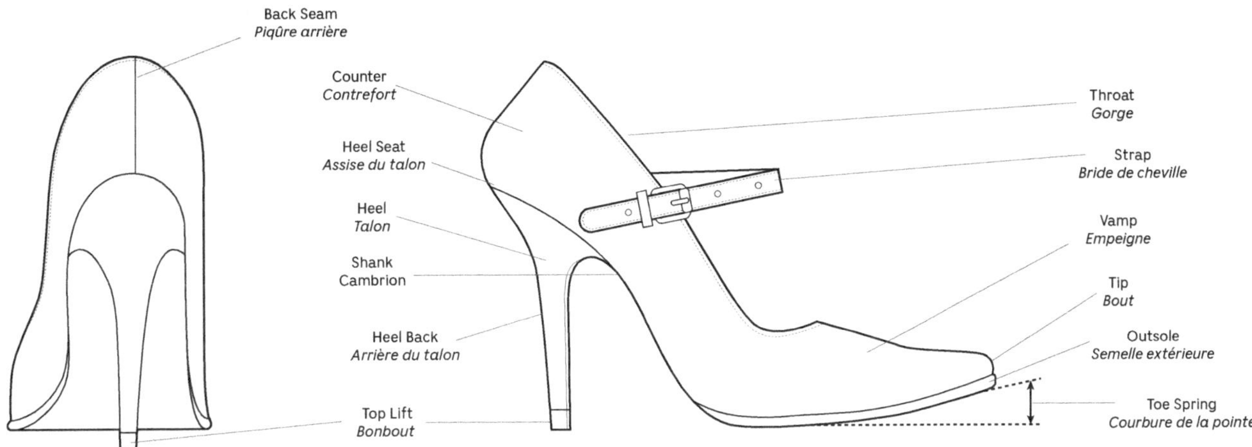

COMPONENTS OF A SNEAKER/COMPOSANTS D'UNE BASKET

Designing sneakers involves a keen focus on components that optimize performance and comfort. The outsole plays a critical role in traction and durability, while the midsole provides cushioning and support for impact absorption. Breathable upper materials enhance ventilation and flexibility, essential for active movement.

La conception de sneakers nécessite une attention particulière aux composants qui optimisent les performances et le confort. La semelle extérieure est essentielle pour l'adhérence et la durabilité, tandis que la semelle intermédiaire offre un amorti et un soutien pour absorber les chocs. Des matériaux supérieurs respirants améliorent la ventilation et la flexibilité, indispensables pour un mouvement actif.

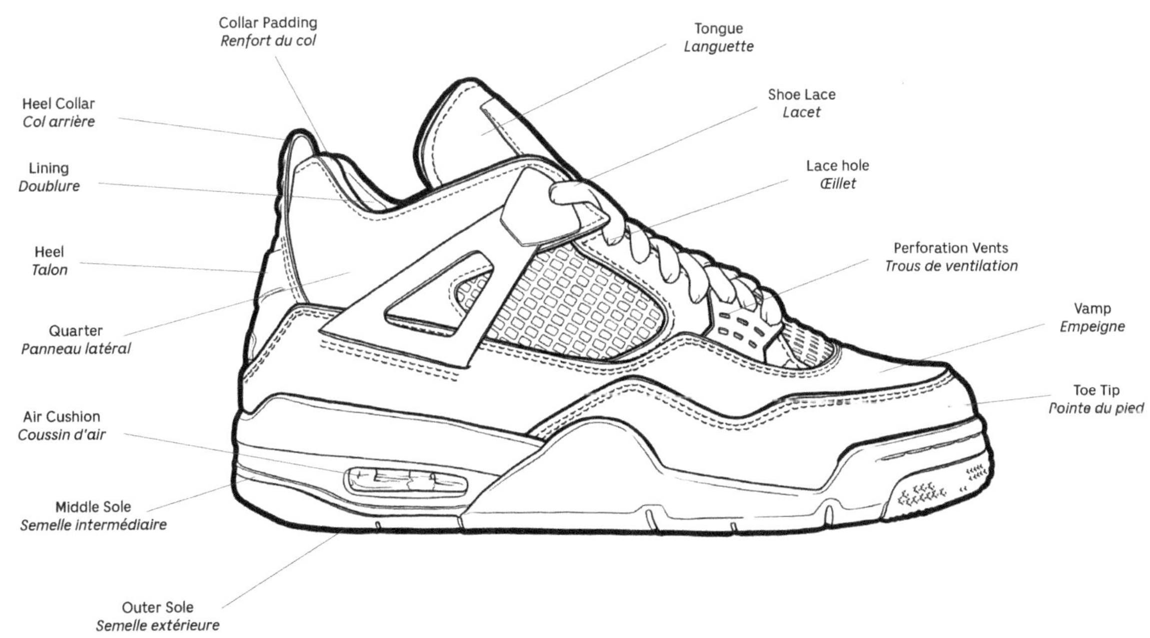

HATS/*CHAPEAUX*

The crown shape and height influence fit and silhouette, while brim width affects sun protection and aesthetics. Material choice is vital; breathable fabrics ensure comfort, and structured materials provide durability. Features like adjustable bands and sweatbands help achieve a secure fit.

La forme et la hauteur de la couronne influencent l'ajustement et la silhouette, tandis que la largeur du bord impacte la protection solaire et l'esthétique. Le choix des matériaux est essentiel ; des tissus respirants garantissent le confort et les matériaux structurés assurent la durabilité. Des caractéristiques comme les bandes ajustables et les bandeaux absorbants contribuent à un ajustement sécurisé.

Beanie
Bonnet

Cloche Hat
Chapeau cloche

Bucket Hat
Bucket Hat

Panama
Chapeau panama

Cowboy Hat
Chapeau de cowboy

Bowler
Chapeau melon

Cartwheel
Chapeau à larges bords

Beret
Béret

Ivy Cap
Casquette irlandaise

Newsboy Hat
Casquette de canut

Visor
Visière

Top Hat
Haut-de-forme

Fedora
Fedora

Floppy
Chapeau souple

Boater
Chapeau de paille

Fascinator
Fascinateur

Tapper
Tapette

Baseball cap
Casquette de baseball

Cloche Hat
Chapeau cloche

COMPONENTS OF A HAT/COMPOSANTS D'UN CHAPEAU

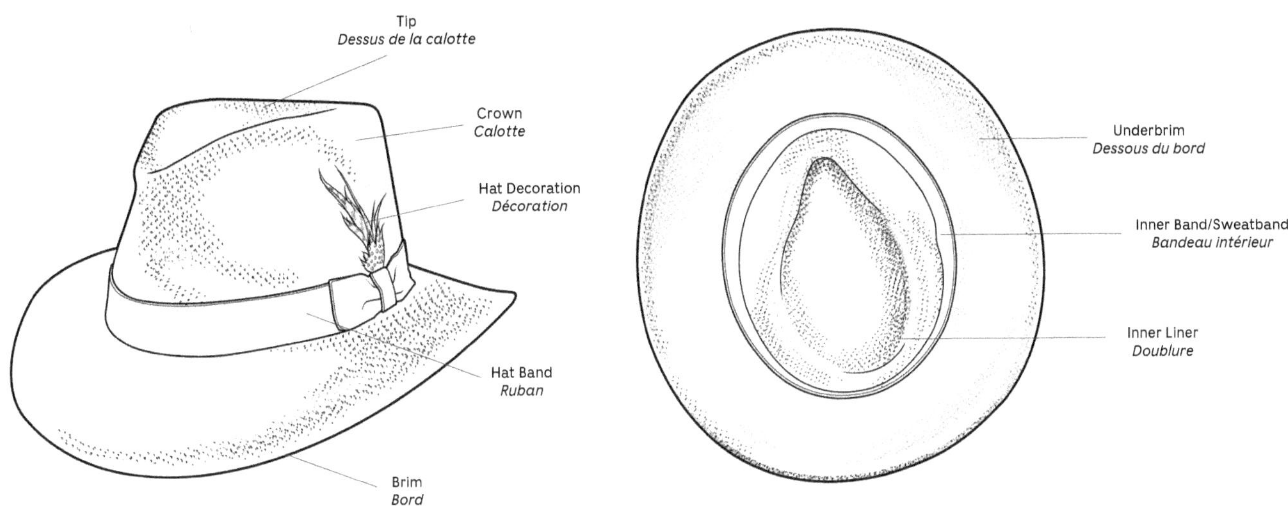

BELTS/*CEINTURES*

In belt design, the buckle mechanism should be user-friendly while ensuring a secure closure, enhancing the overall experience. Strap width impacts how the belt pairs with outfits and affects weight distribution around the waist. Material selection influences flexibility; thicker leather provides structure, while softer leather offers a relaxed fit. Incorporating features like reinforced stitching can enhance durability and contribute to the design's uniqueness.

Dans la conception de ceintures, le mécanisme de la boucle doit être pratique tout en garantissant une fermeture sécurisée, améliorant ainsi l'expérience globale. La largeur de la sangle influence l'association avec les tenues et affecte la répartition du poids autour de la taille. Le choix des matériaux impacte la flexibilité ; le cuir épais offre une structure, tandis que le cuir souple permet un ajustement décontracté. L'incorporation de caractéristiques telles que des coutures renforcées peut améliorer la durabilité et contribuer à l'unicité du design.

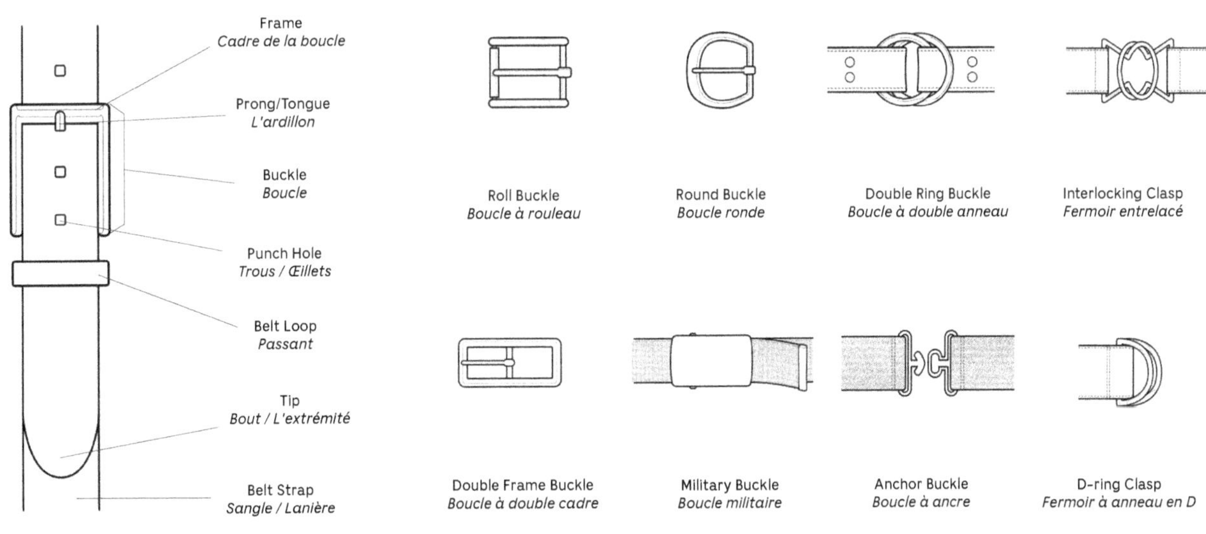

GLASSES/*LUNETTES*

In eyewear design, the shape and size of the frame significantly affect fit and comfort, while the choice of materials impacts durability and weight. Lens options, such as polarized and anti-reflective coatings, enhance visual clarity and reduce glare. Adjustable nose pads and varying temple lengths contribute to a personalized fit, making the glasses practical and visually appealing.

Dans la conception de lunettes, la forme et la taille de la monture influencent considérablement l'ajustement et le confort, tandis que le choix des matériaux affecte la durabilité et le poids. Les options de verres, comme les traitements polarisants et anti-reflets, améliorent la clarté visuelle et réduisent l'éblouissement. Des plaquettes de nez ajustables et des longueurs de branches variables contribuent à un ajustement personnalisé, rendant les lunettes à la fois pratiques et attrayantes.

Round
Lunettes rondes

Cat Eye
Lunettes œil de chat

Wrap
Lunettes enveloppantes

Wayfarer
Wayfarer

Aviator
Lunettes aviateur

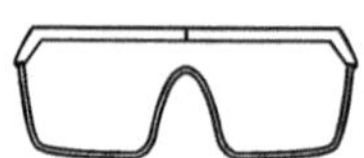

Shield
Lunettes masque

Pantos
Lunettes pantos

Clubmaster
Clubmaster

Square
Lunettes carrées

Butterfly
Lunettes papillon

Biker
Lunettes de motard

Rimless
Lunettes sans monture

Goffles
Lunettes de protection

Oval
Lunettes ovales

Half Rim
Lunettes demi-monture

Ful Vue
Lunettes à vision complète

Pilot
Lunettes pilote

Top Rimless
Lunettes à demi-monture inférieure

Oversized geometric glasses
Lunettes géométriques oversize

PARTS OF GLASSES/ÉLÉMENTS DES LUNETTES

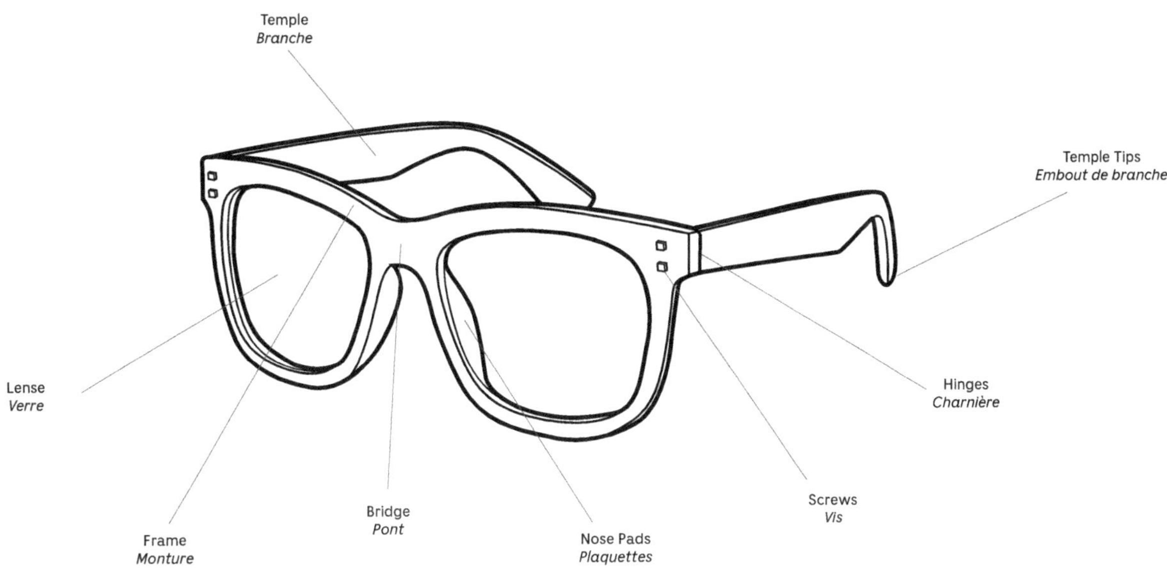

GLOVES/*GANTS*

Hand shape and finger length are crucial for achieving a snug fit, while material selection directly affects durability and warmth. Features like adjustable cuffs and touchscreen compatibility enhance usability, making gloves suitable for various conditions. Additionally, attention to stitching and lining can elevate overall quality, ensuring the gloves provide both protection and style.

La forme de la main et la longueur des doigts sont cruciales pour obtenir un ajustement parfait, tandis que le choix des matériaux influence directement la durabilité et la chaleur. Des caractéristiques comme les poignets ajustables et la compatibilité avec les écrans tactiles améliorent l'utilisabilité, rendant les gants adaptés à diverses conditions. De plus, une attention particulière portée aux coutures et à la doublure peut rehausser la qualité globale, garantissant que les gants offrent à la fois protection et style.

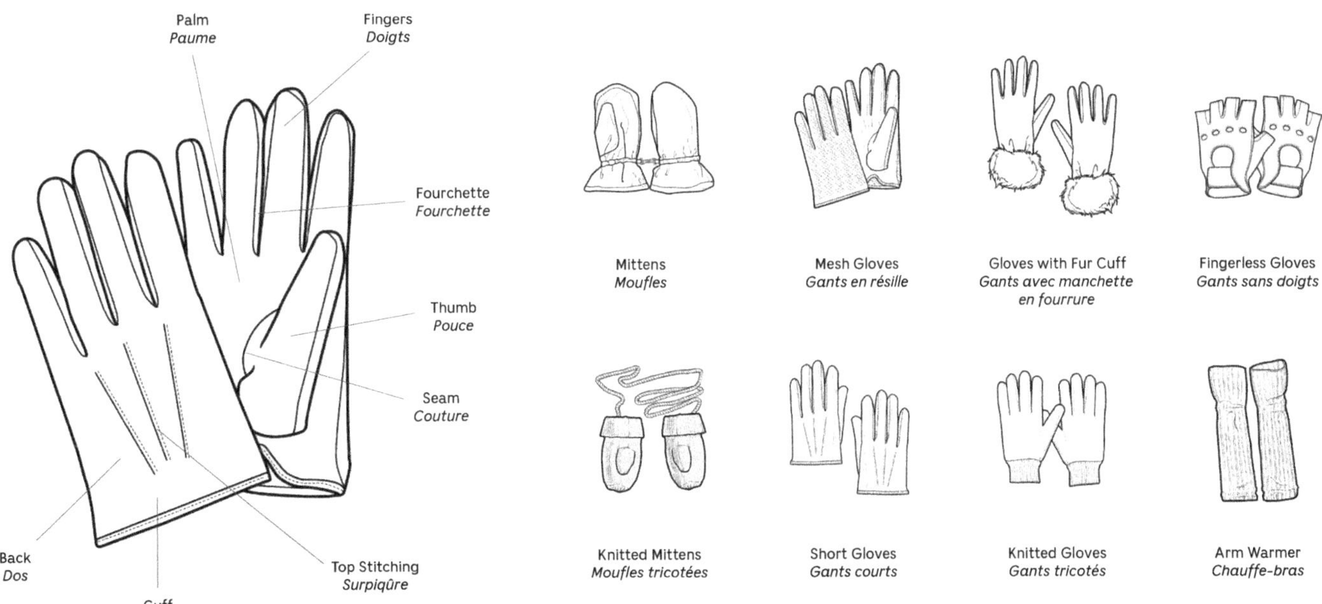

JEWELRY/*BIJOUX*

In jewelry design, the choice of chain styles and materials is critical in defining the piece's identity and market positioning. Luxurious materials like gold, platinum, or high-quality silver signal sophistication and exclusivity, while more affordable alternatives, such as stainless steel or sterling silver, cater to a broader audience. Incorporating gemstones, such as diamonds, sapphires, or semi-precious stones, can elevate the design, adding not only visual interest but also perceived value. Additionally, innovative materials like resin or acrylic can create a modern aesthetic, appealing to fashion-forward consumers. The style of the chain—be it delicate and minimalist or bold and chunky—also influences the overall statement of the piece.

Dans la conception de bijoux, le choix des styles de chaînes et des matériaux est essentiel pour définir l'identité de la pièce et son positionnement sur le marché. Des matériaux luxueux comme l'or, le platine ou l'argent de haute qualité signalent sophistication et exclusivité, tandis que des alternatives plus abordables, comme l'acier inoxydable ou l'argent sterling, s'adressent à un public plus large. L'incorporation de pierres précieuses, telles que des diamants, des saphirs ou des pierres semi-précieuses, peut élever le design, ajoutant non seulement un intérêt visuel mais aussi une valeur perçue.

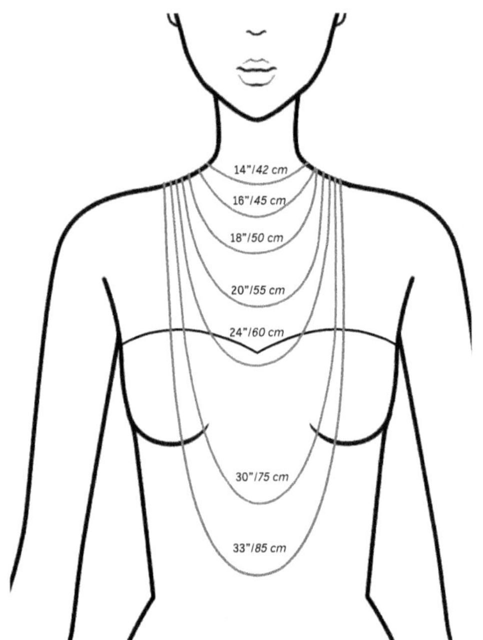

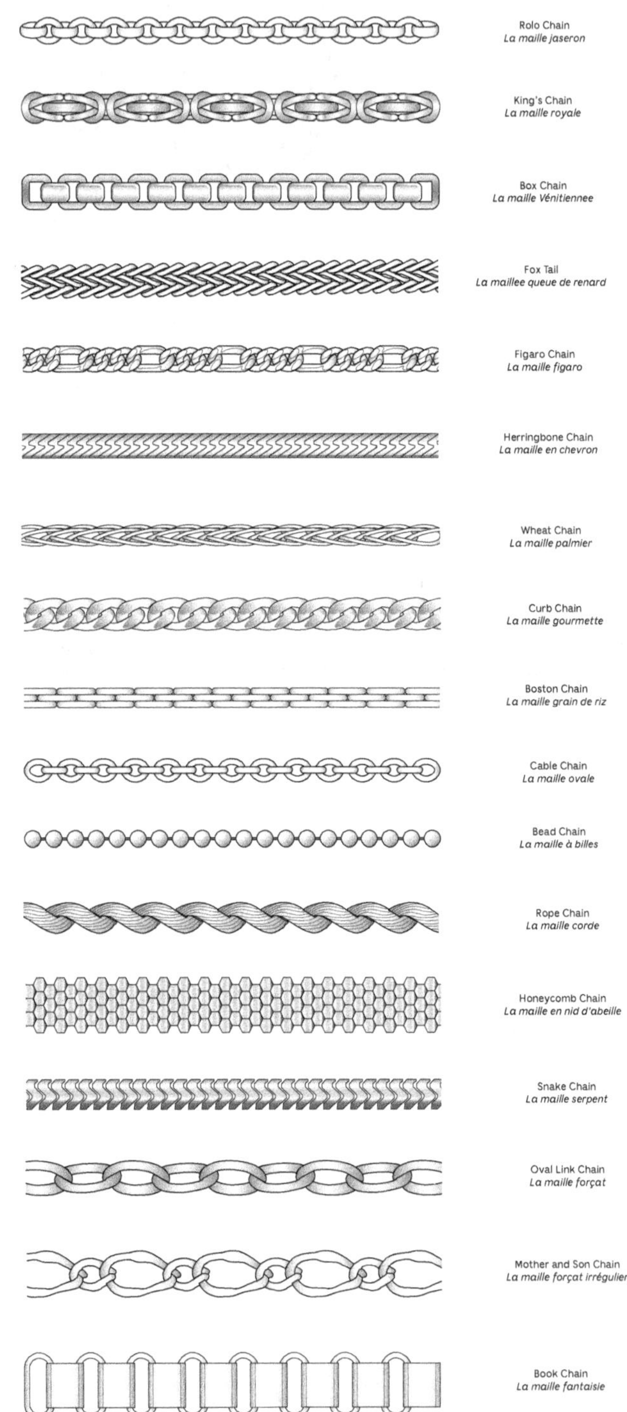

Rolo Chain
La maille jaseron

King's Chain
La maille royale

Box Chain
La maille Vénitiennee

Fox Tail
La maillee queue de renard

Figaro Chain
La maille figaro

Herringbone Chain
La maille en chevron

Wheat Chain
La maille palmier

Curb Chain
La maille gourmette

Boston Chain
La maille grain de riz

Cable Chain
La maille ovale

Bead Chain
La maille à billes

Rope Chain
La maille corde

Honeycomb Chain
La maille en nid d'abeille

Snake Chain
La maille serpent

Oval Link Chain
La maille forçat

Mother and Son Chain
La maille forçat irrégulier

Book Chain
La maille fantaisie

CLASPS/*FERMOIRS*

Various clasps, such as lobster, toggle, or magnetic closures, serve different purposes and enhance user experience. High-quality materials like gold or platinum convey sophistication, while stainless steel or brass cater to budget-conscious consumers. Unique clasp designs can serve as focal points, adding artistic elements, while adjustable clasps allow for a customizable fit, ensuring security and complementing the overall design.

Différents fermoirs, comme ceux à homard, à bascule ou magnétiques, servent diverses fonctions et améliorent l'expérience utilisateur. Des matériaux de haute qualité comme l'or ou le platine transmettent sophistication, tandis que l'acier inoxydable ou le laiton s'adressent aux consommateurs soucieux de leur budget. Des designs de fermoirs uniques peuvent ajouter un élément artistique, et les fermoirs ajustables permettent un ajustement personnalisable, garantissant sécurité et harmonie avec le design global.

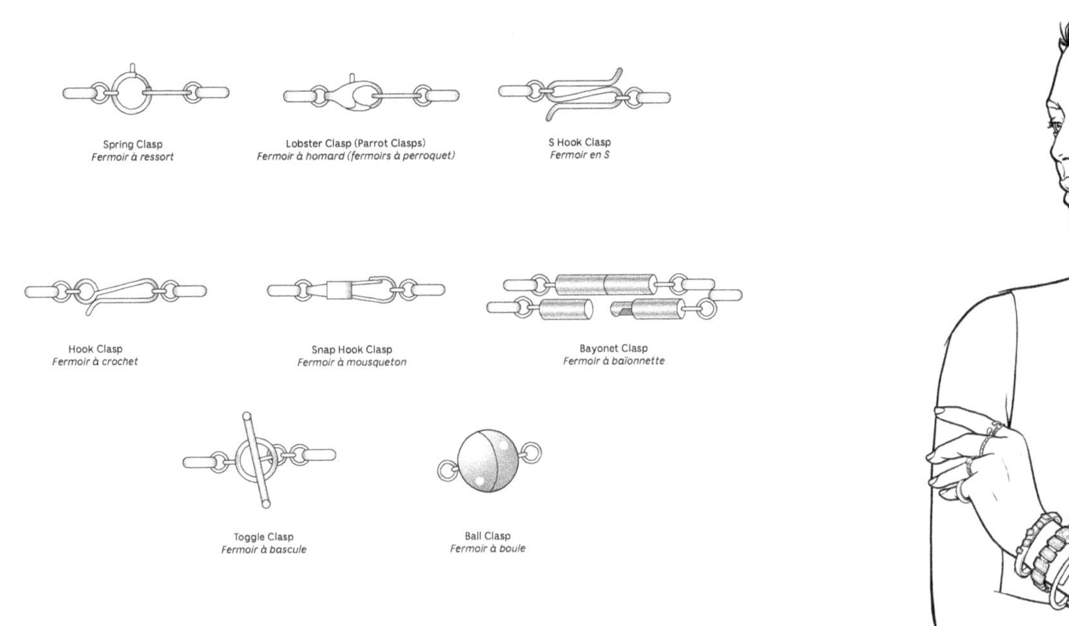

DIAMOND CUTS/*TAILLE DE DIAMANT*

Diamond cuts significantly influence a stone's brilliance and overall appeal. Various cuts, such as round, princess, or emerald, each have unique characteristics that affect how light interacts with the diamond. The quality of the cut determines the stone's sparkle and fire, making it a critical factor in its value. Additionally, precision in the facets and symmetry enhances the visual impact, allowing for both classic and contemporary styles that cater to diverse tastes.

Les tailles de diamant influencent considérablement la brillance et l'attrait global d'une pierre. Différentes tailles, comme le rond, la princesse ou l'émeraude, présentent chacune des caractéristiques uniques qui affectent la manière dont la lumière interagit avec le diamant. La qualité de la taille détermine l'éclat et le feu de la pierre, ce qui en fait un facteur essentiel de sa valeur. De plus, la précision des facettes et la symétrie améliorent l'impact visuel, permettant des styles à la fois classiques et contemporains pour répondre à divers goûts.

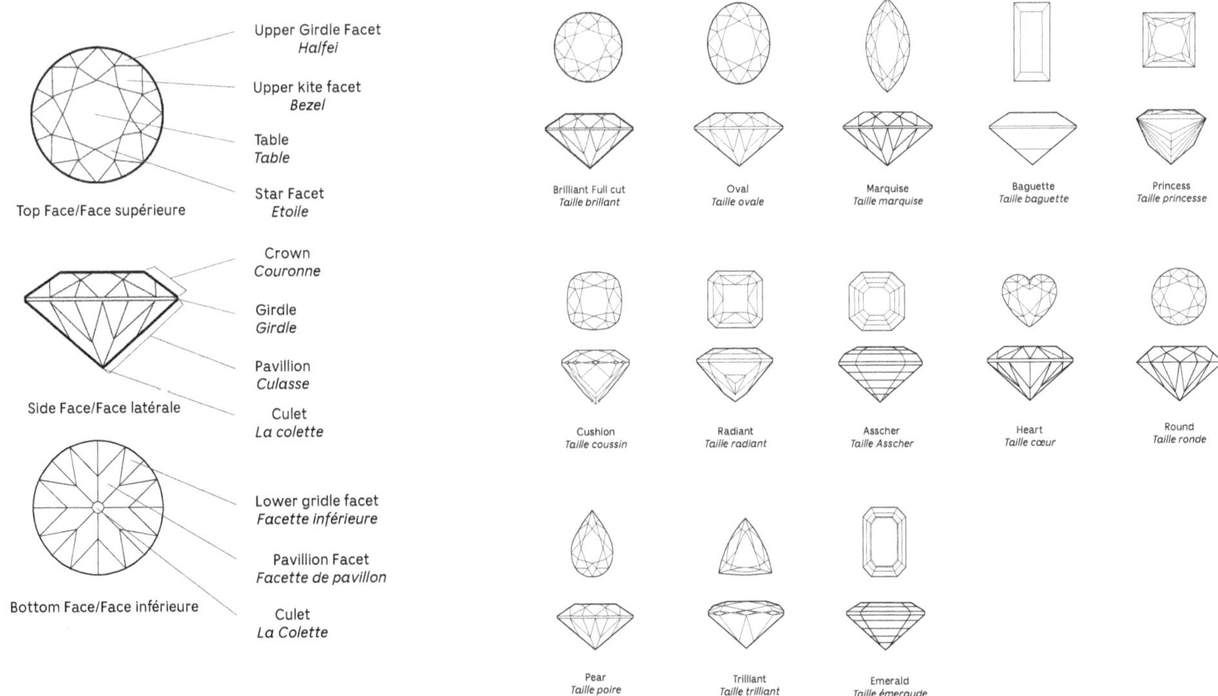

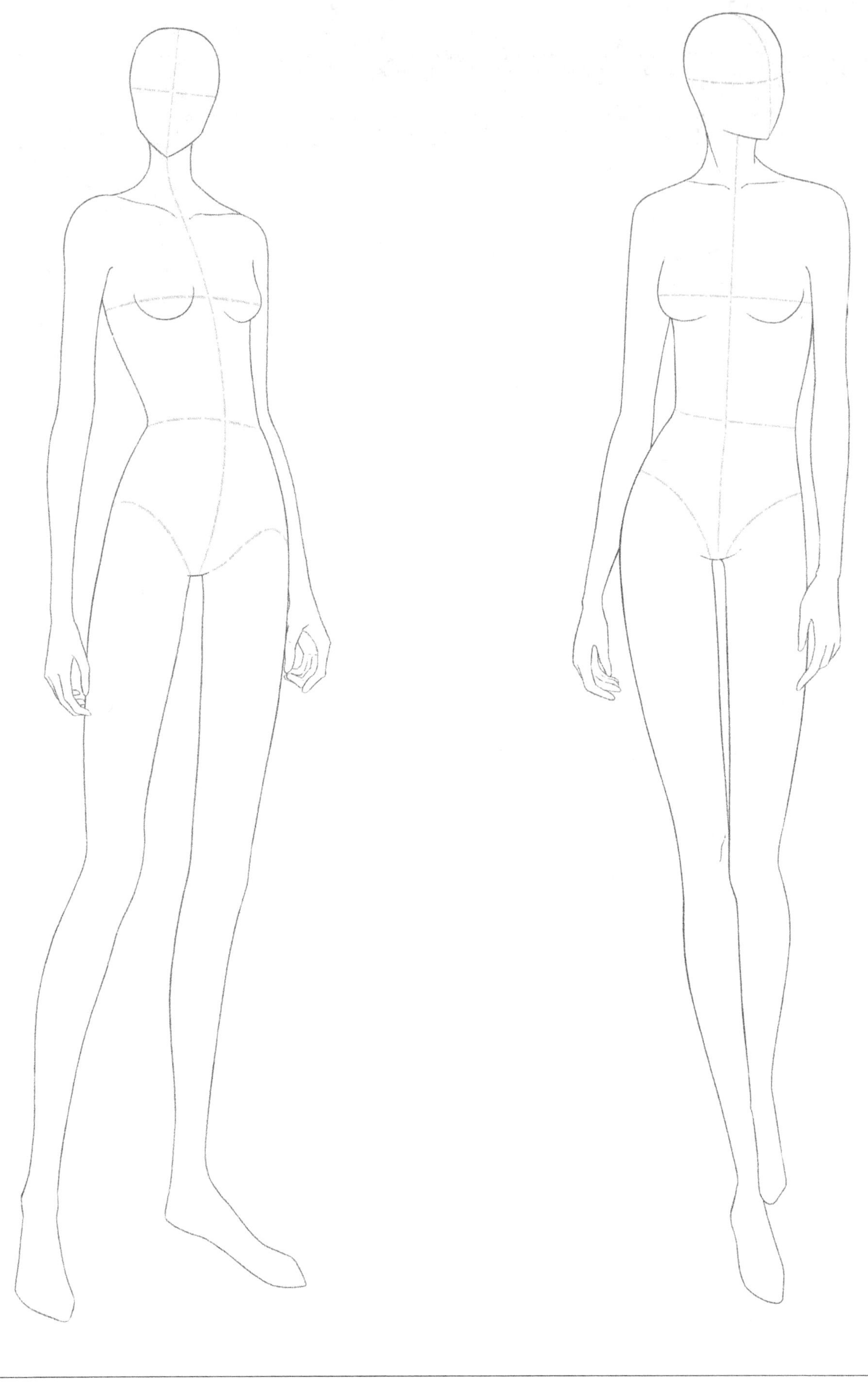

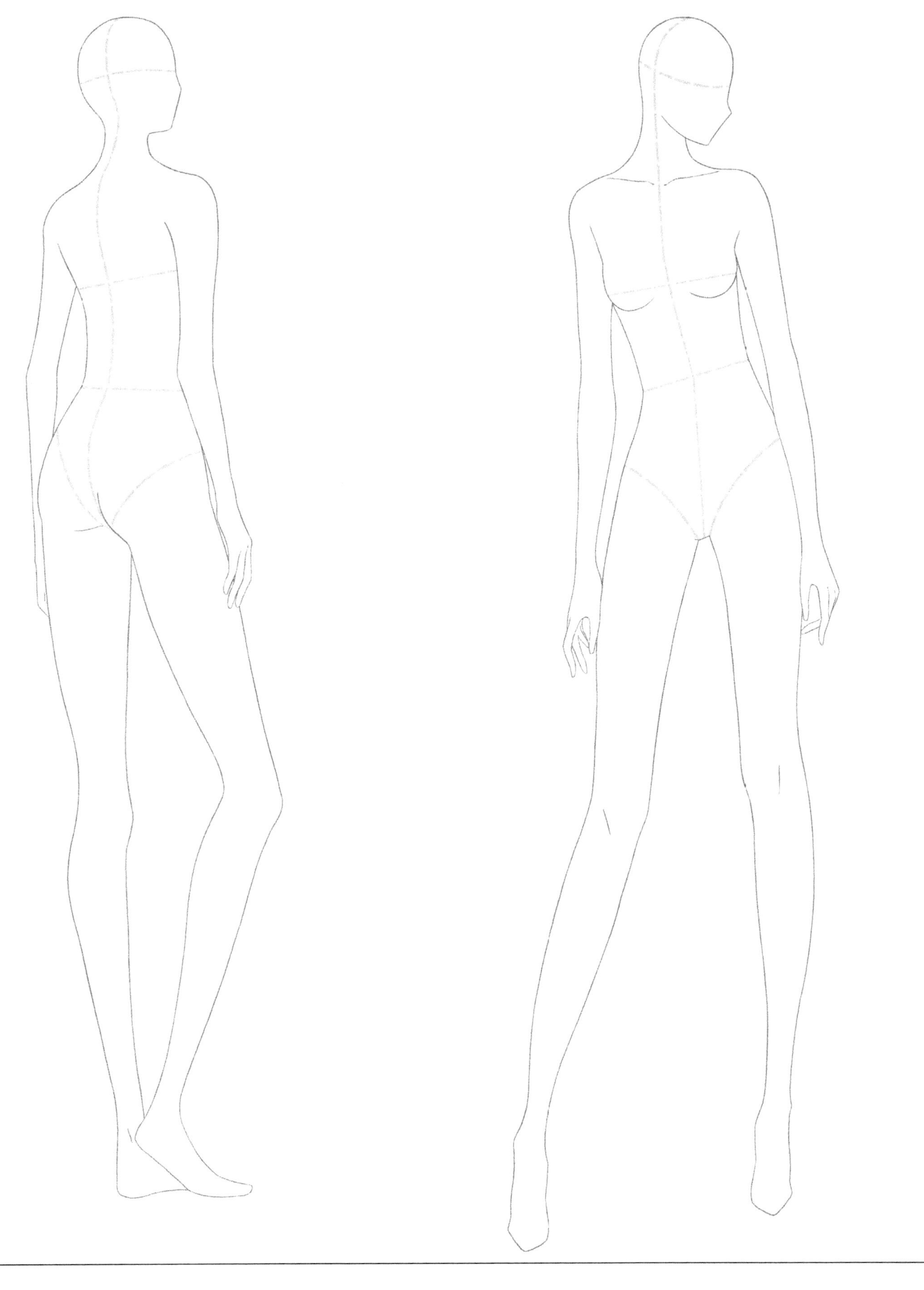

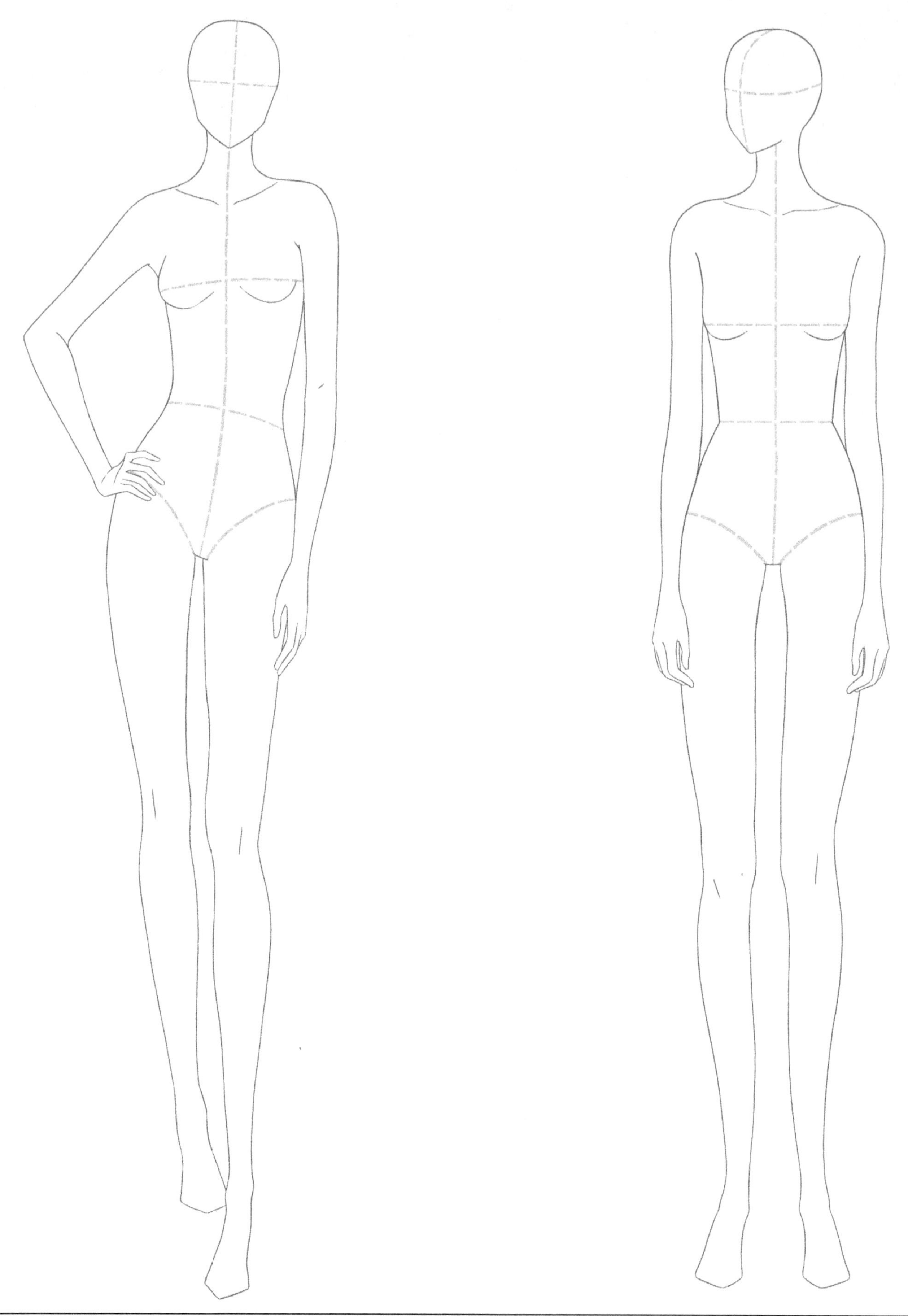

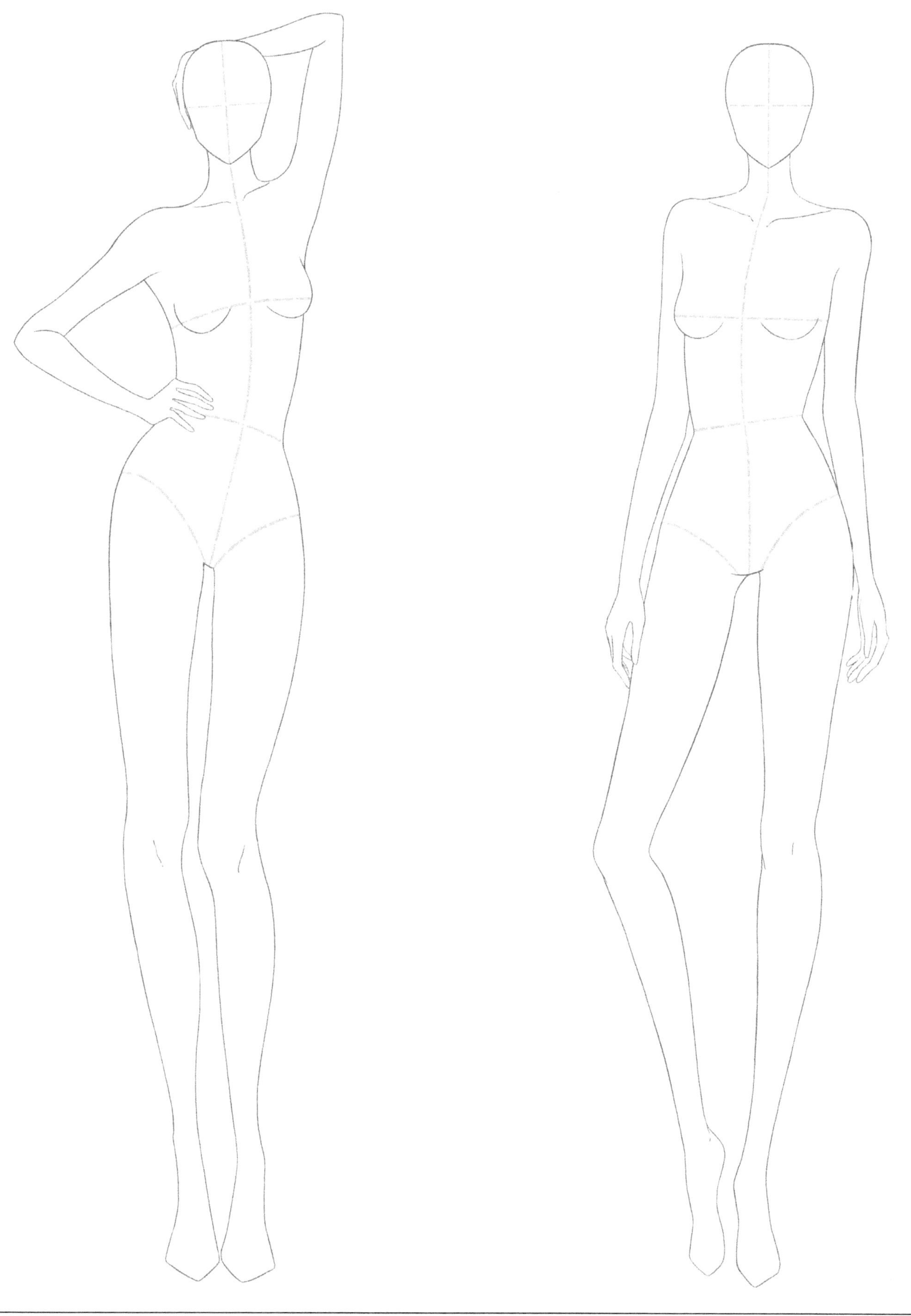

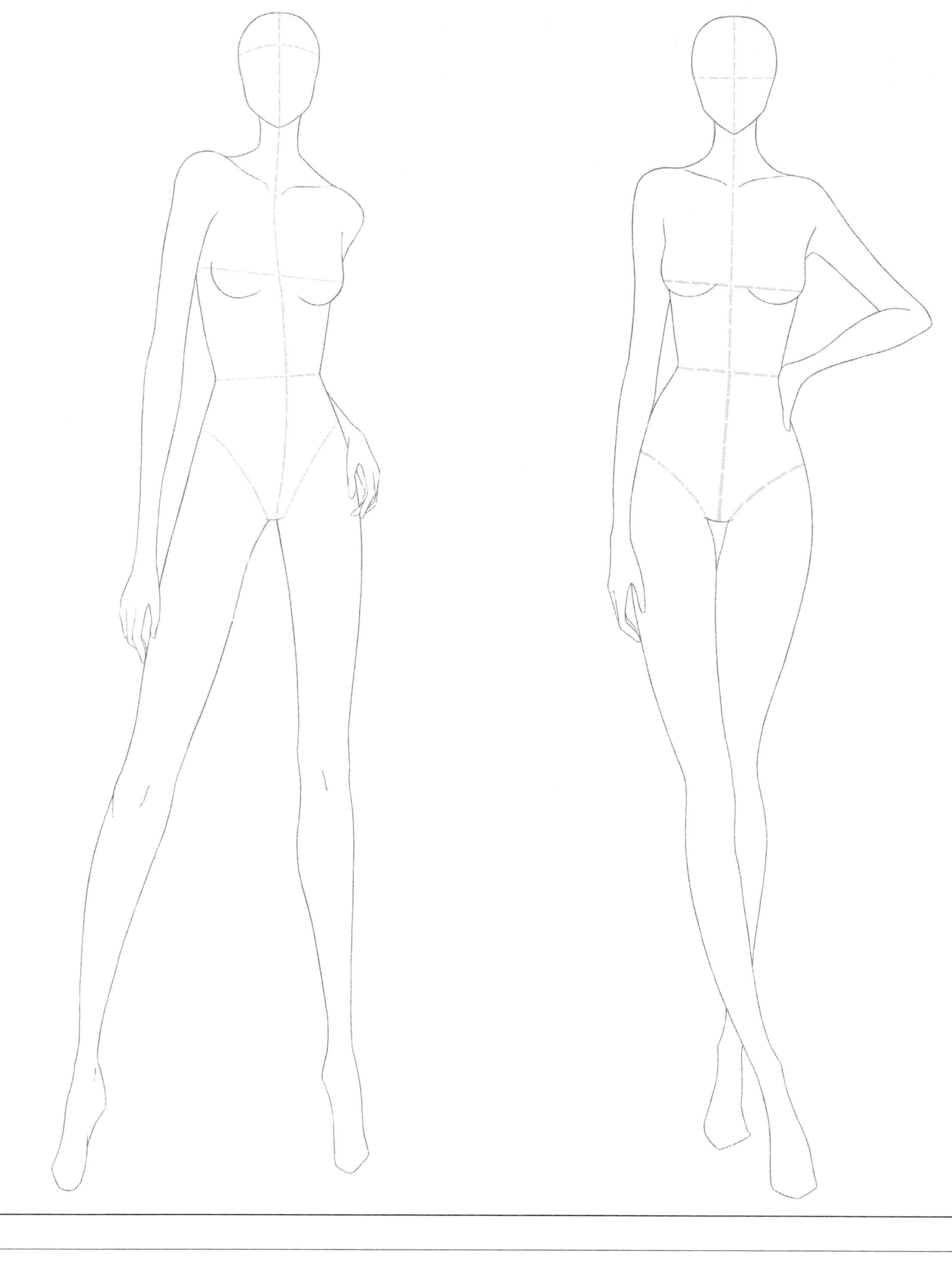

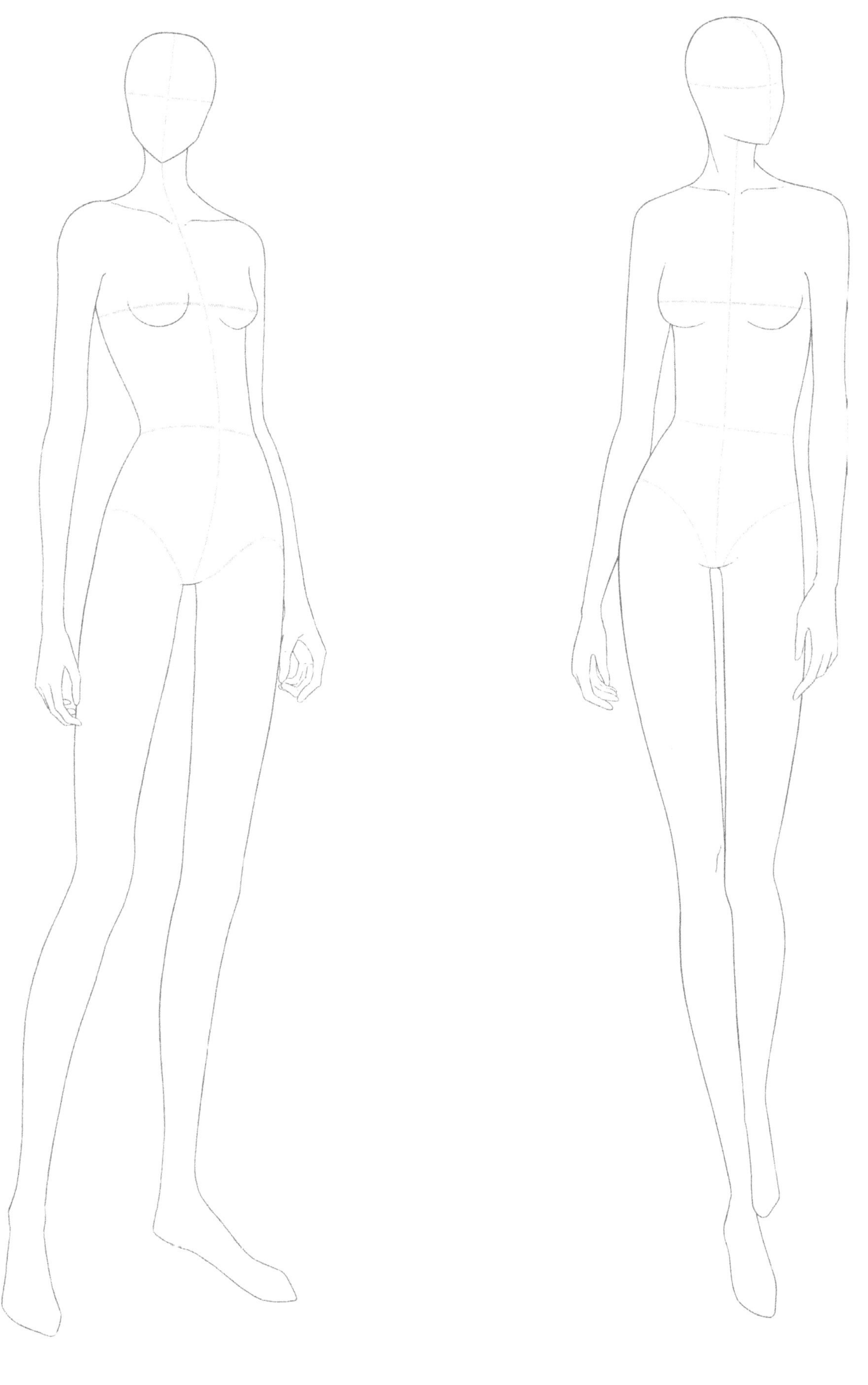

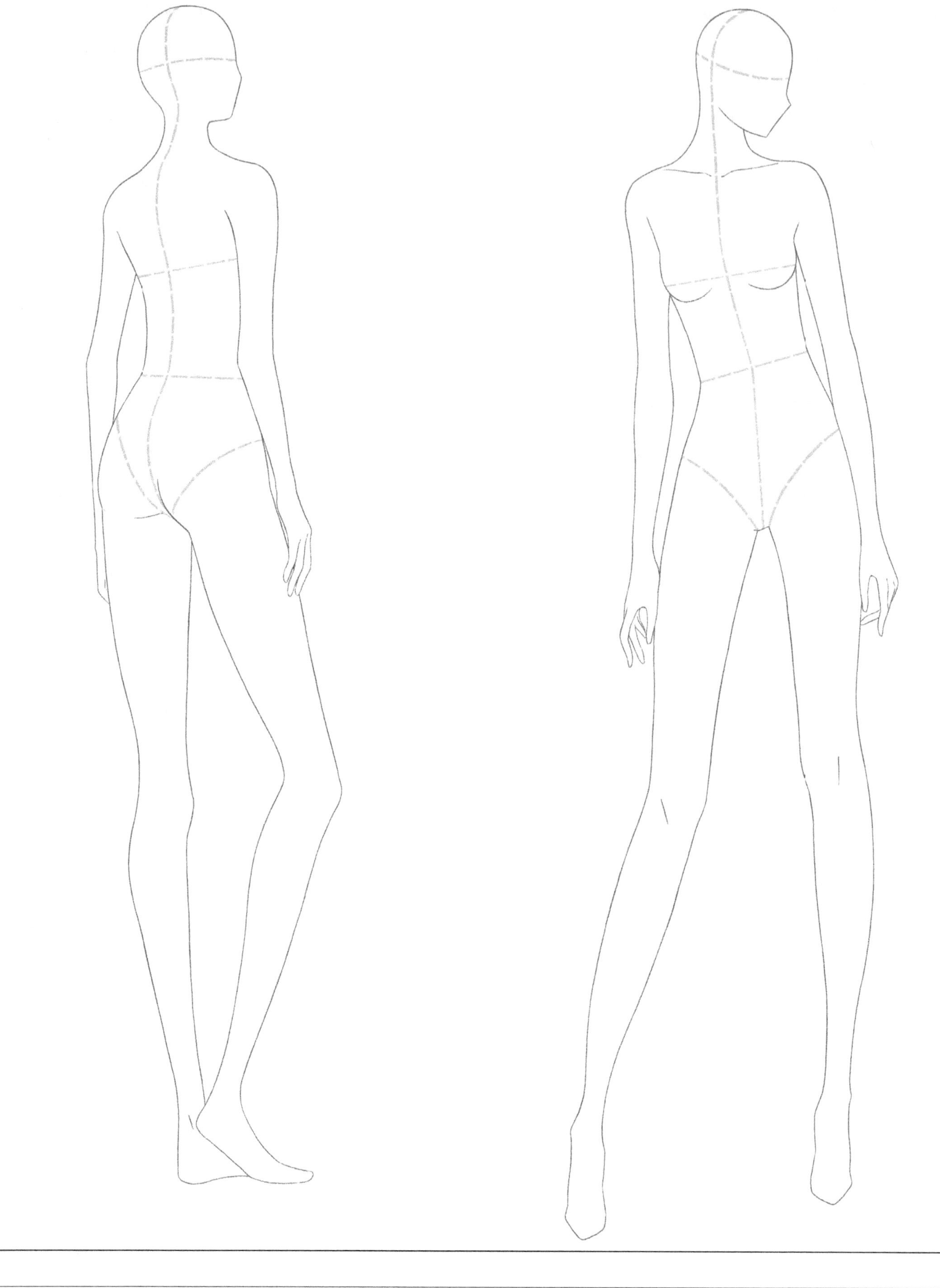

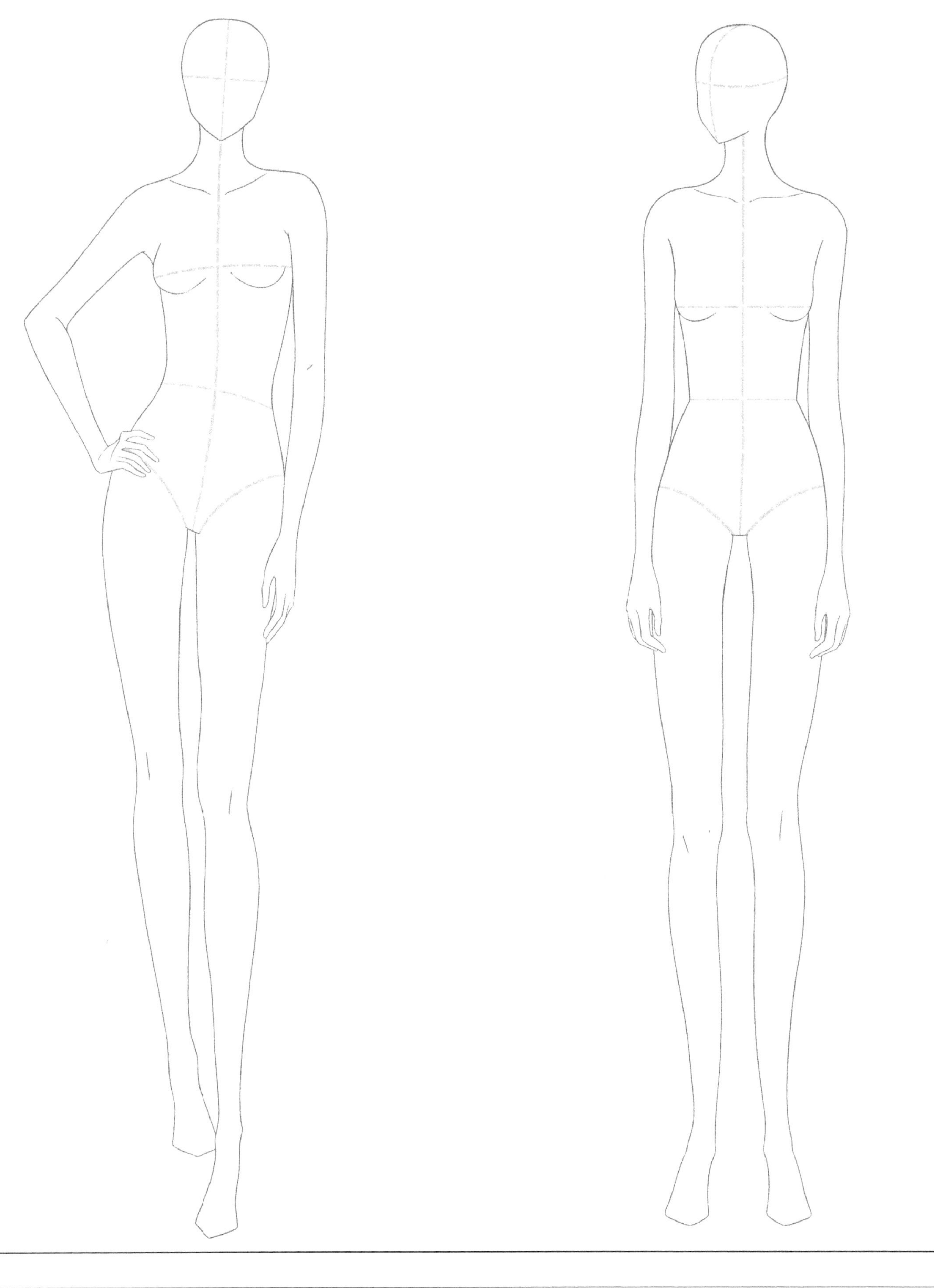

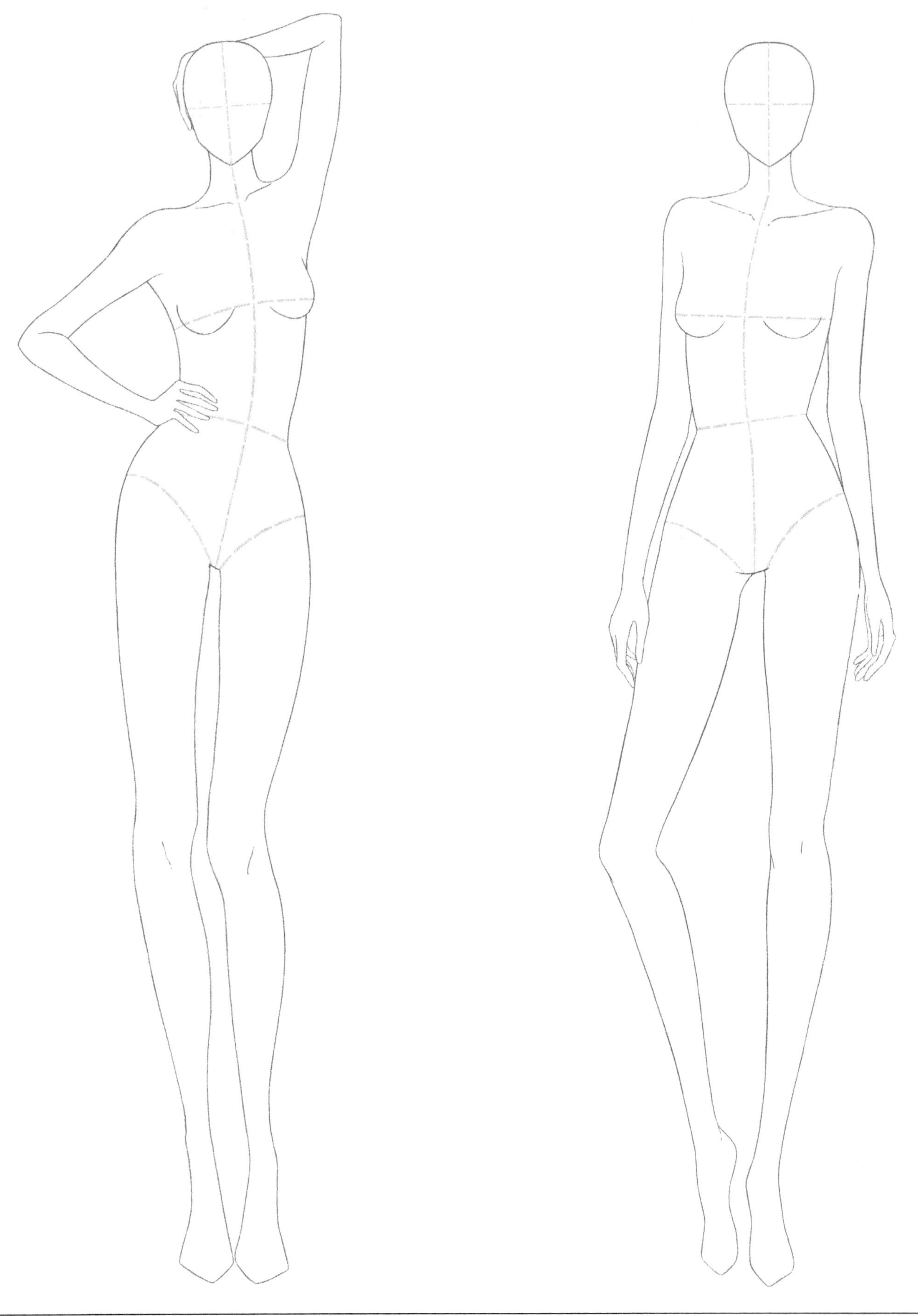

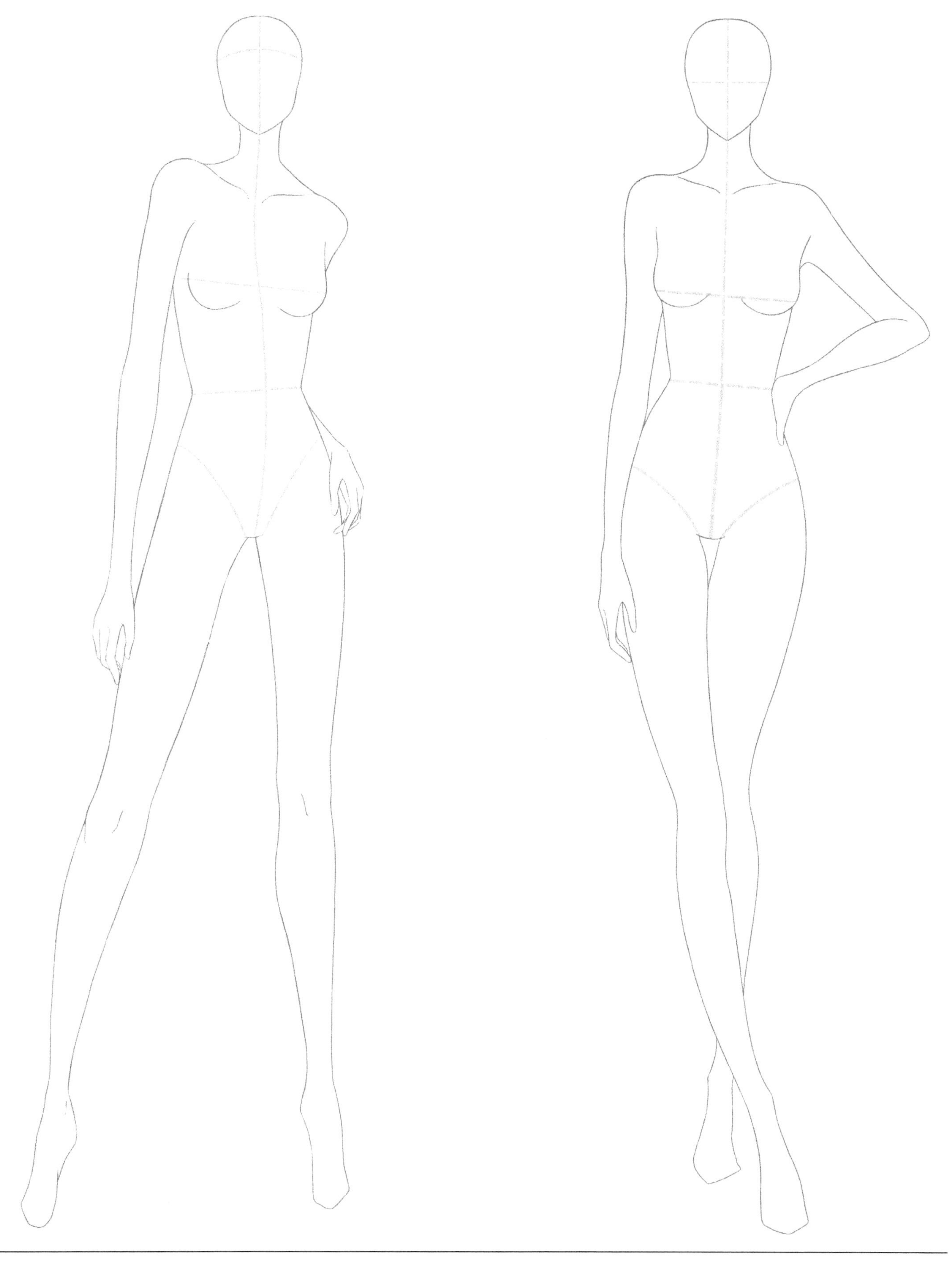

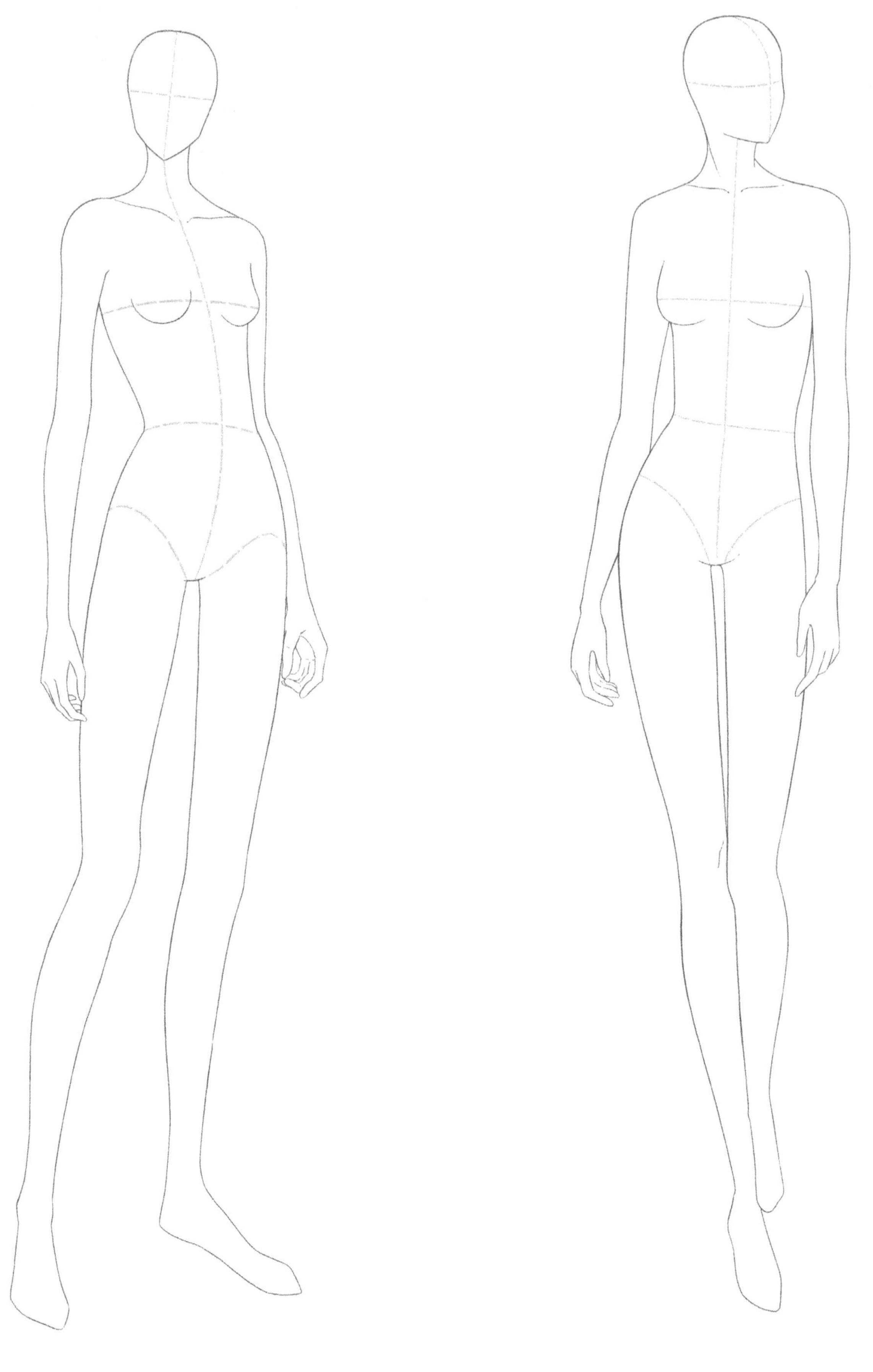

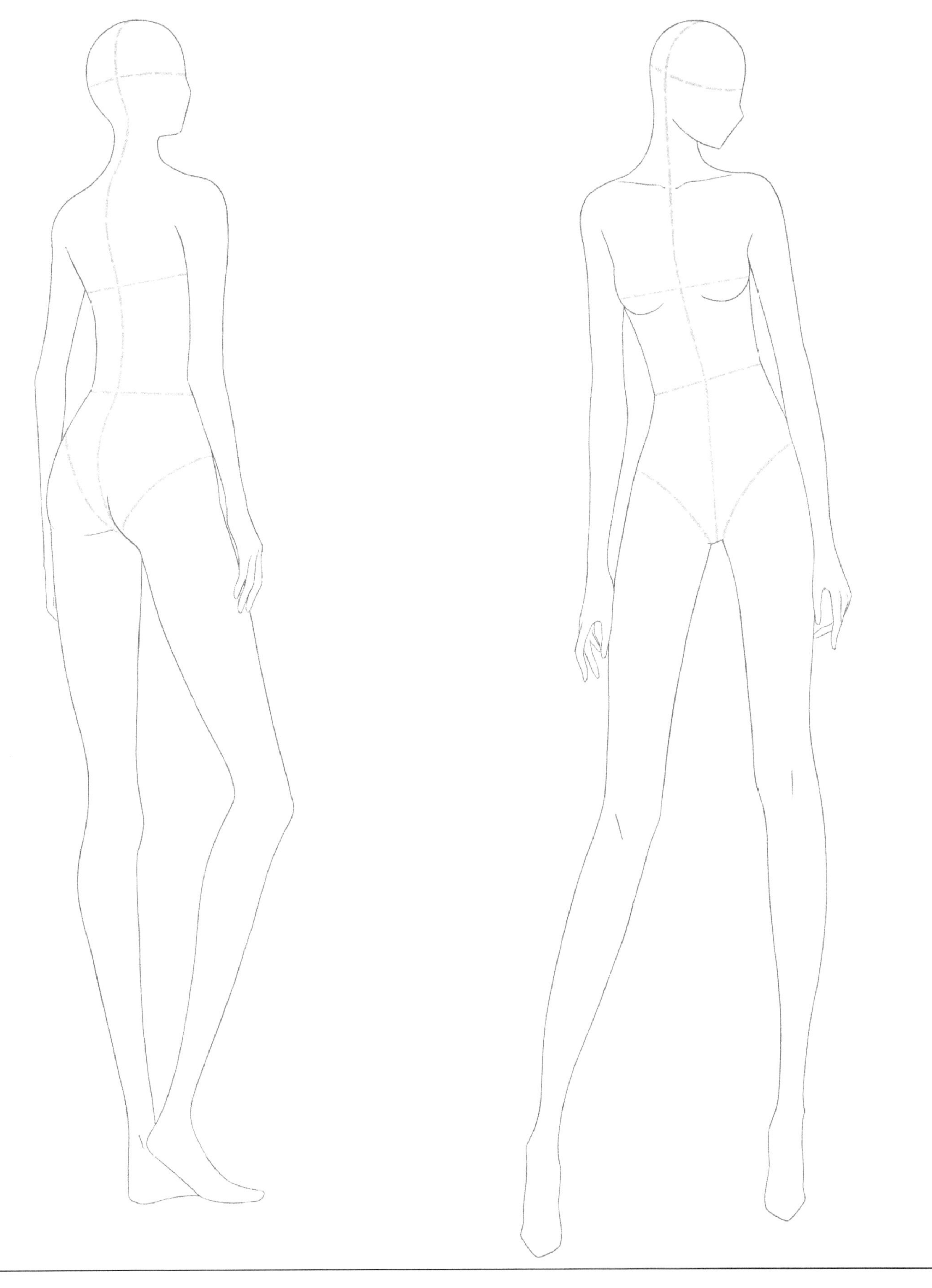

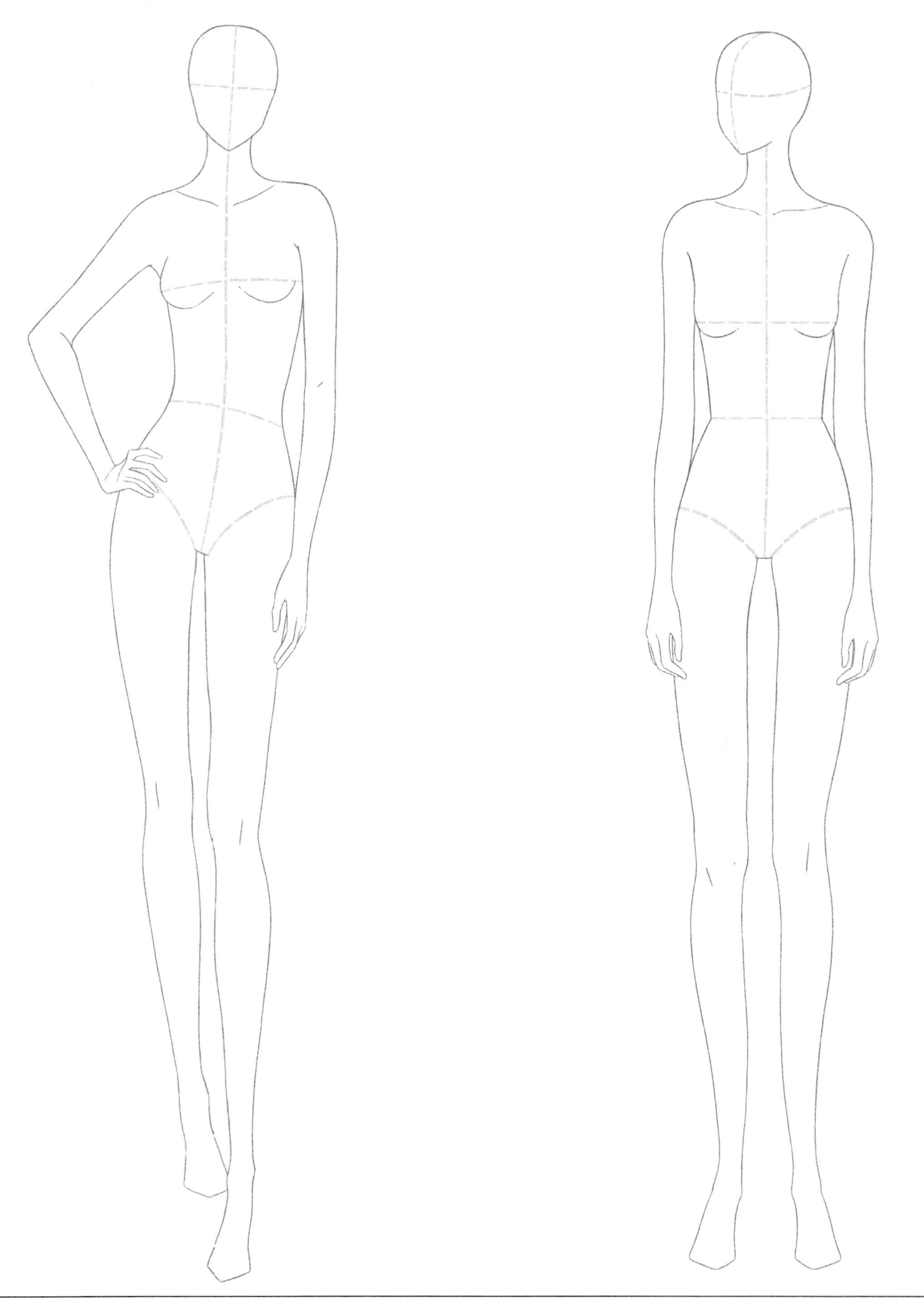

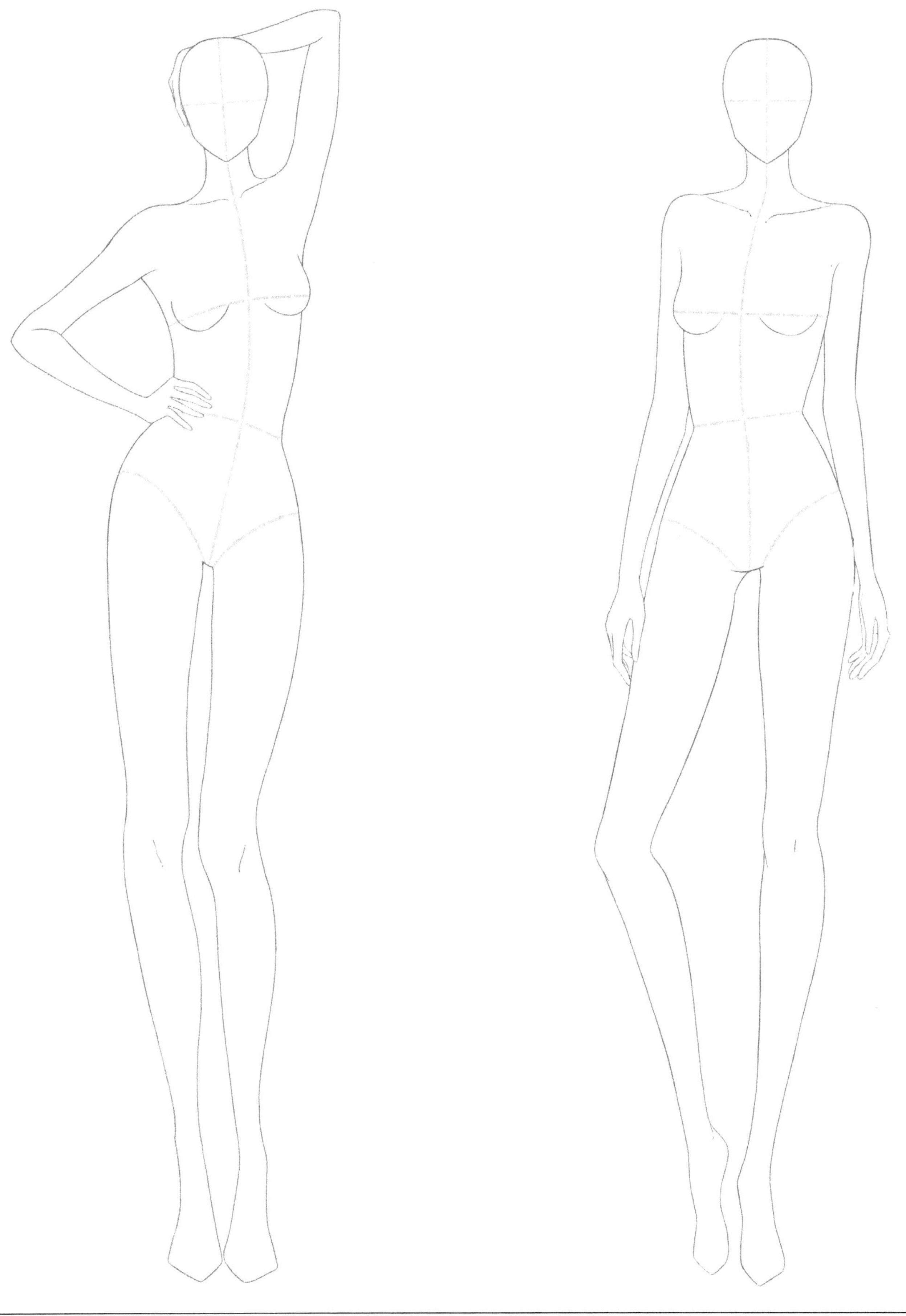

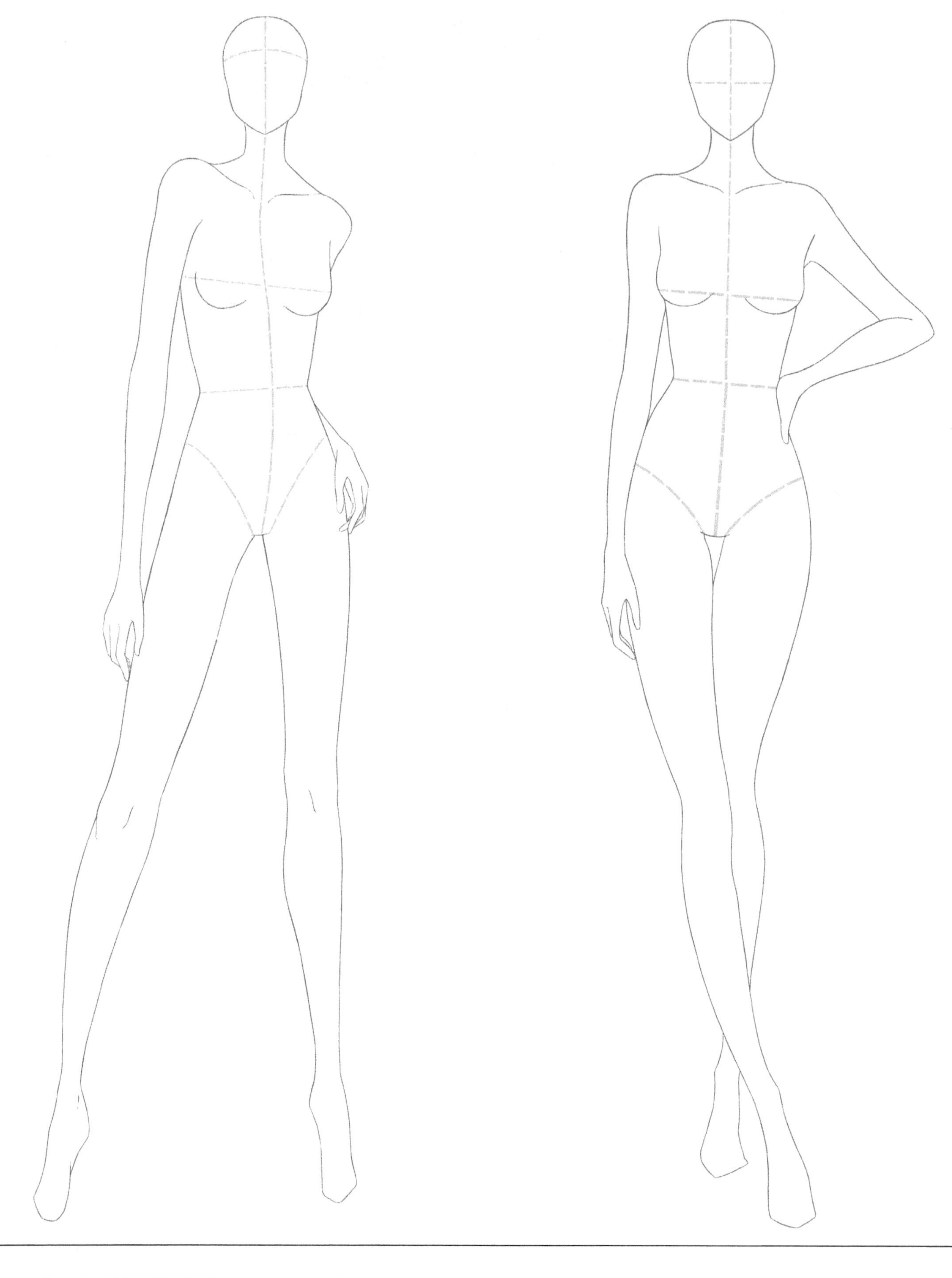

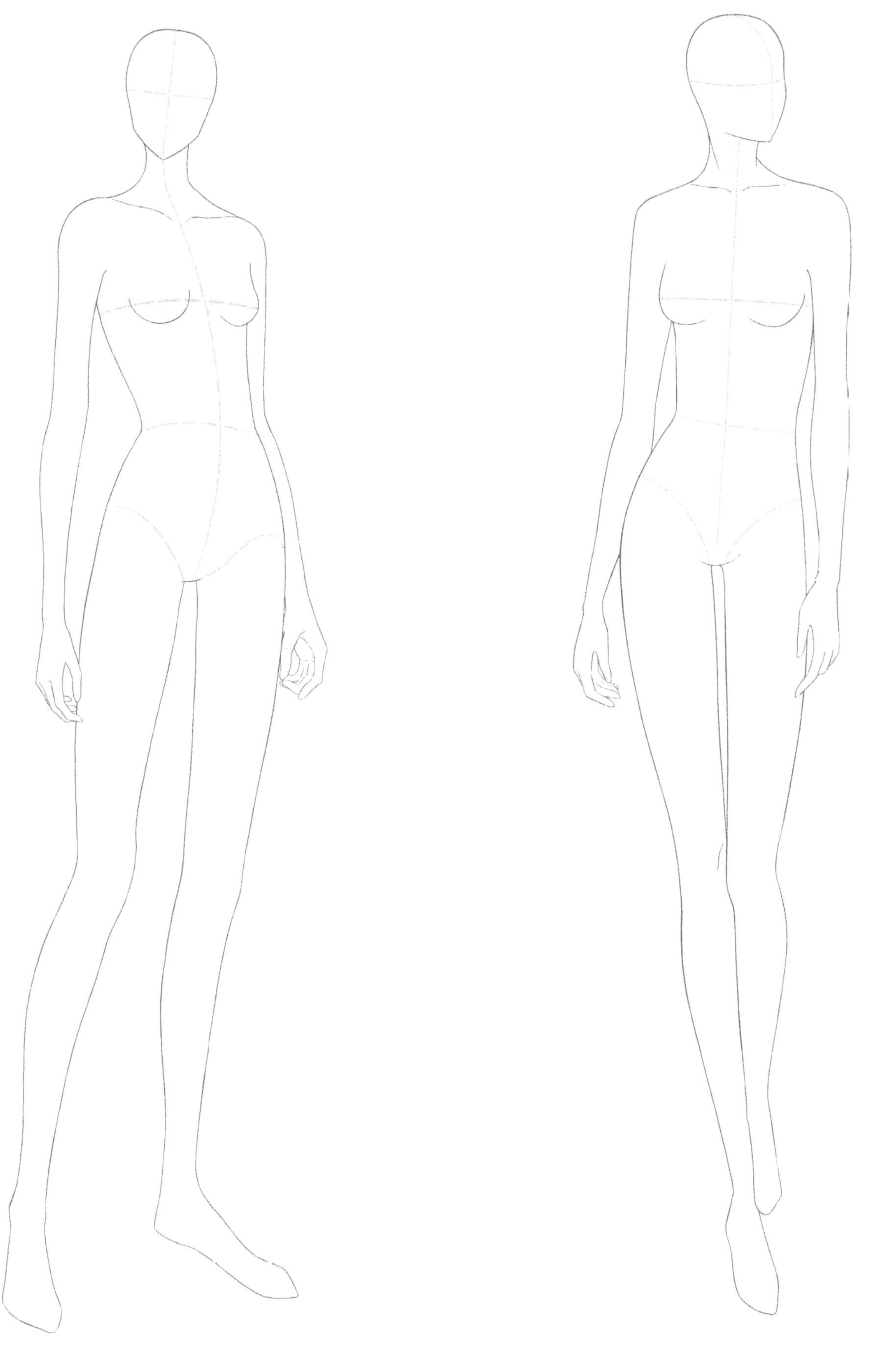

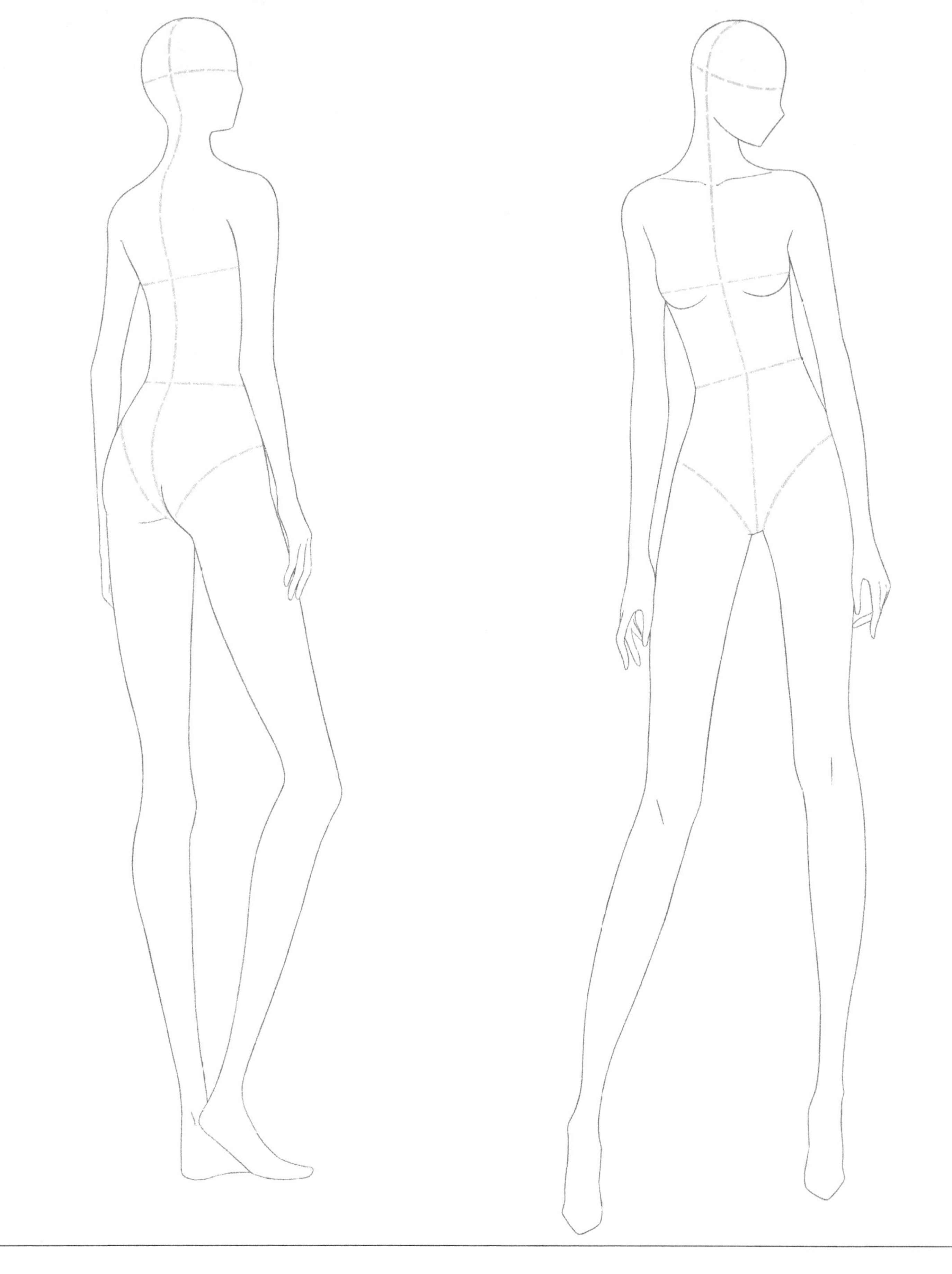

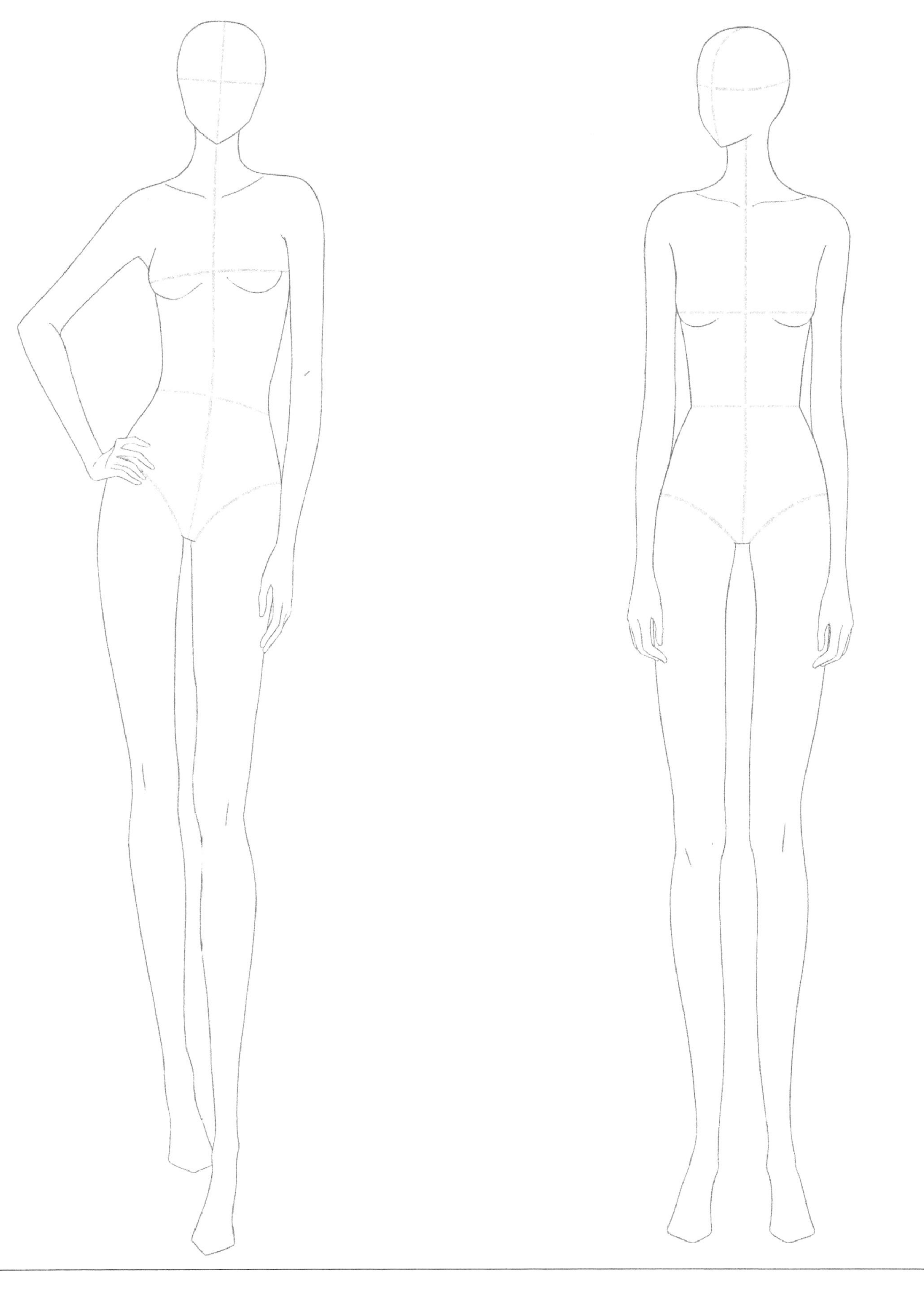

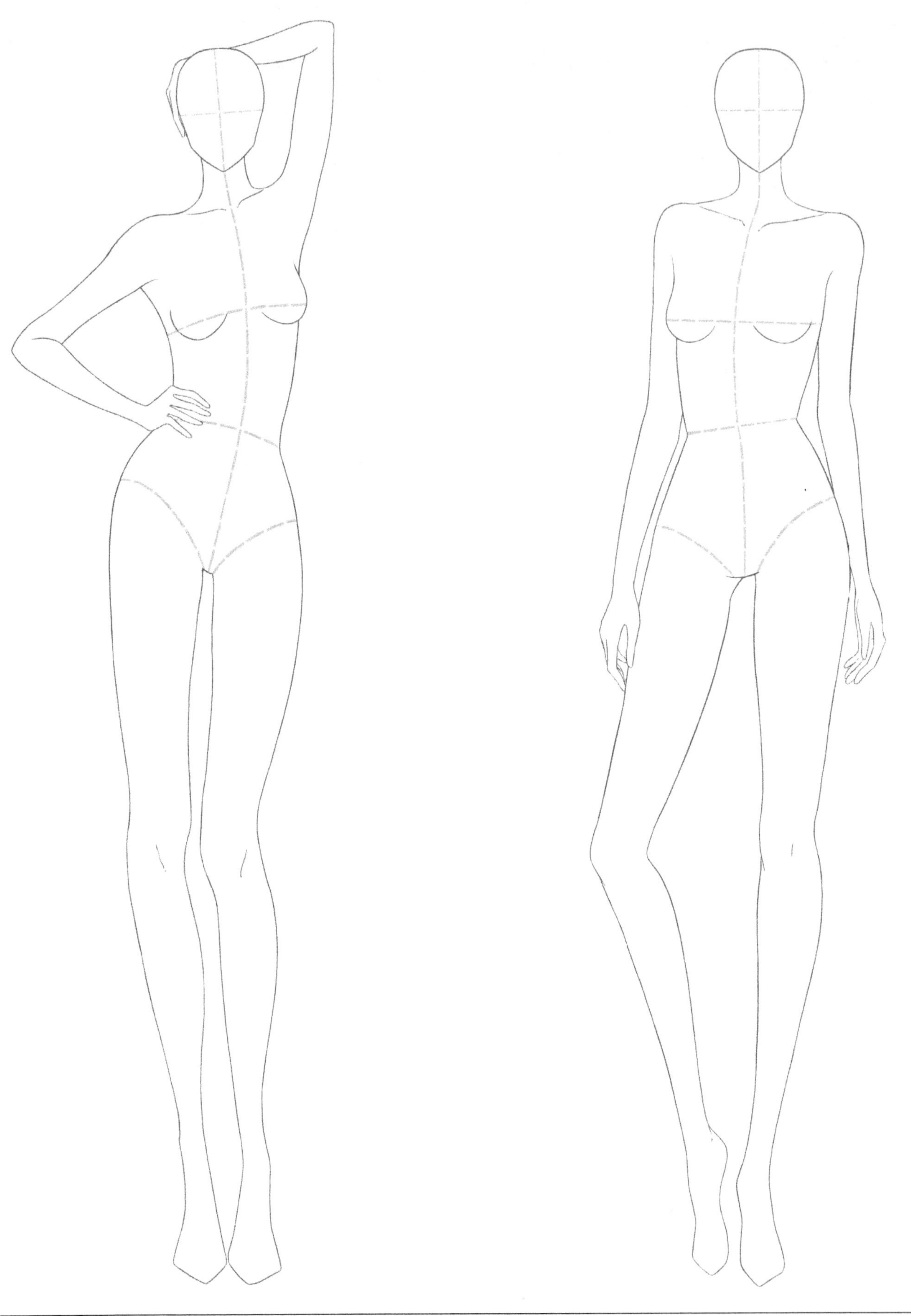

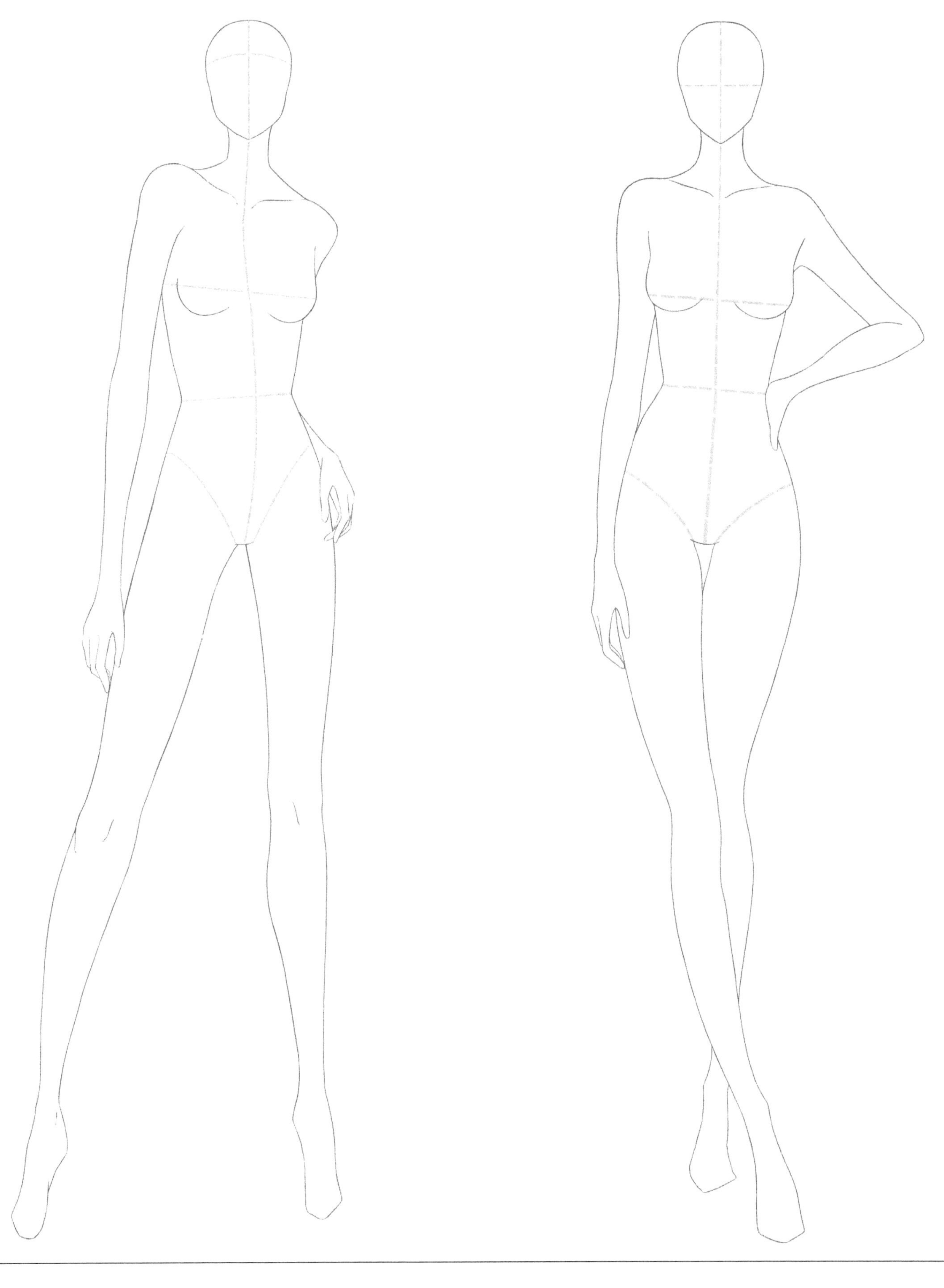

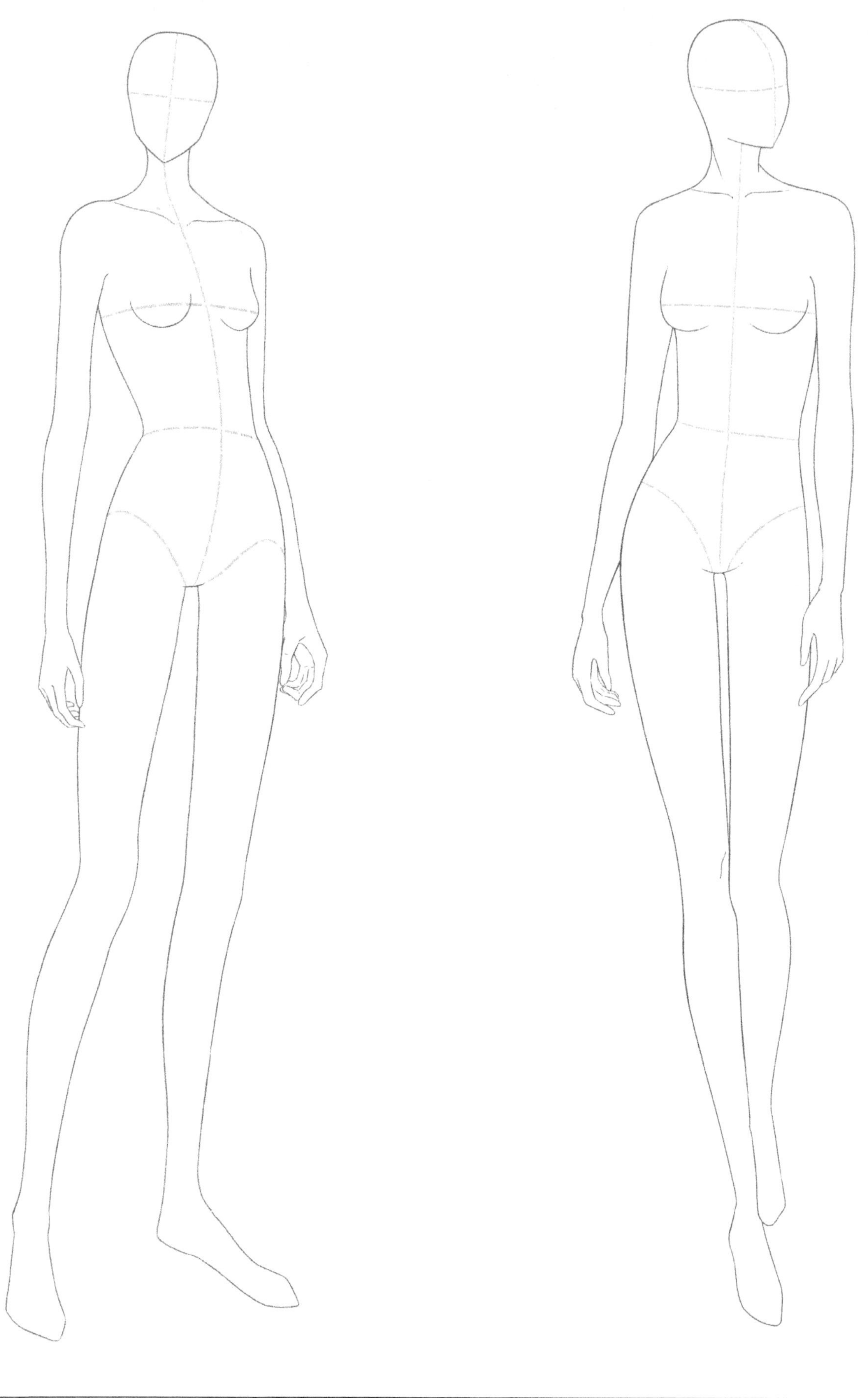

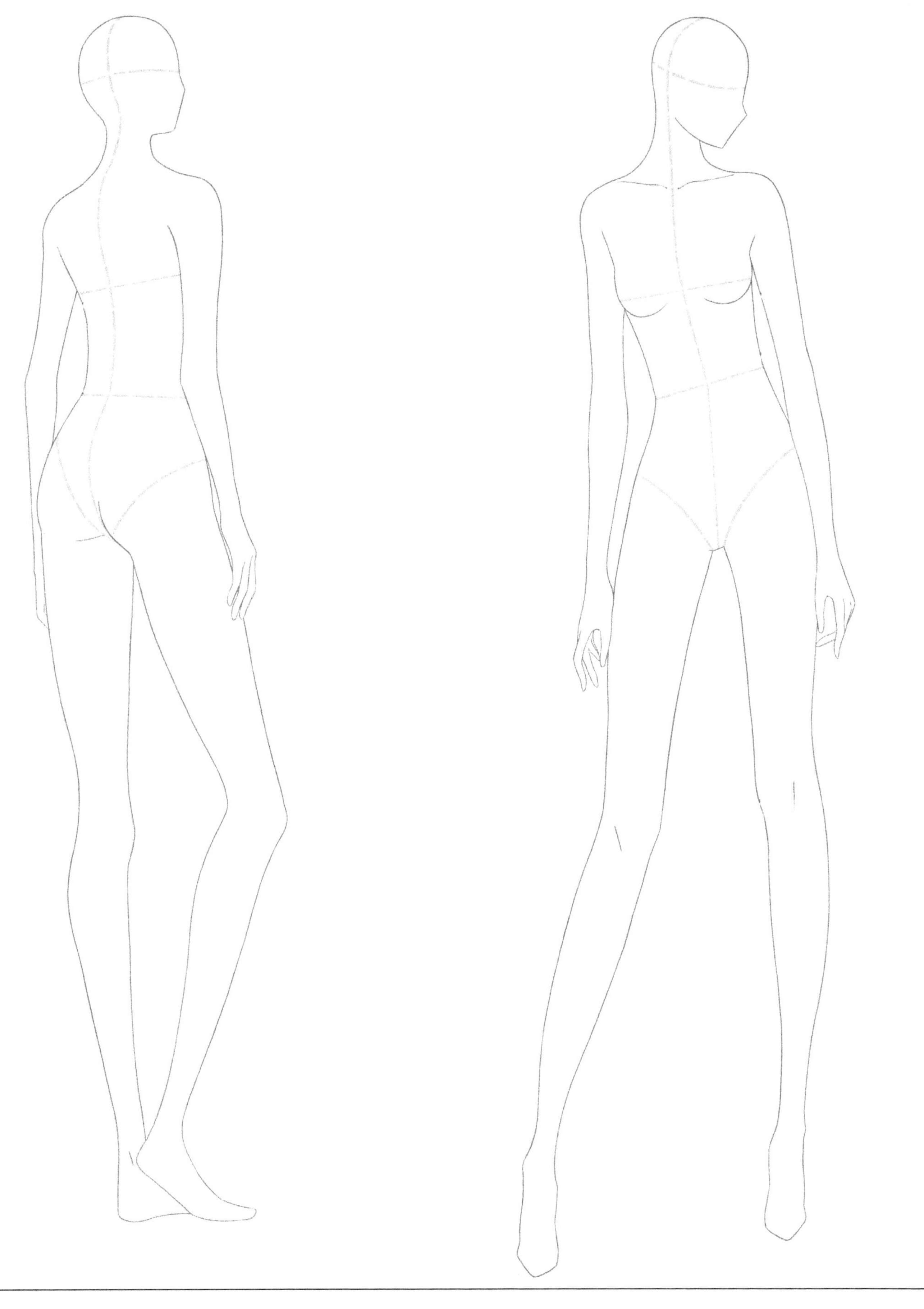

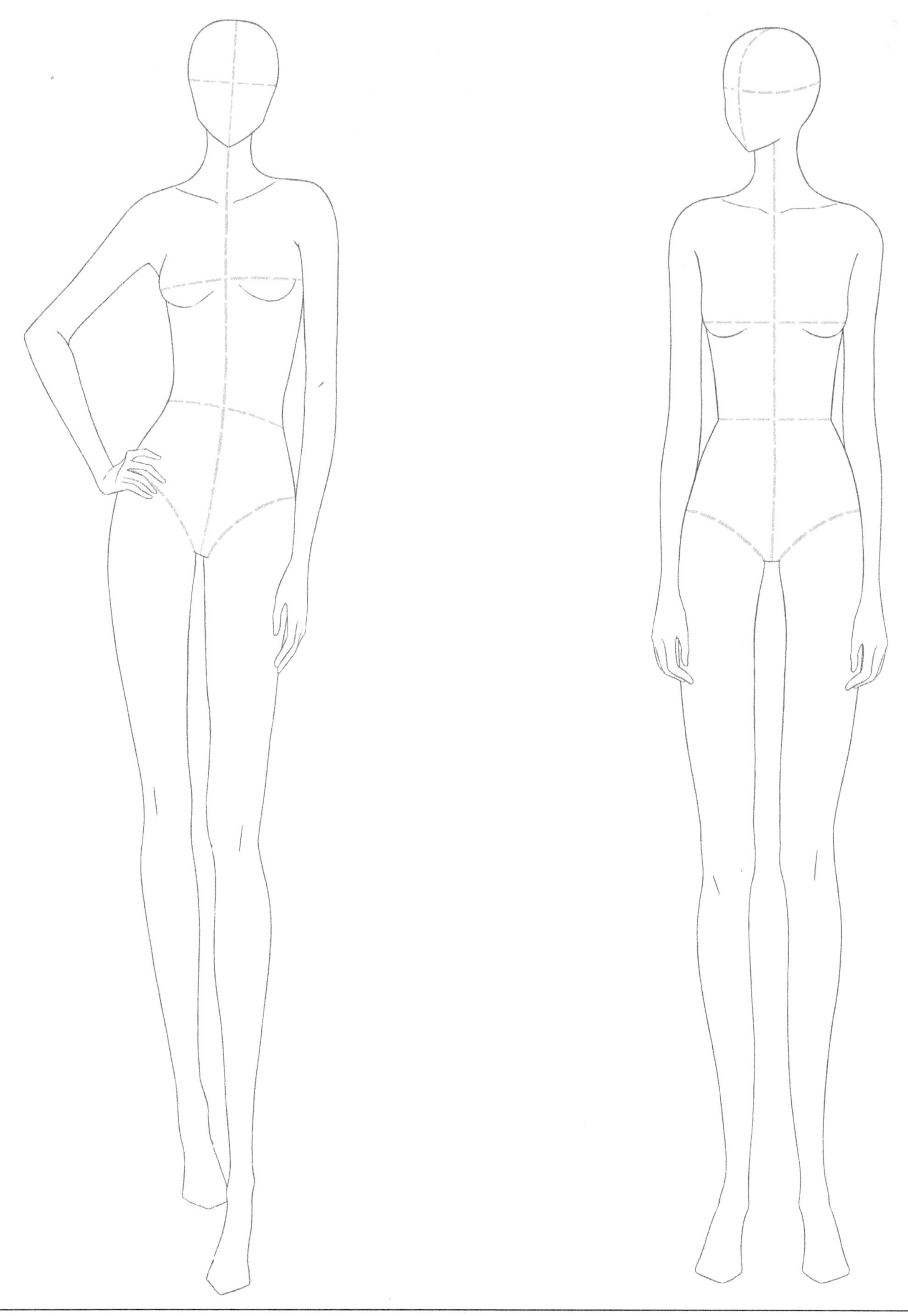

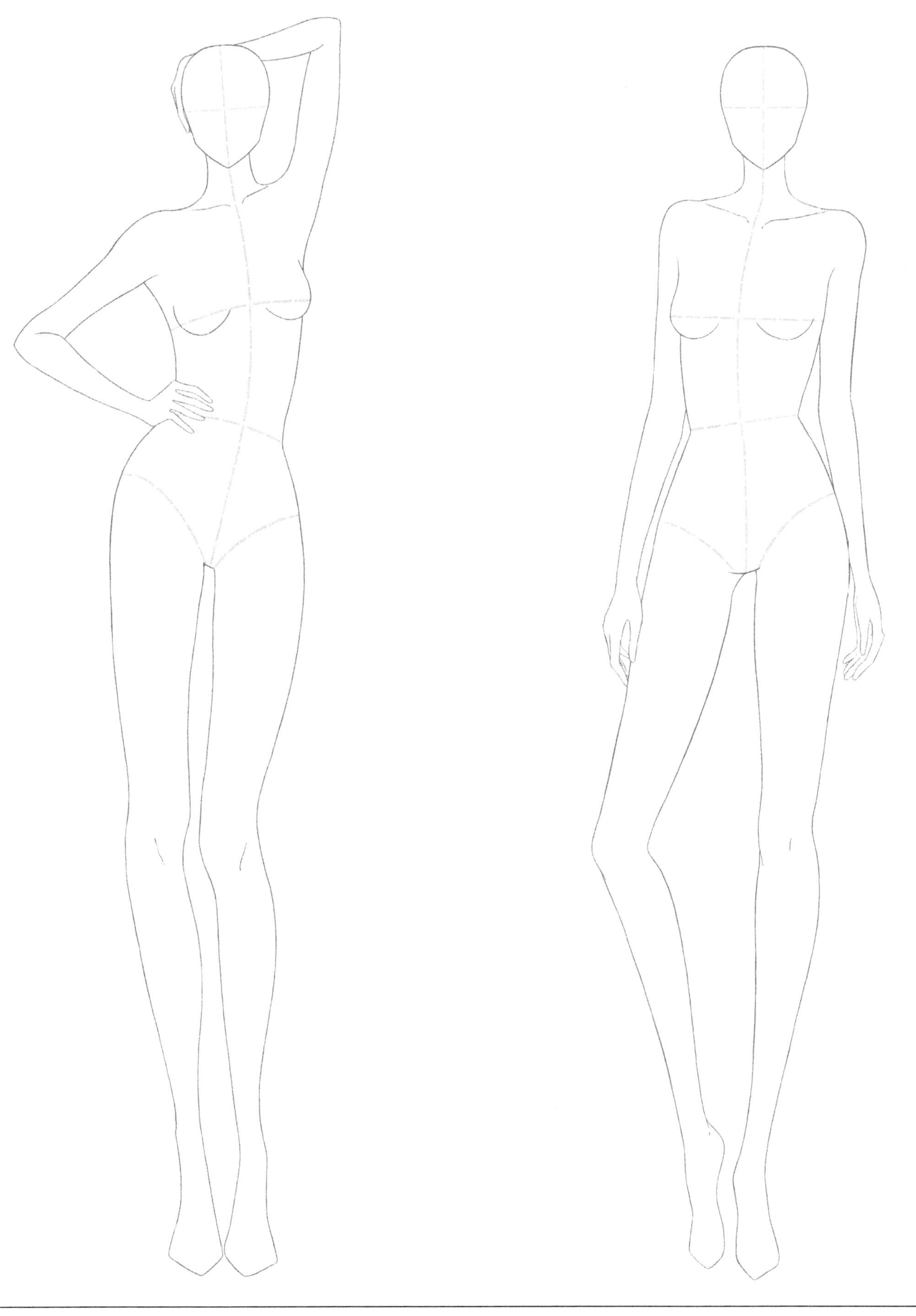

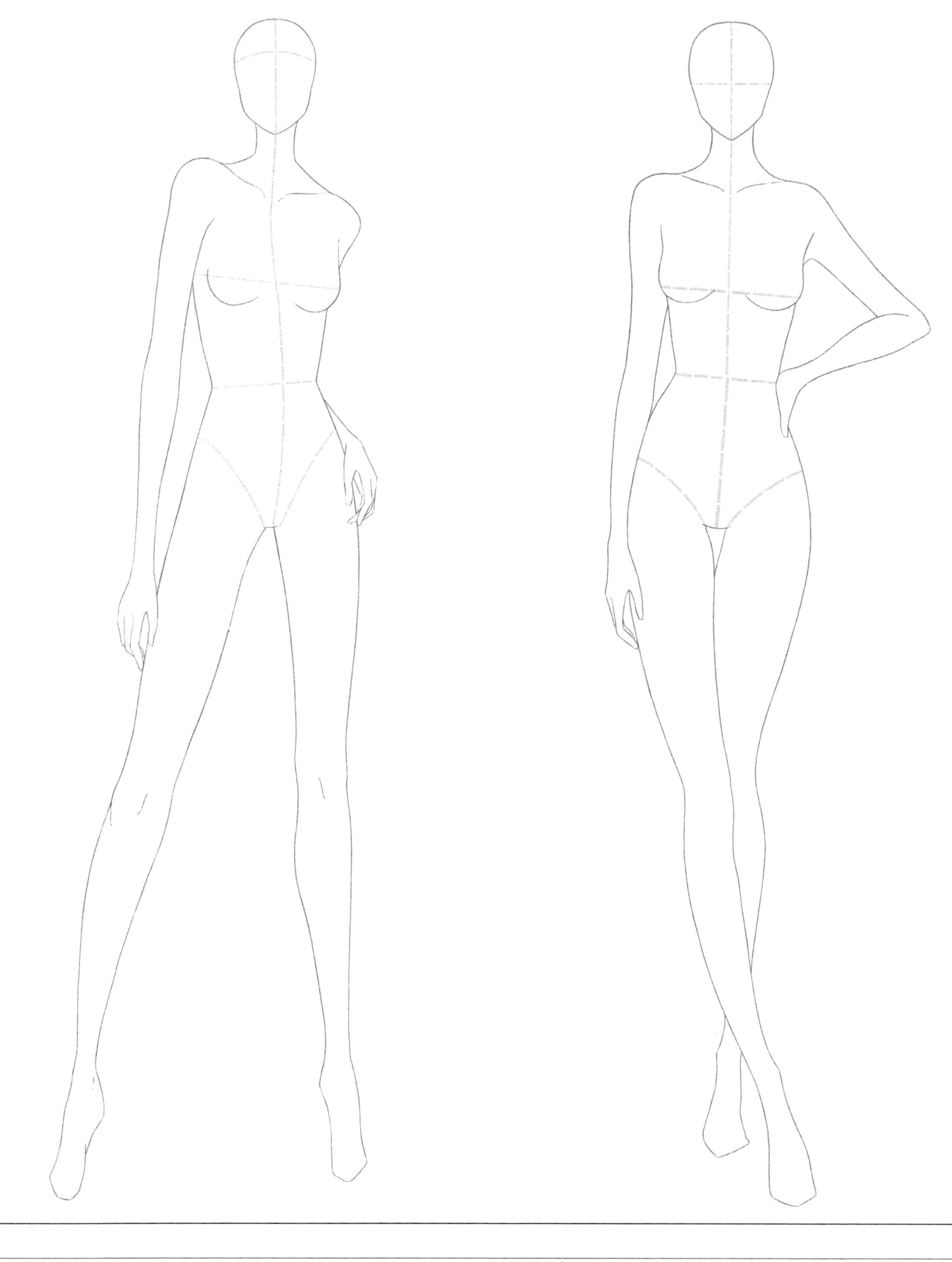

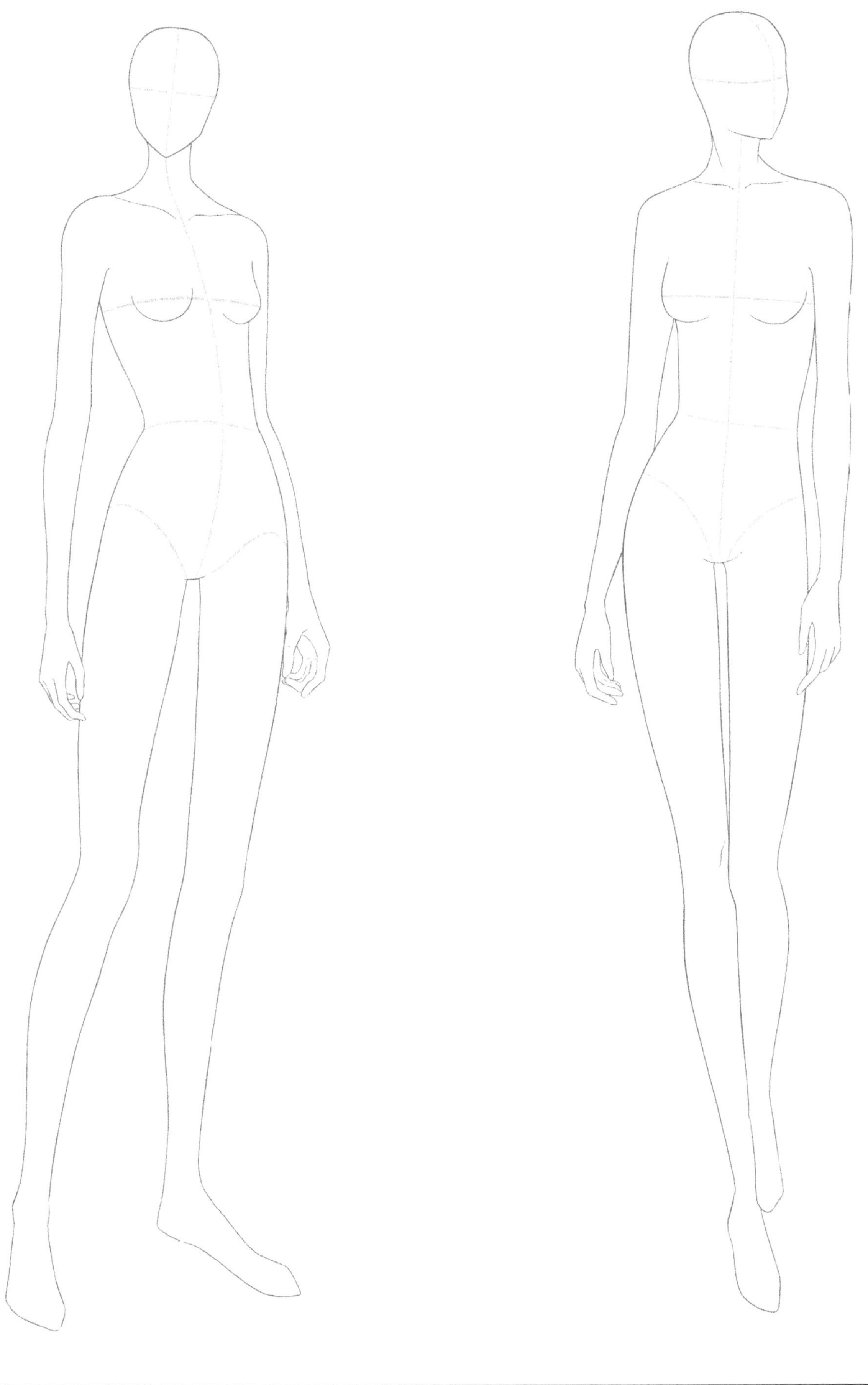

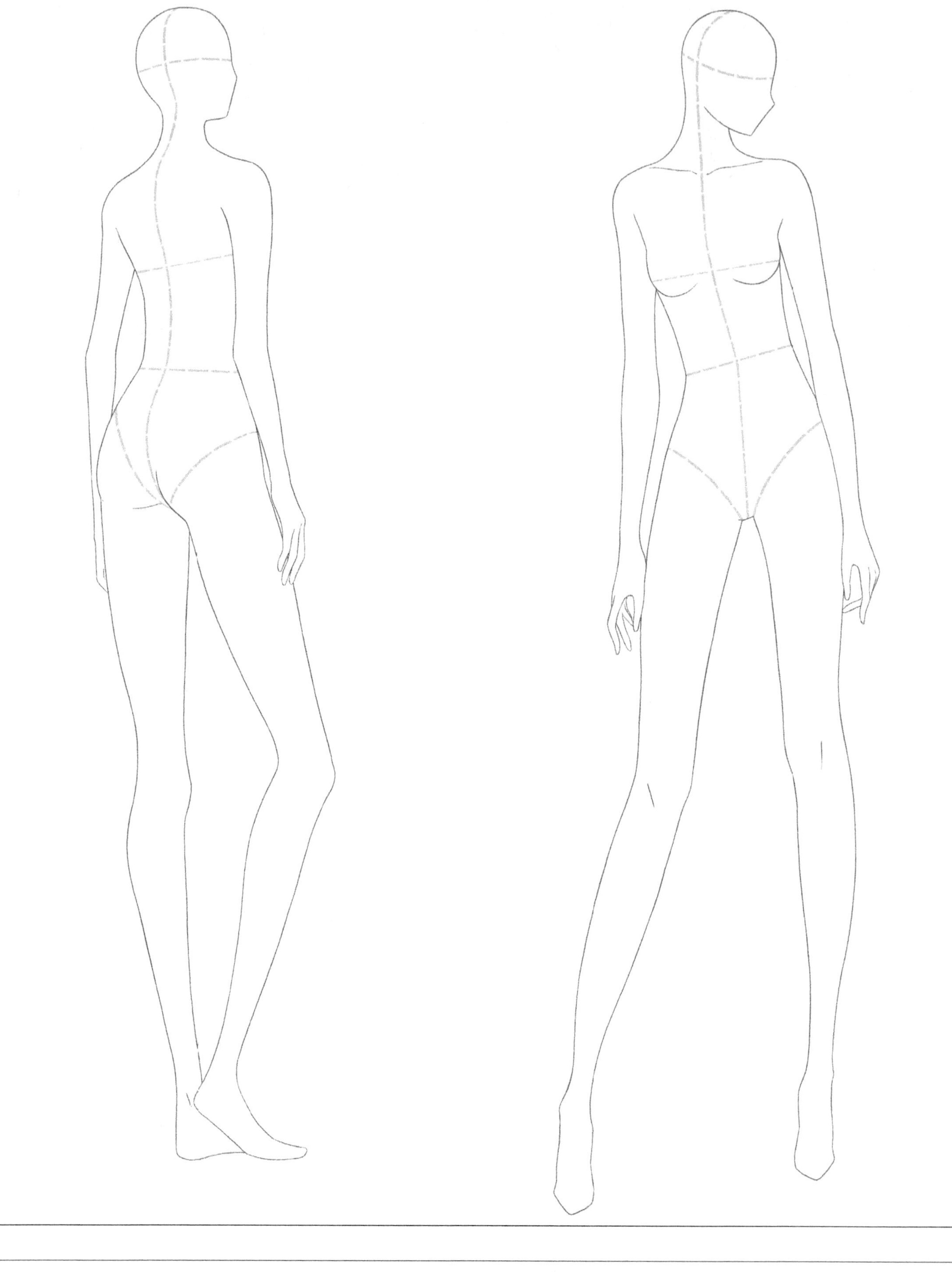

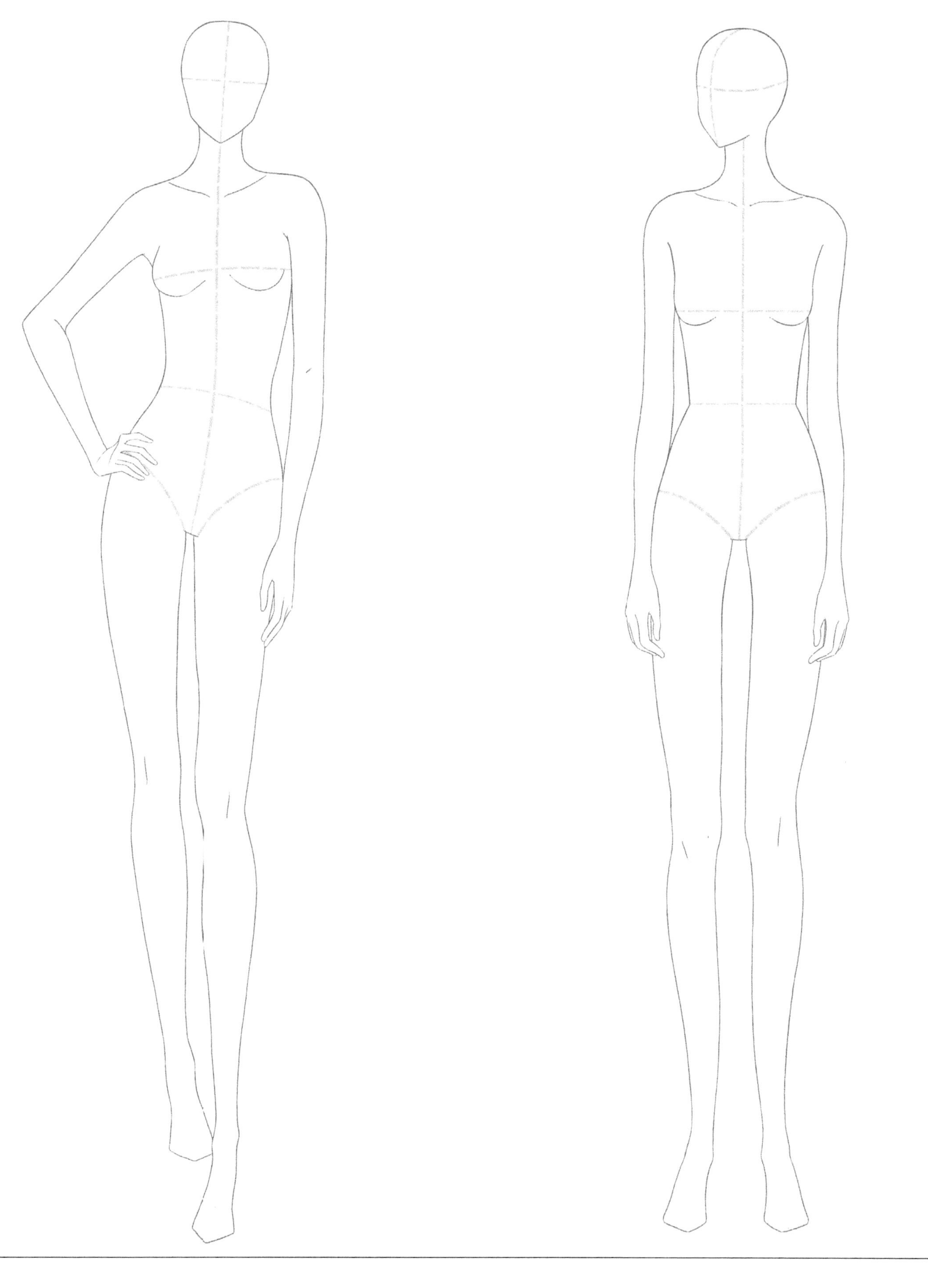

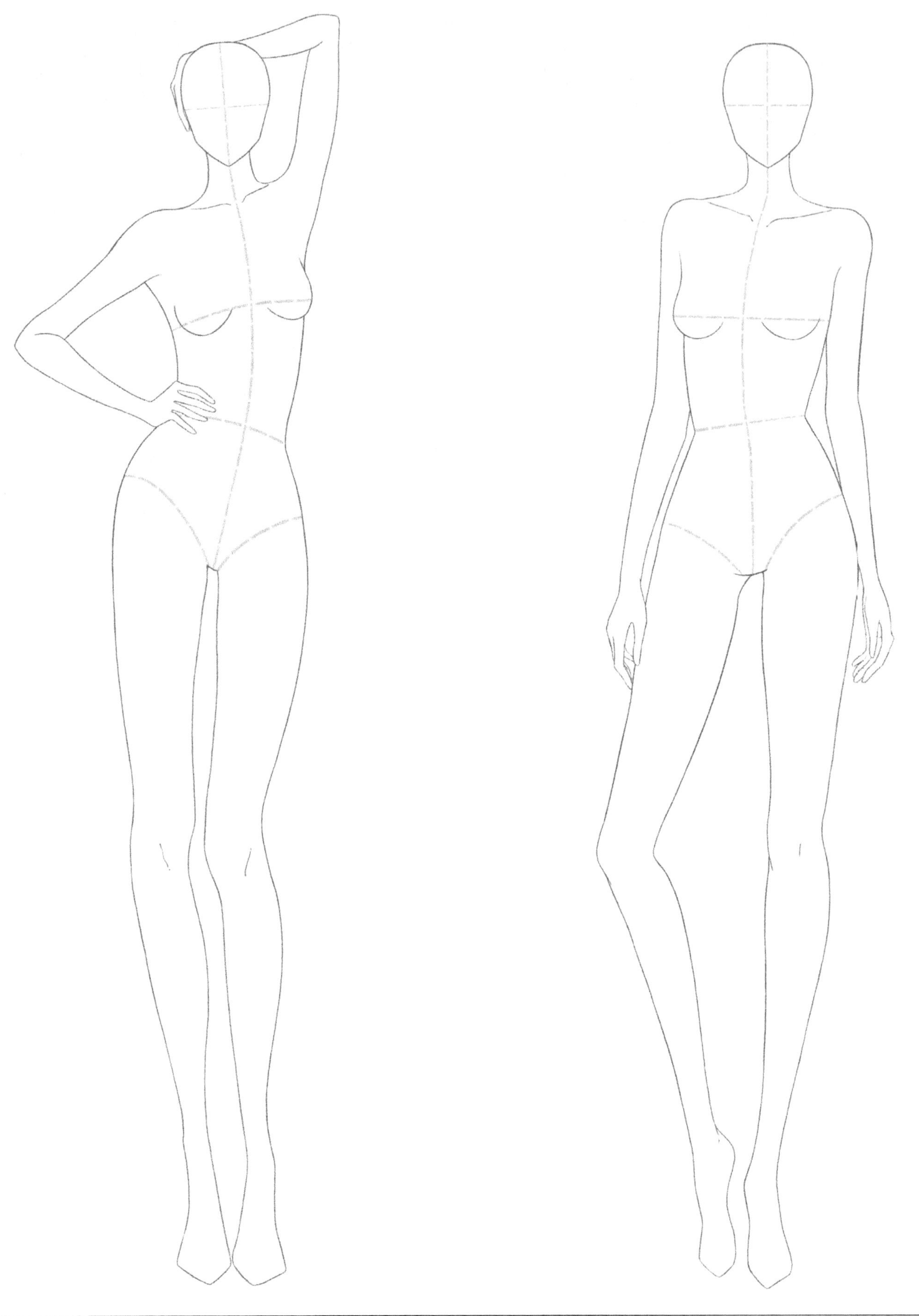

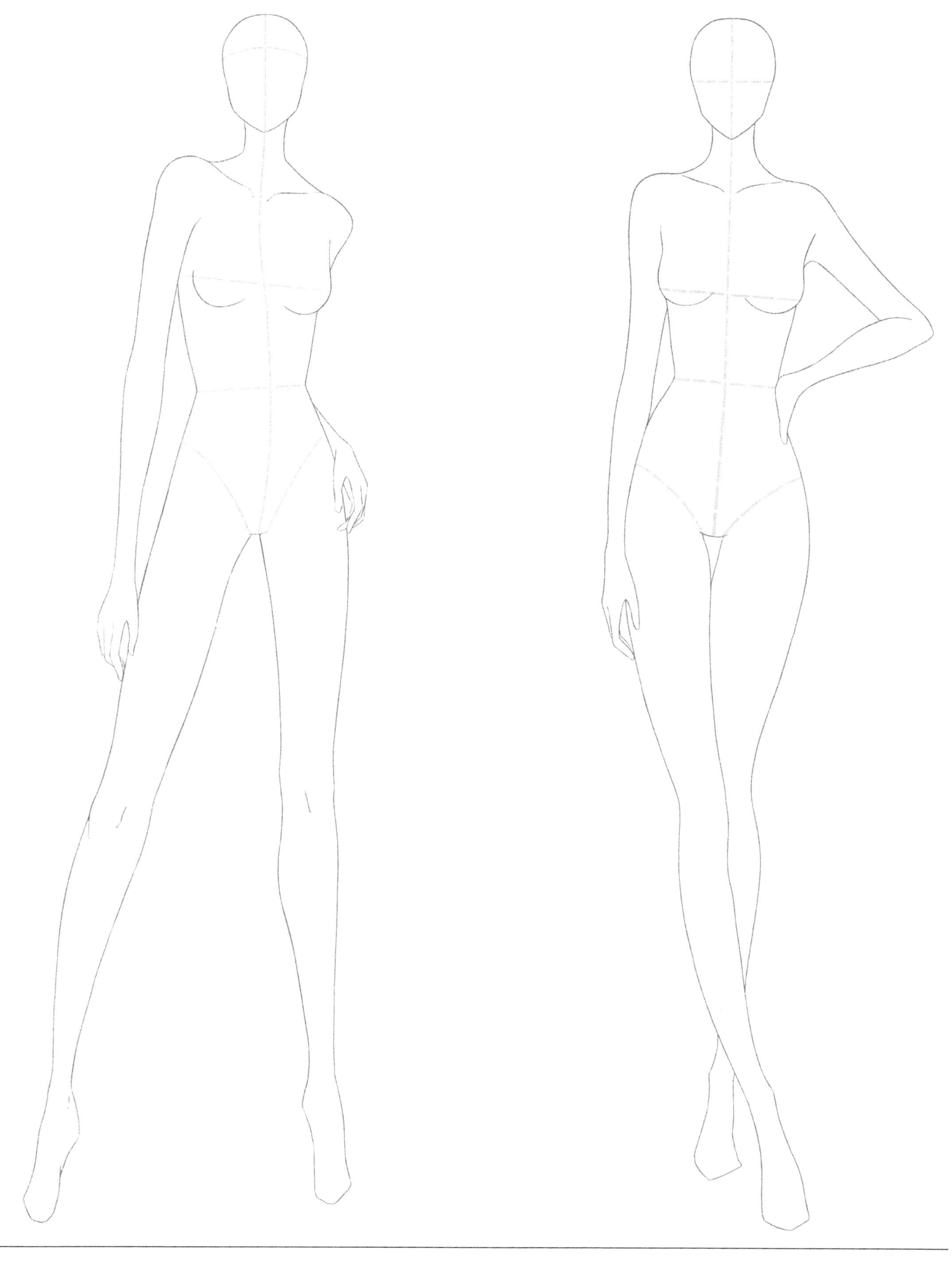

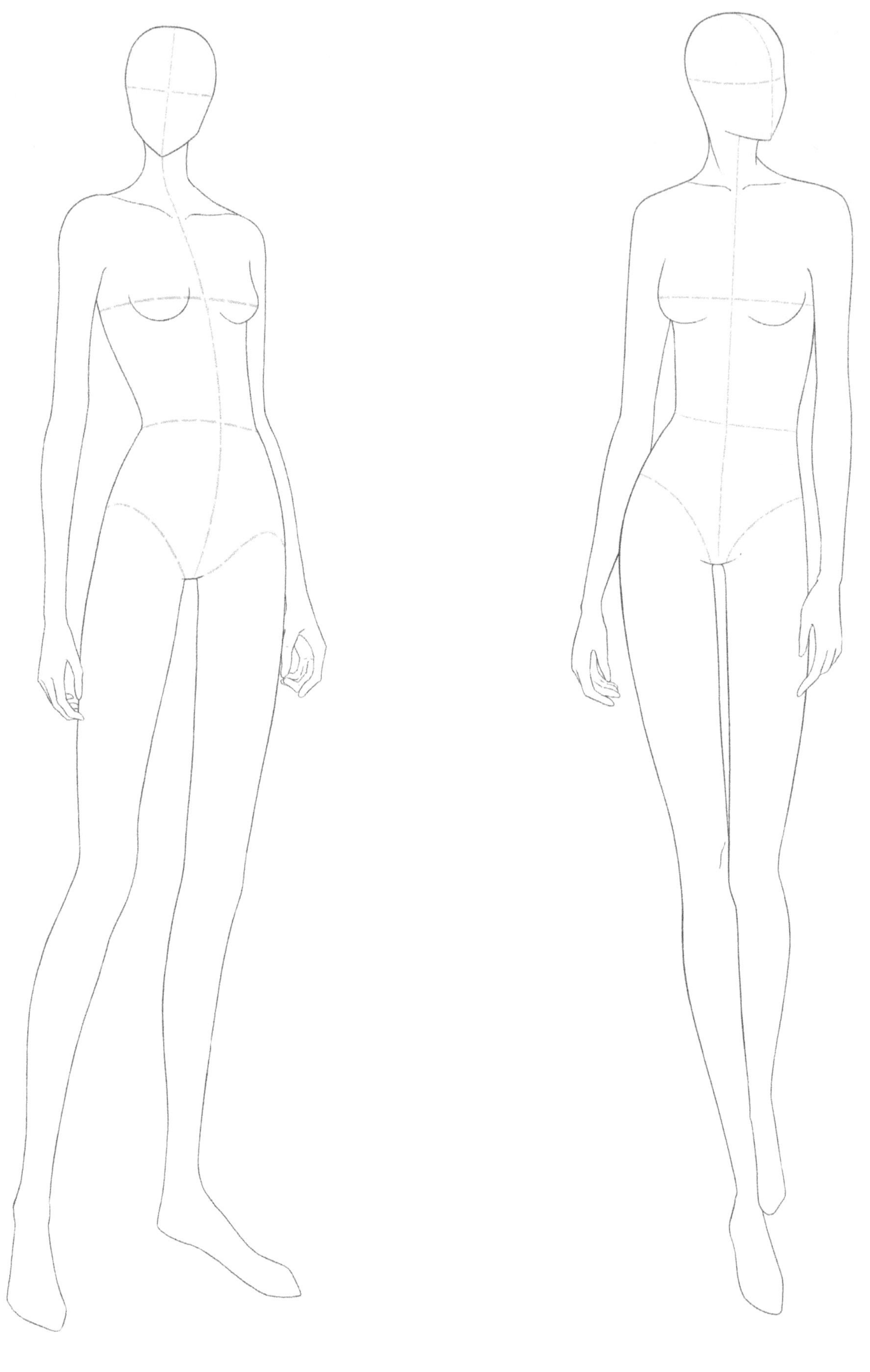

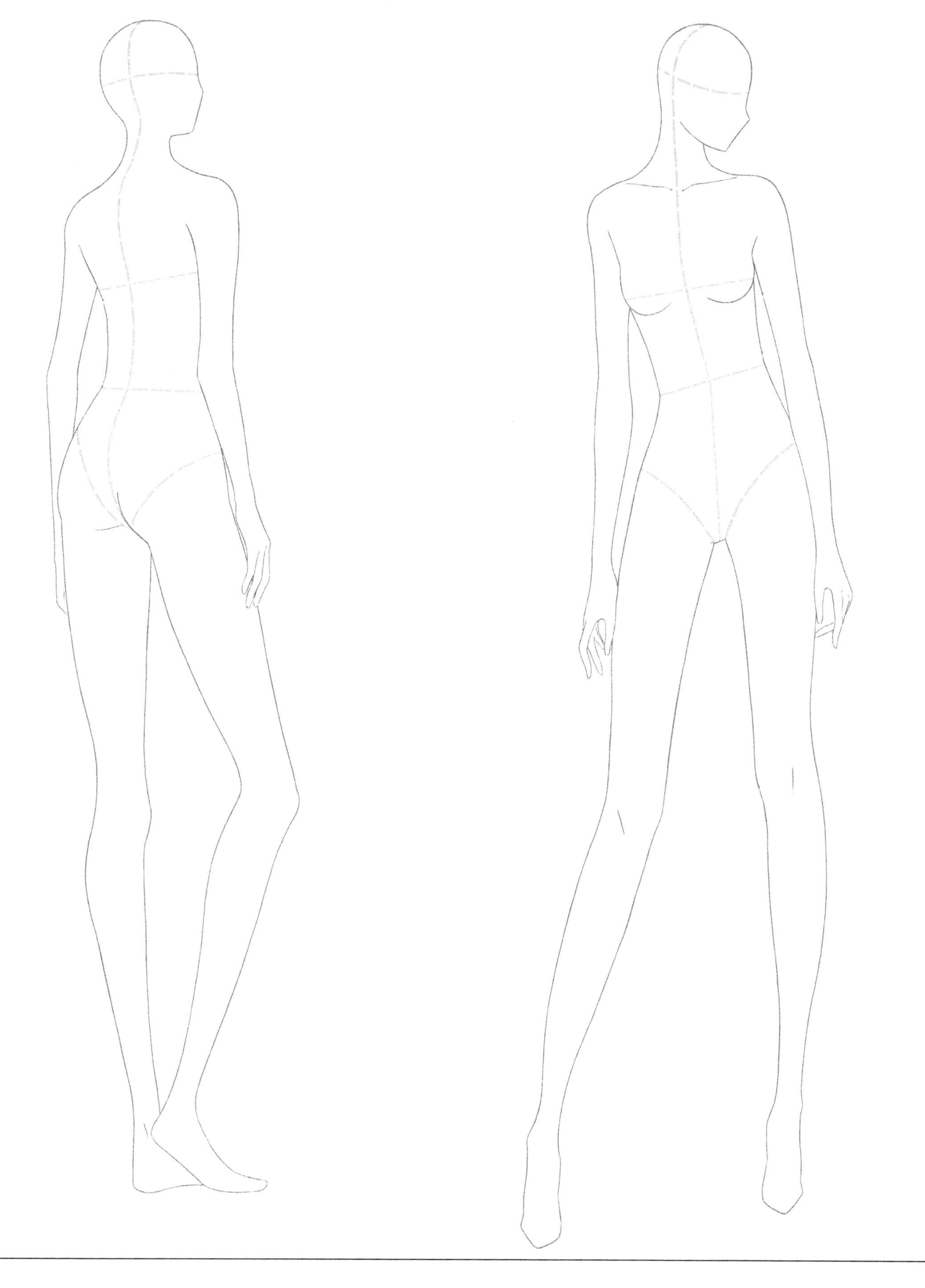

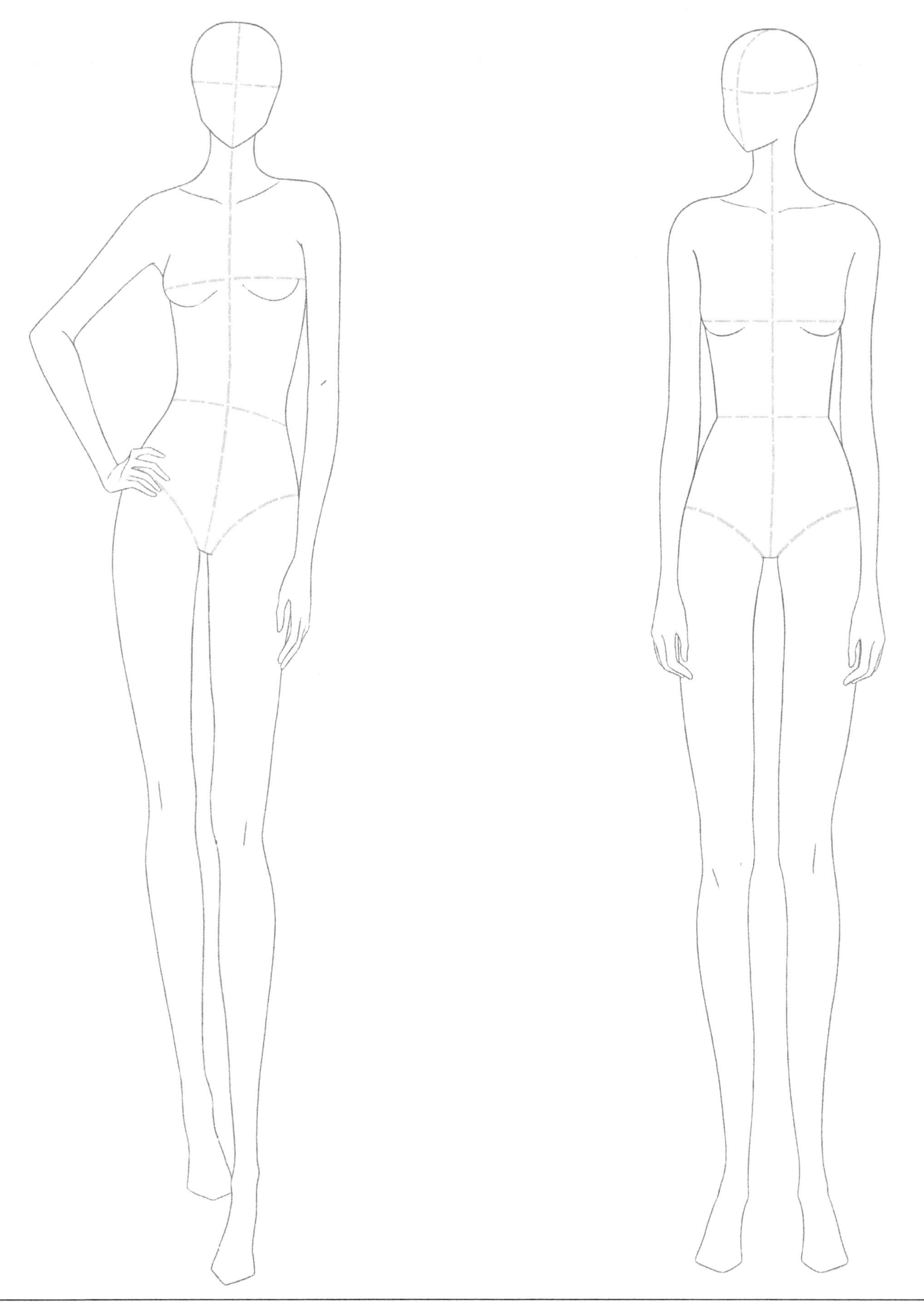

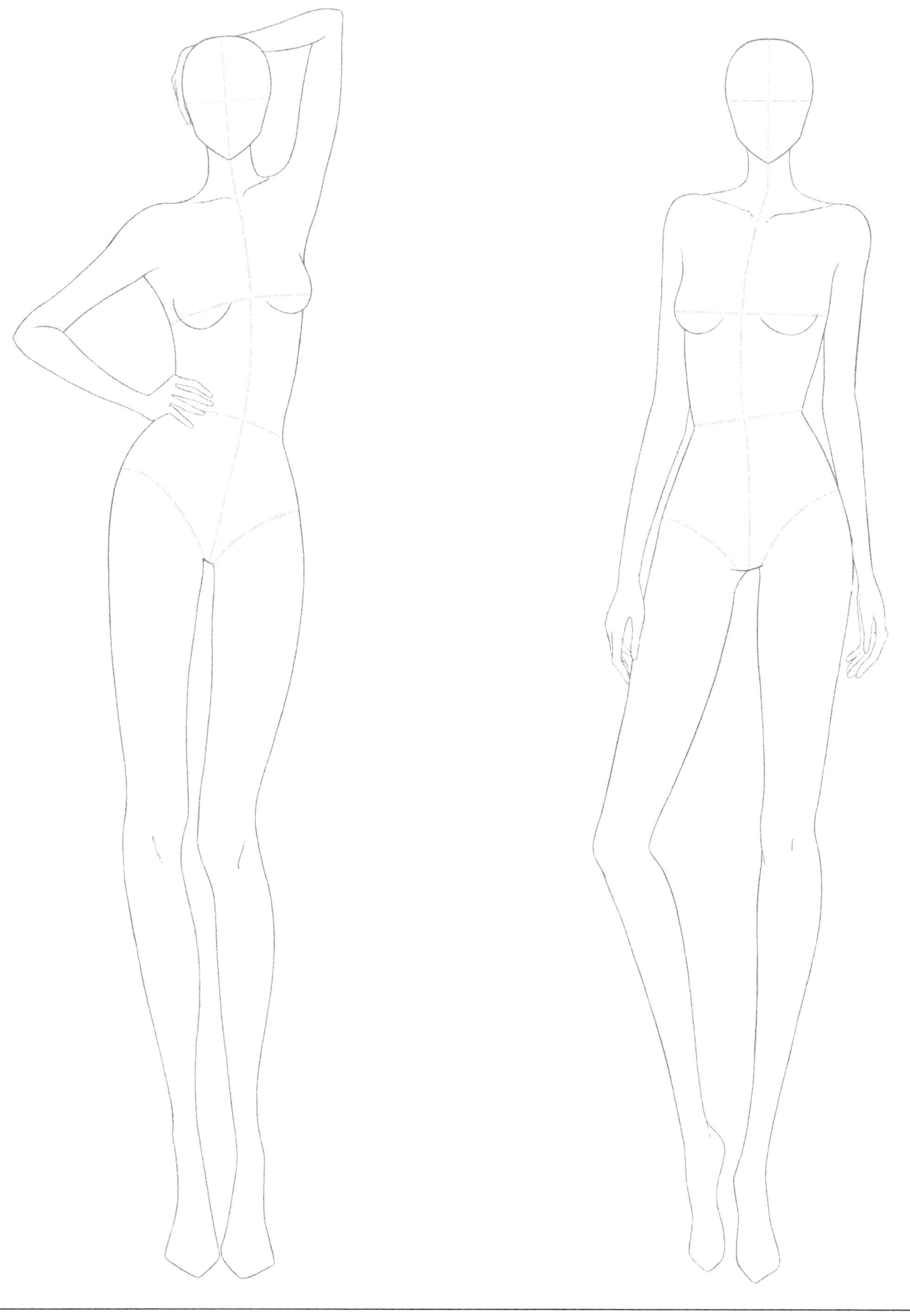

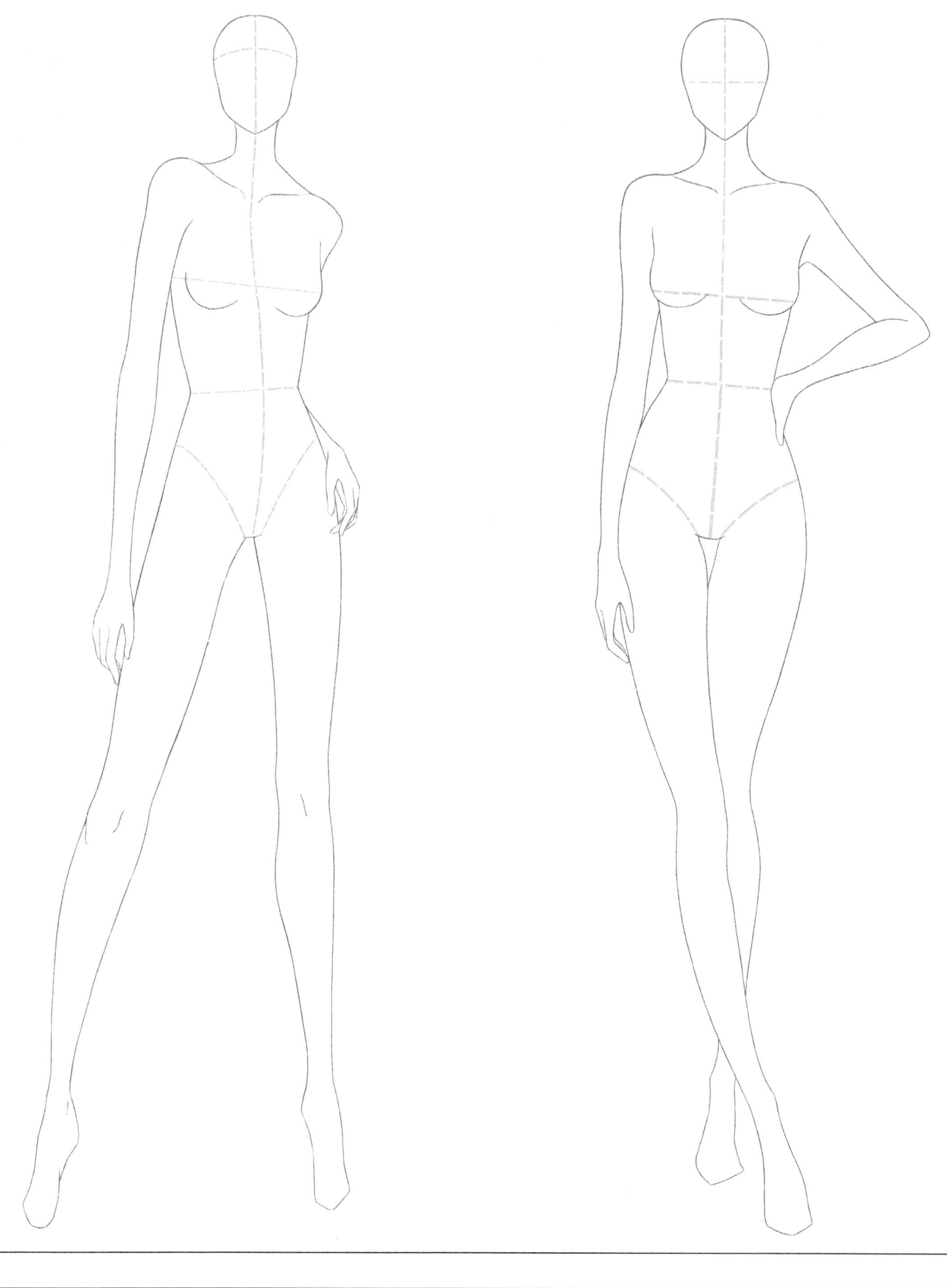

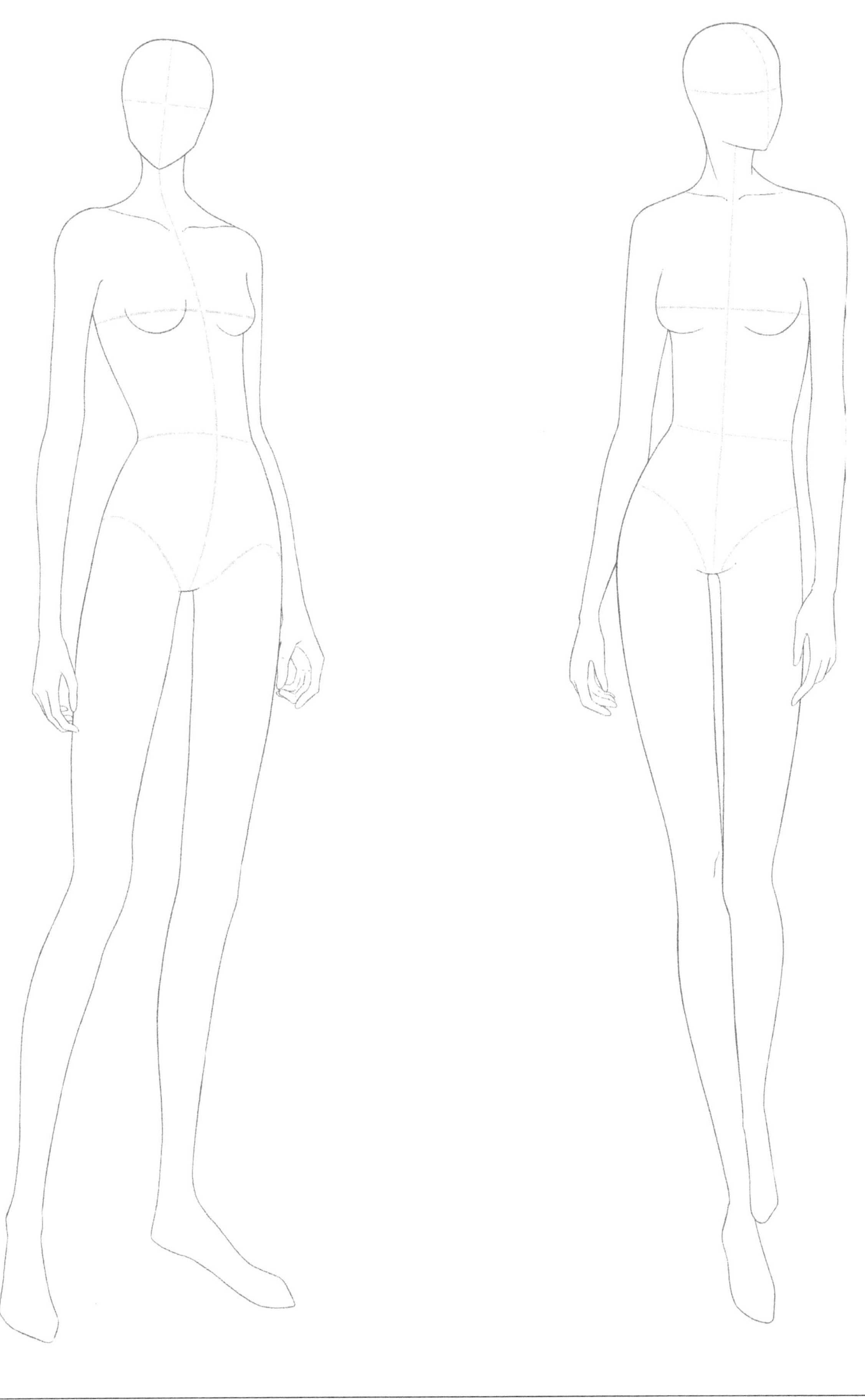

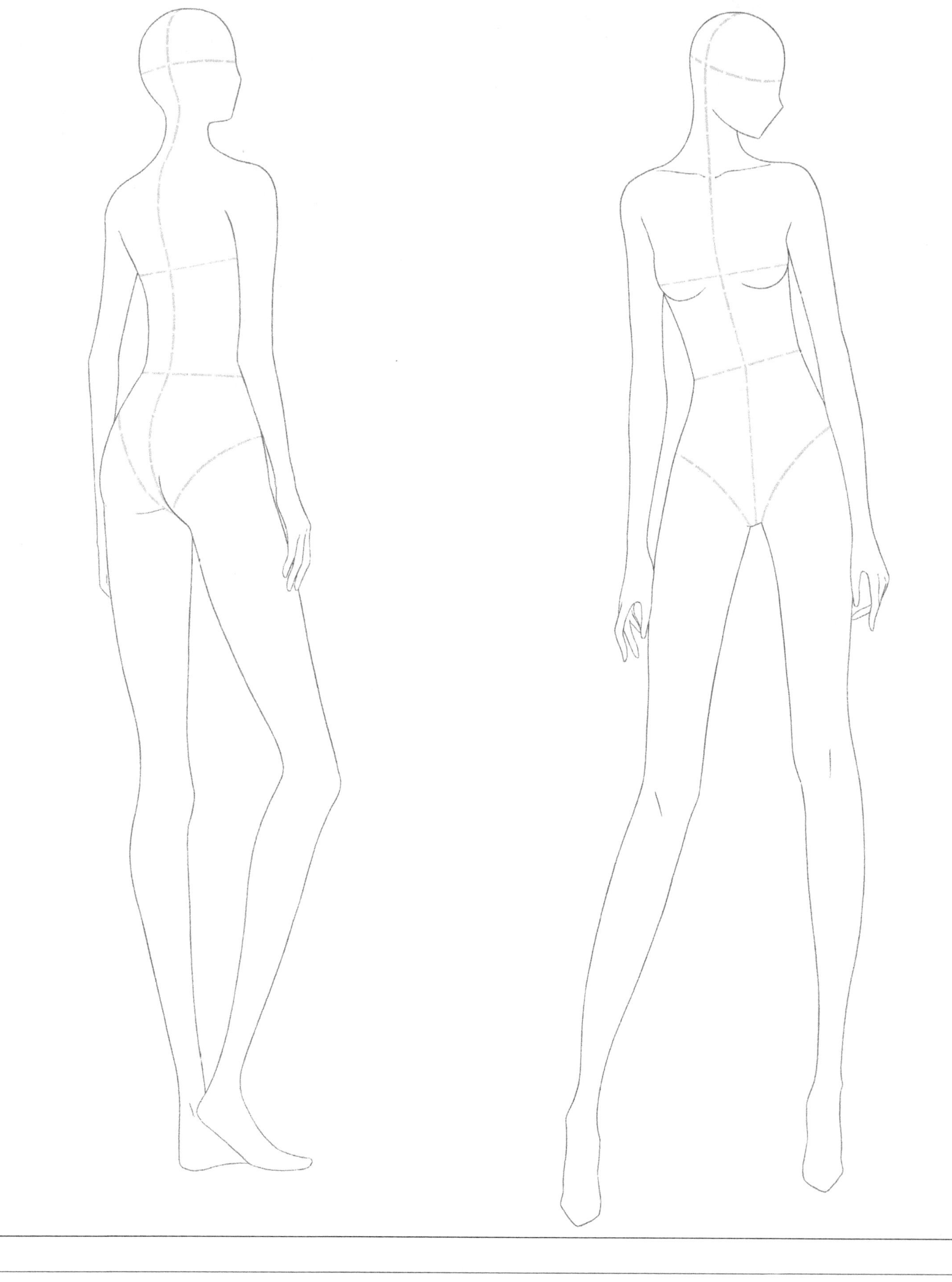

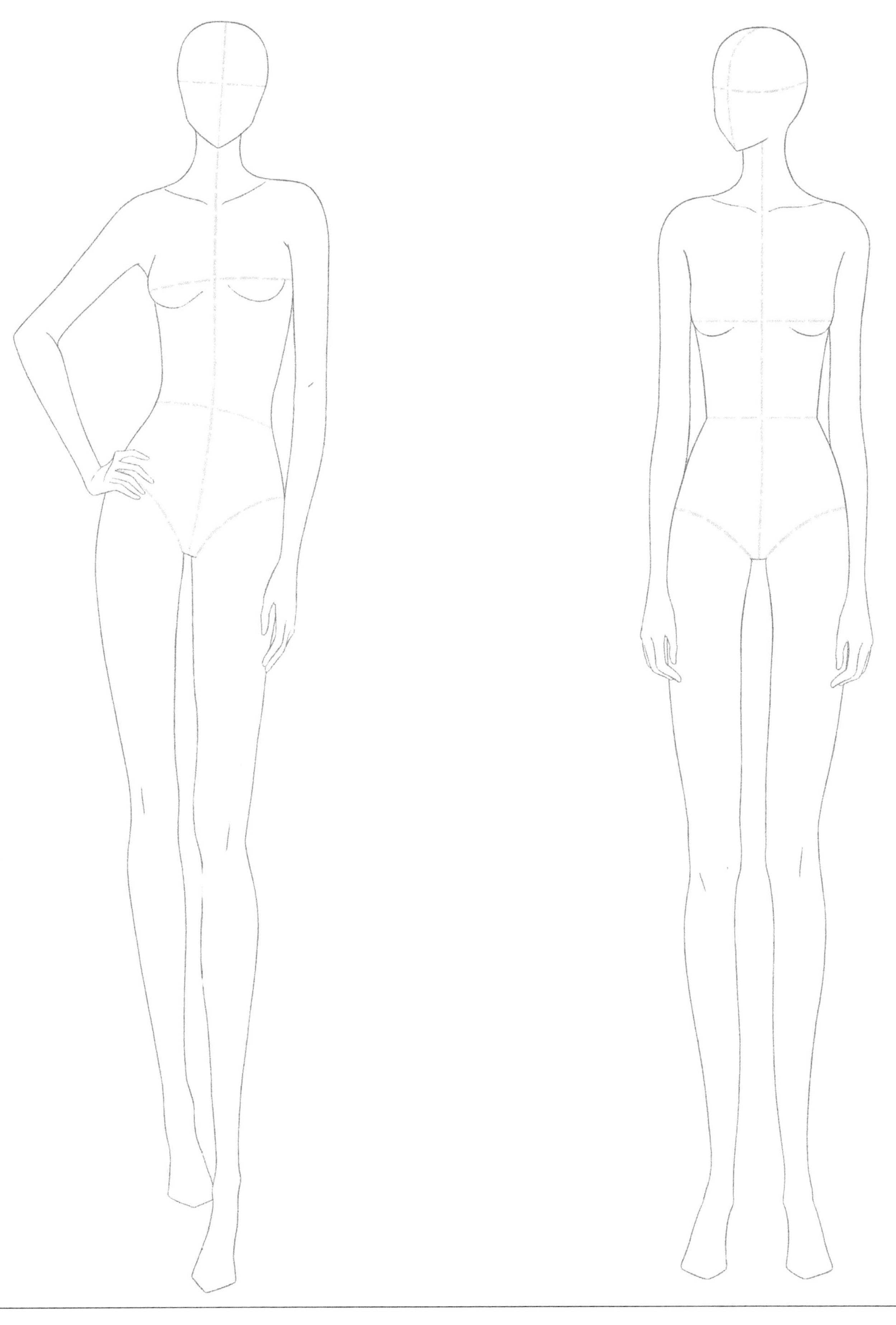

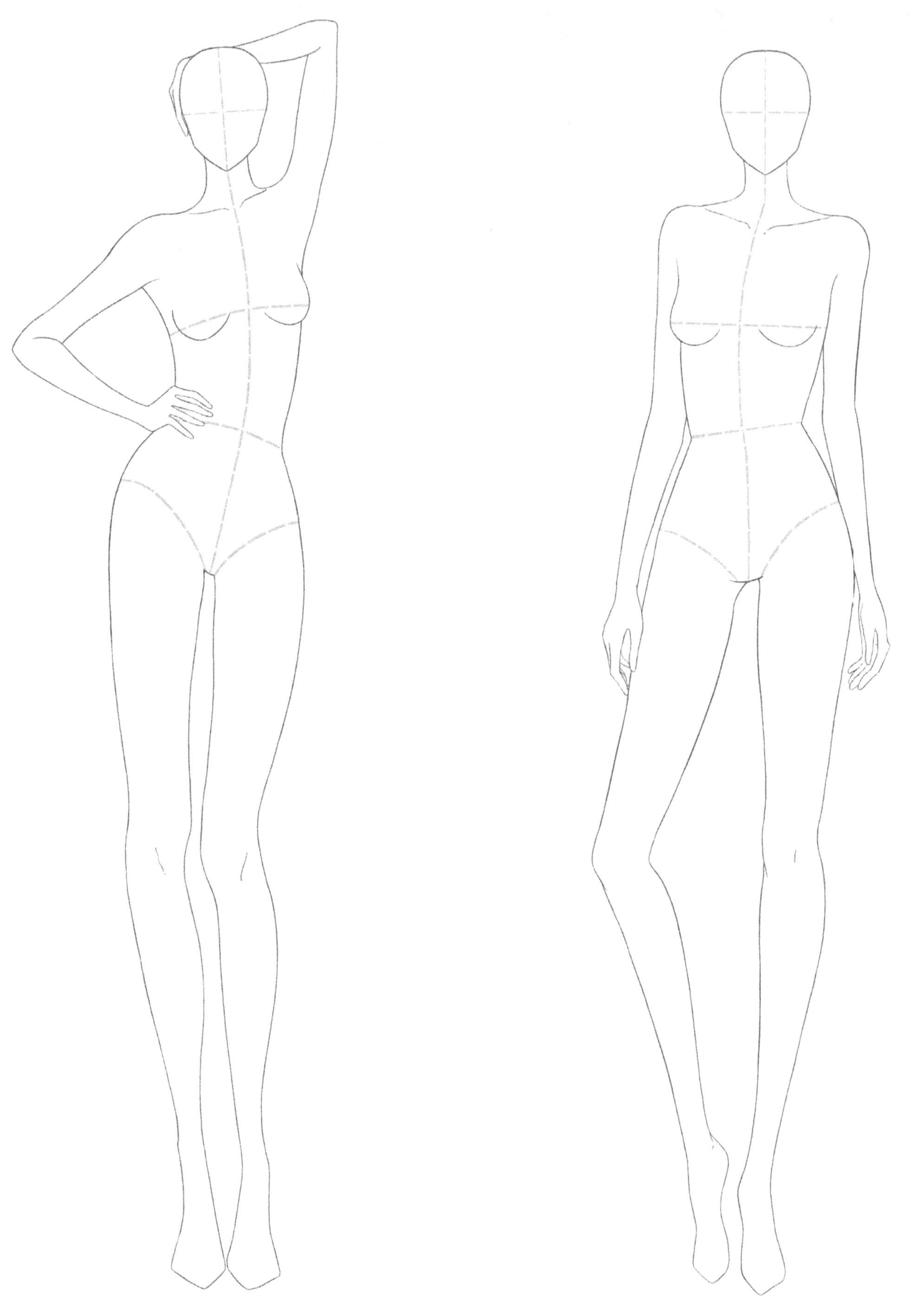

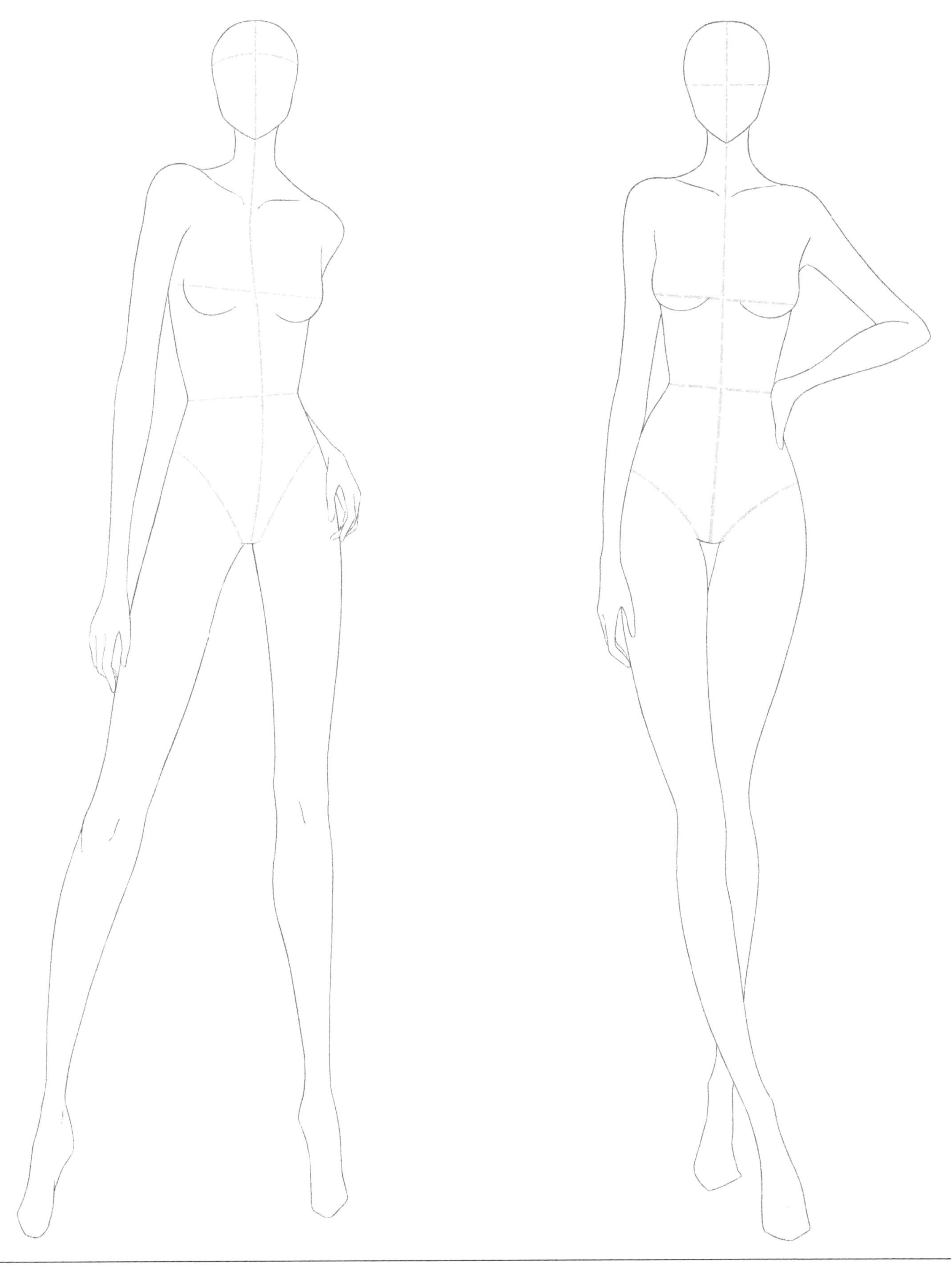

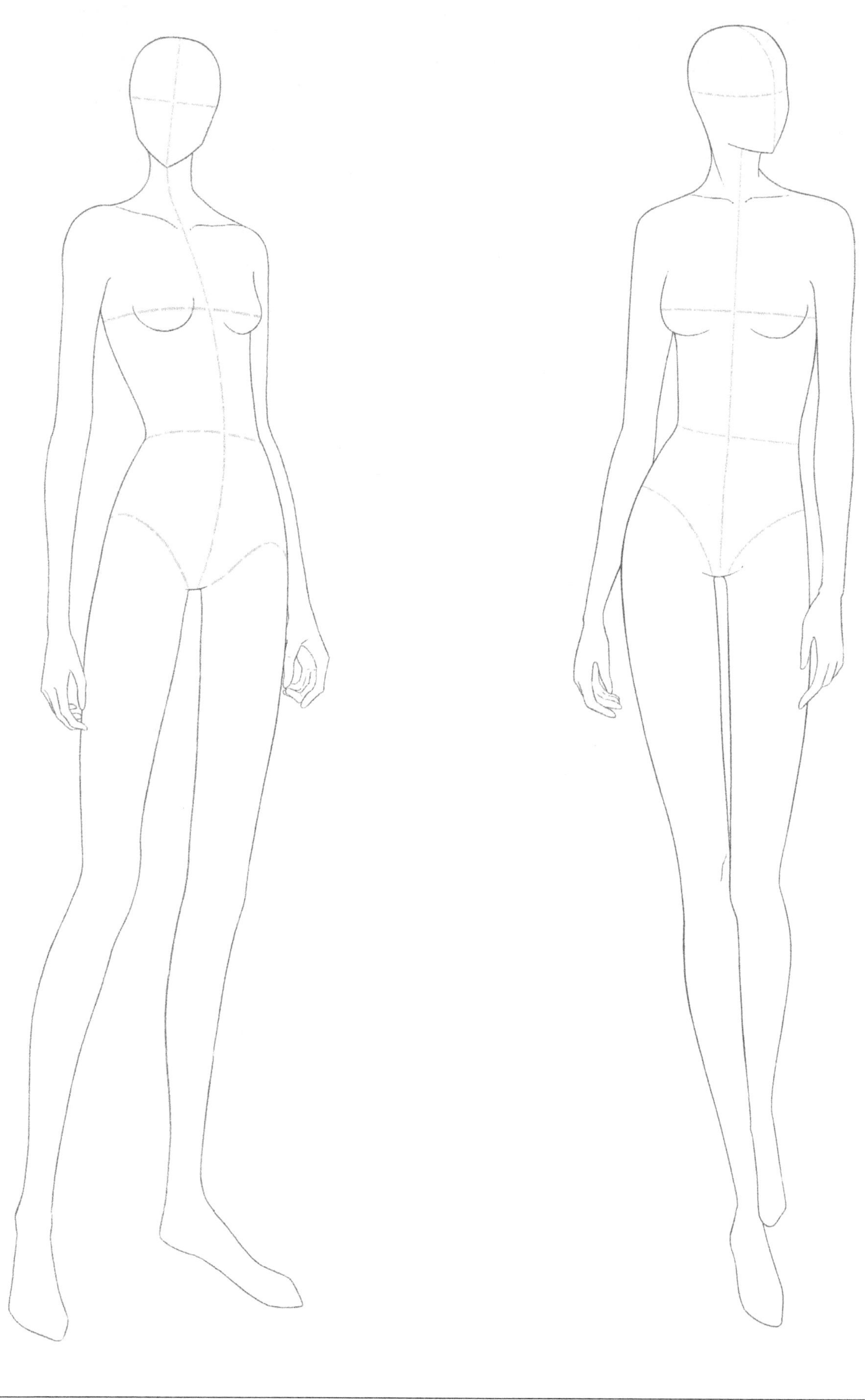

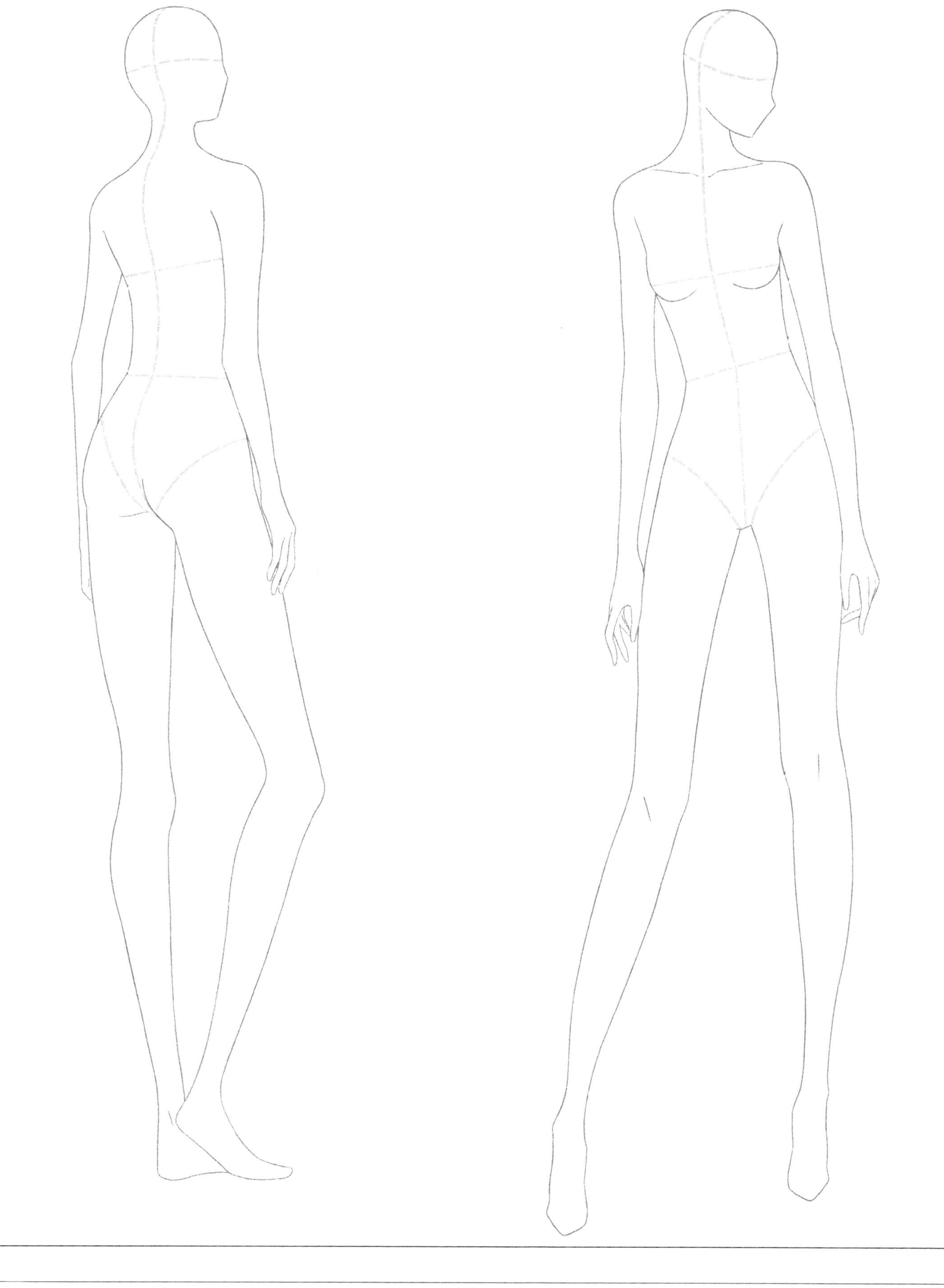

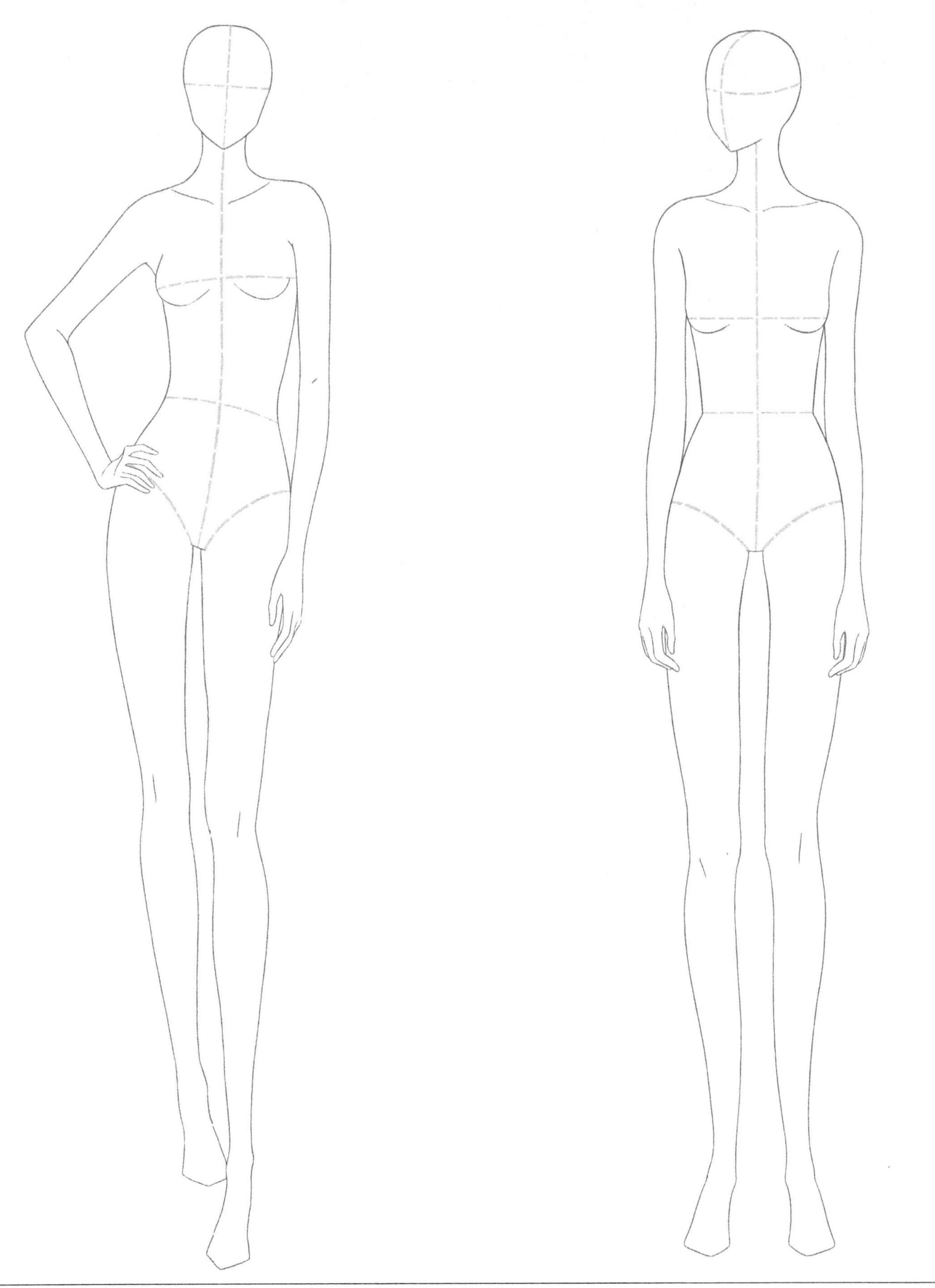

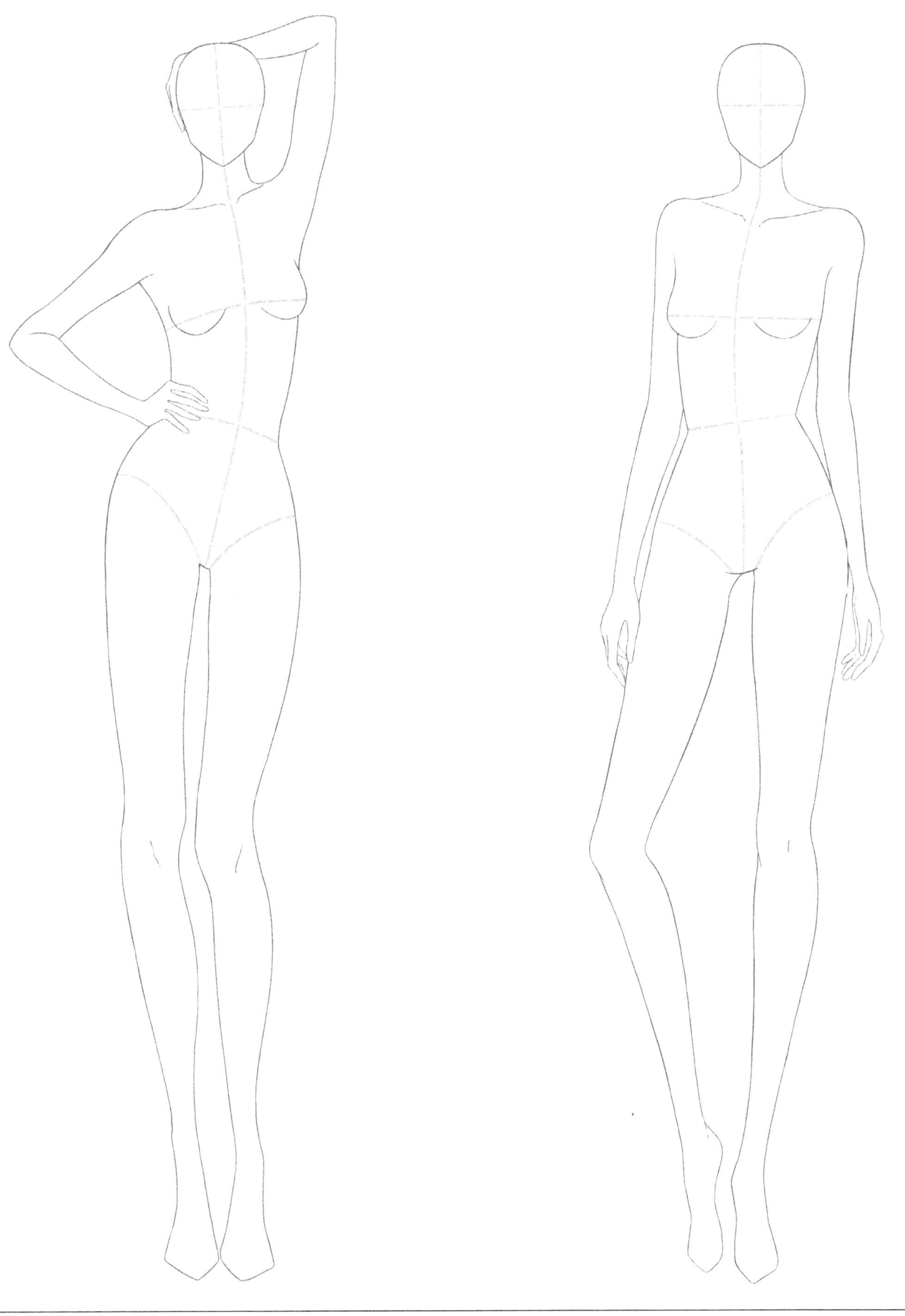

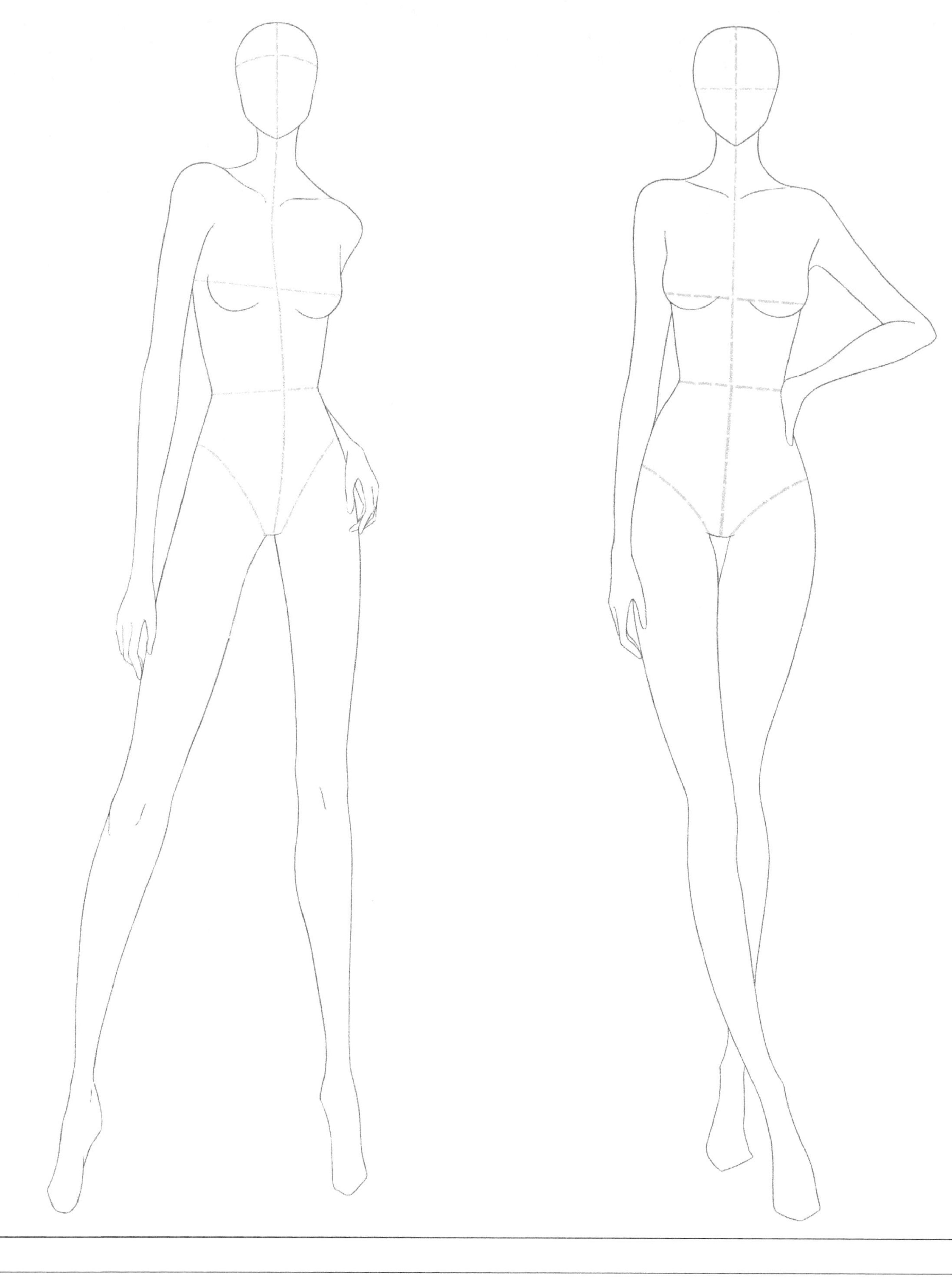

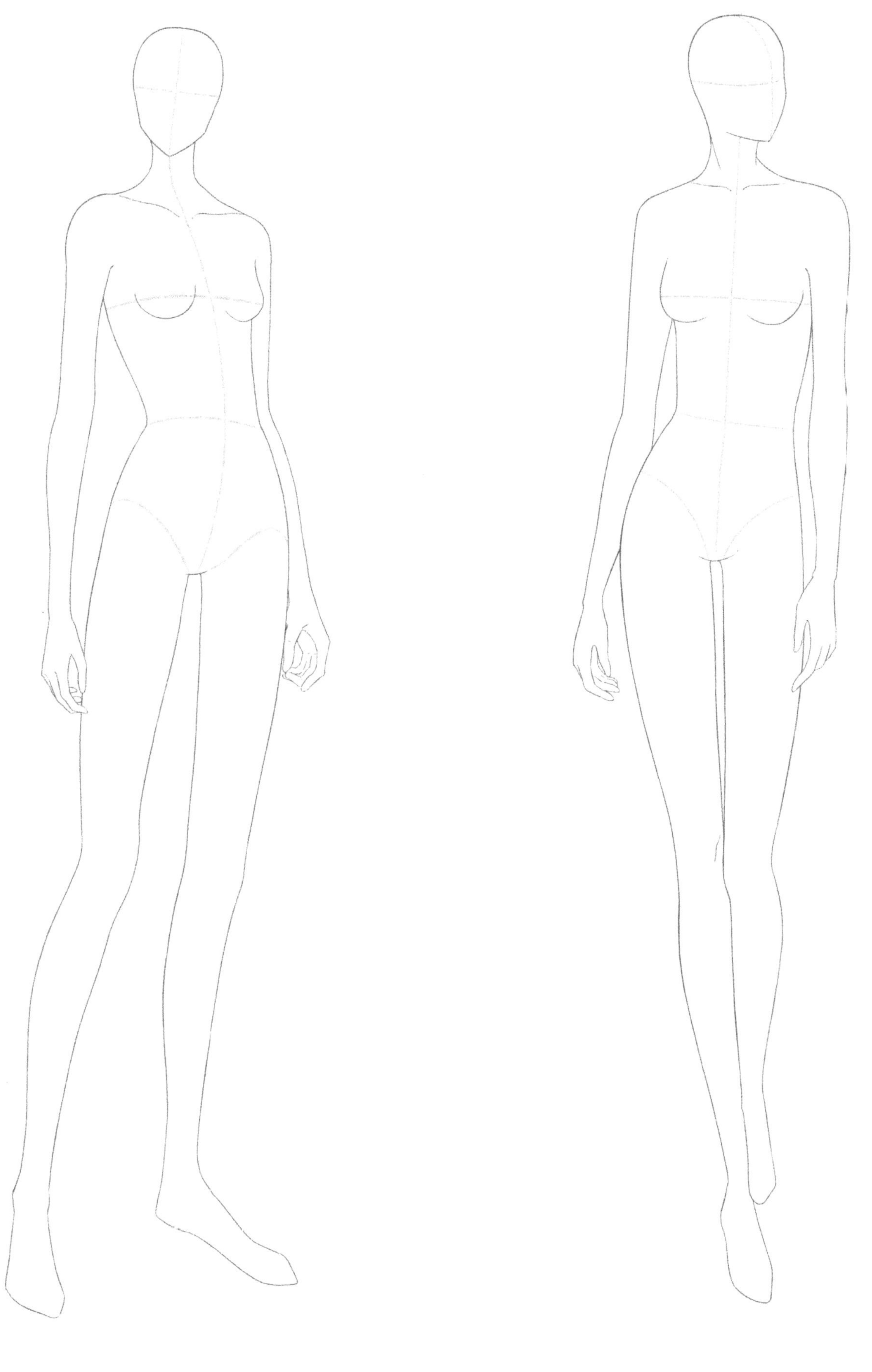

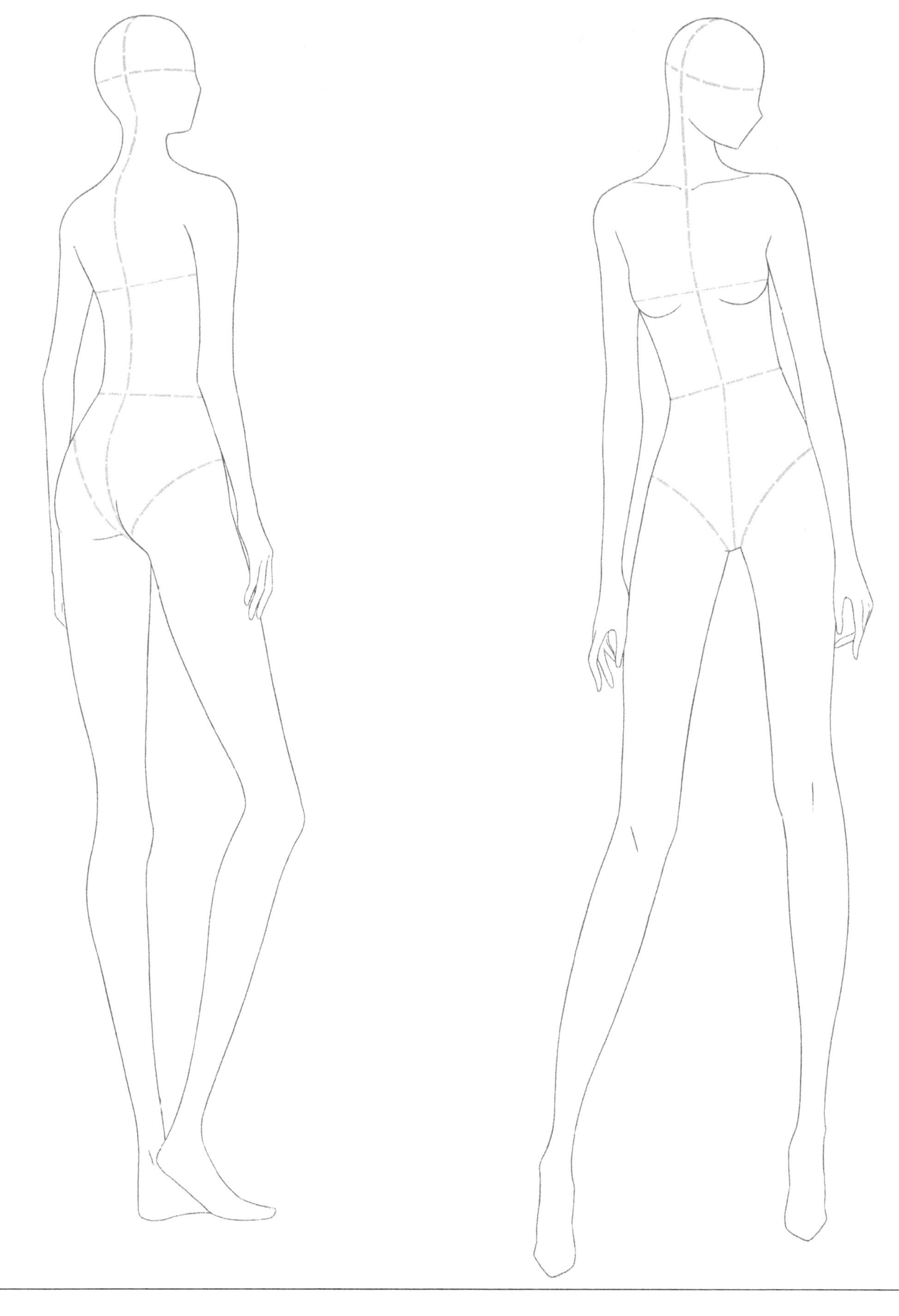

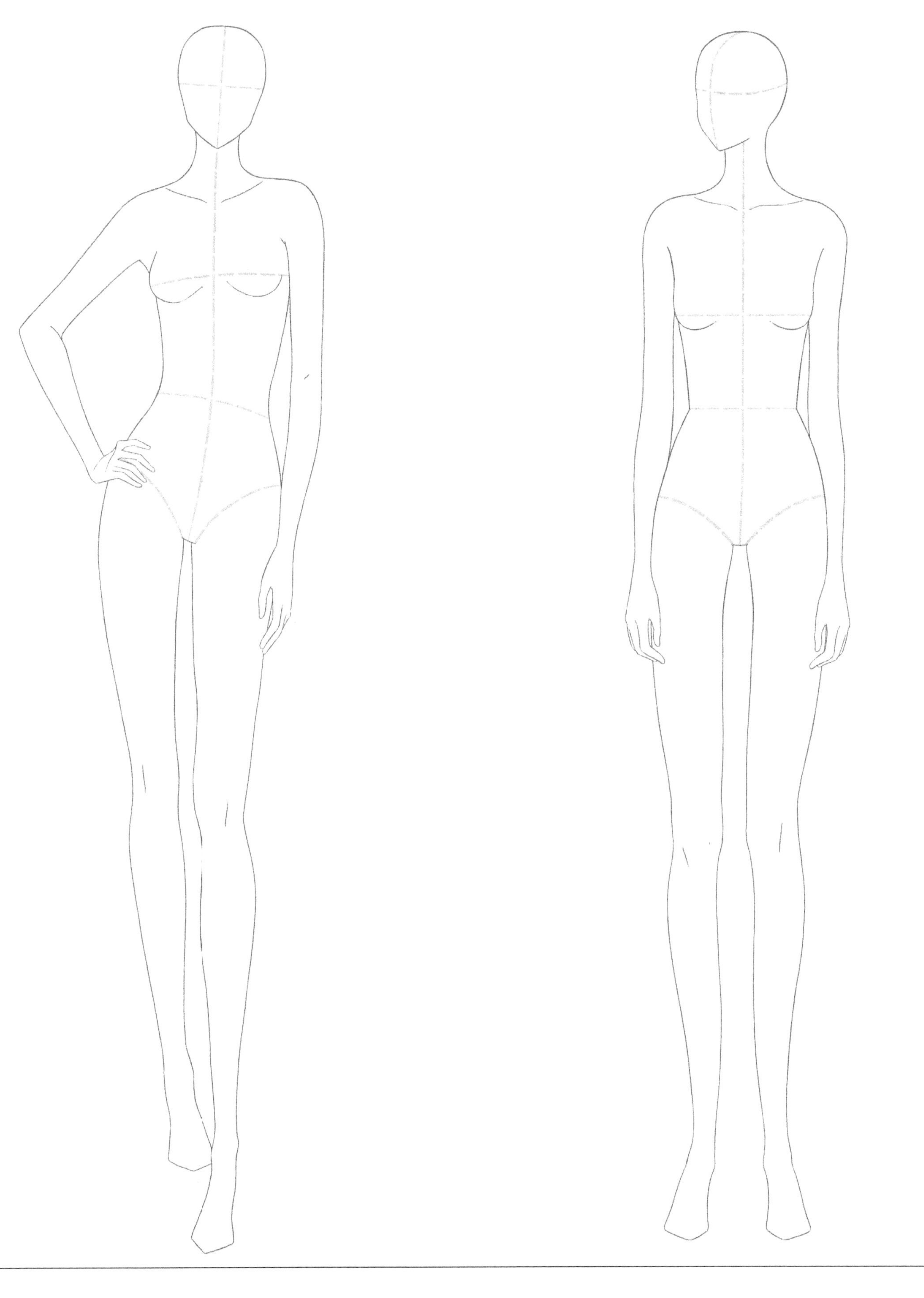

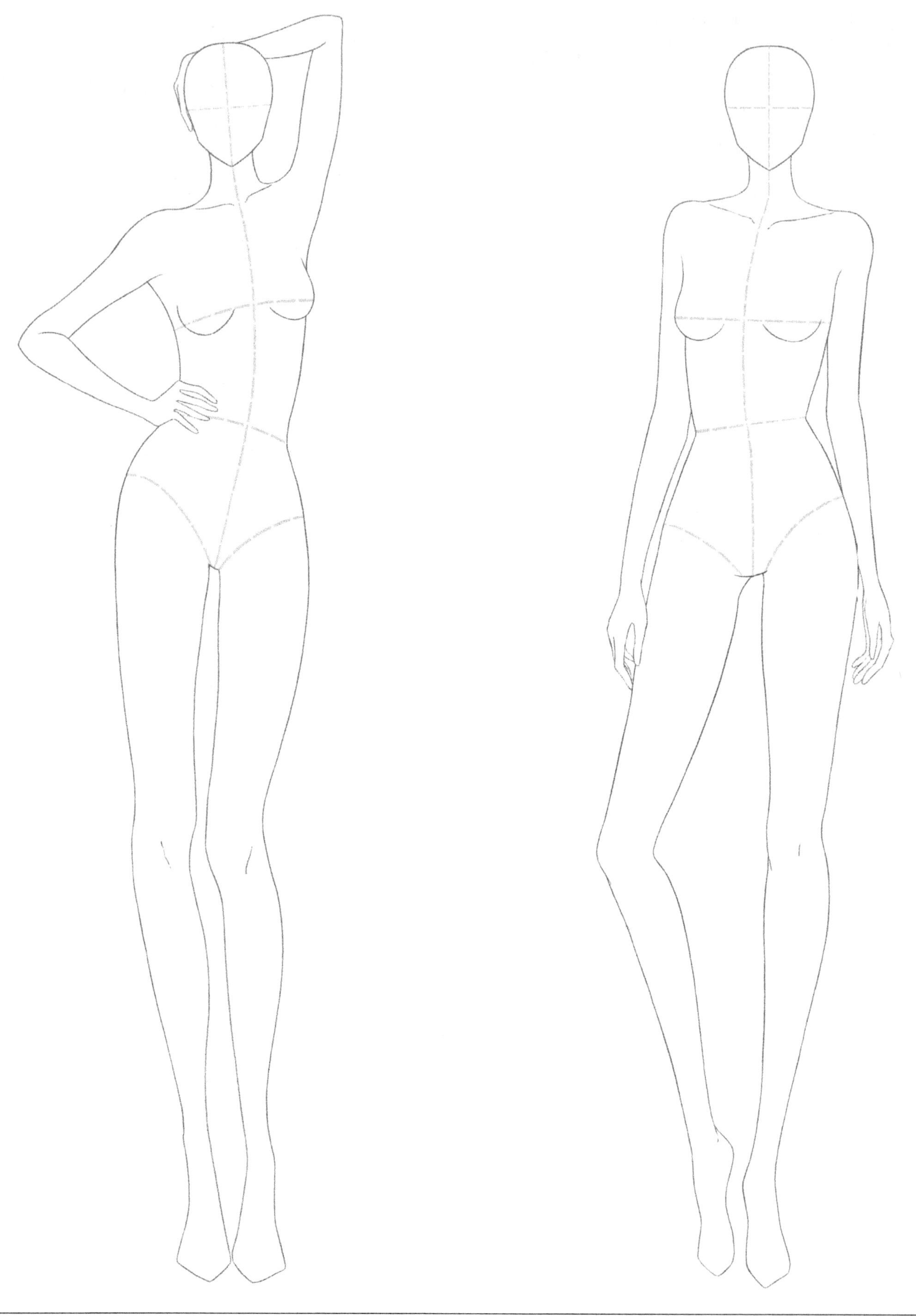

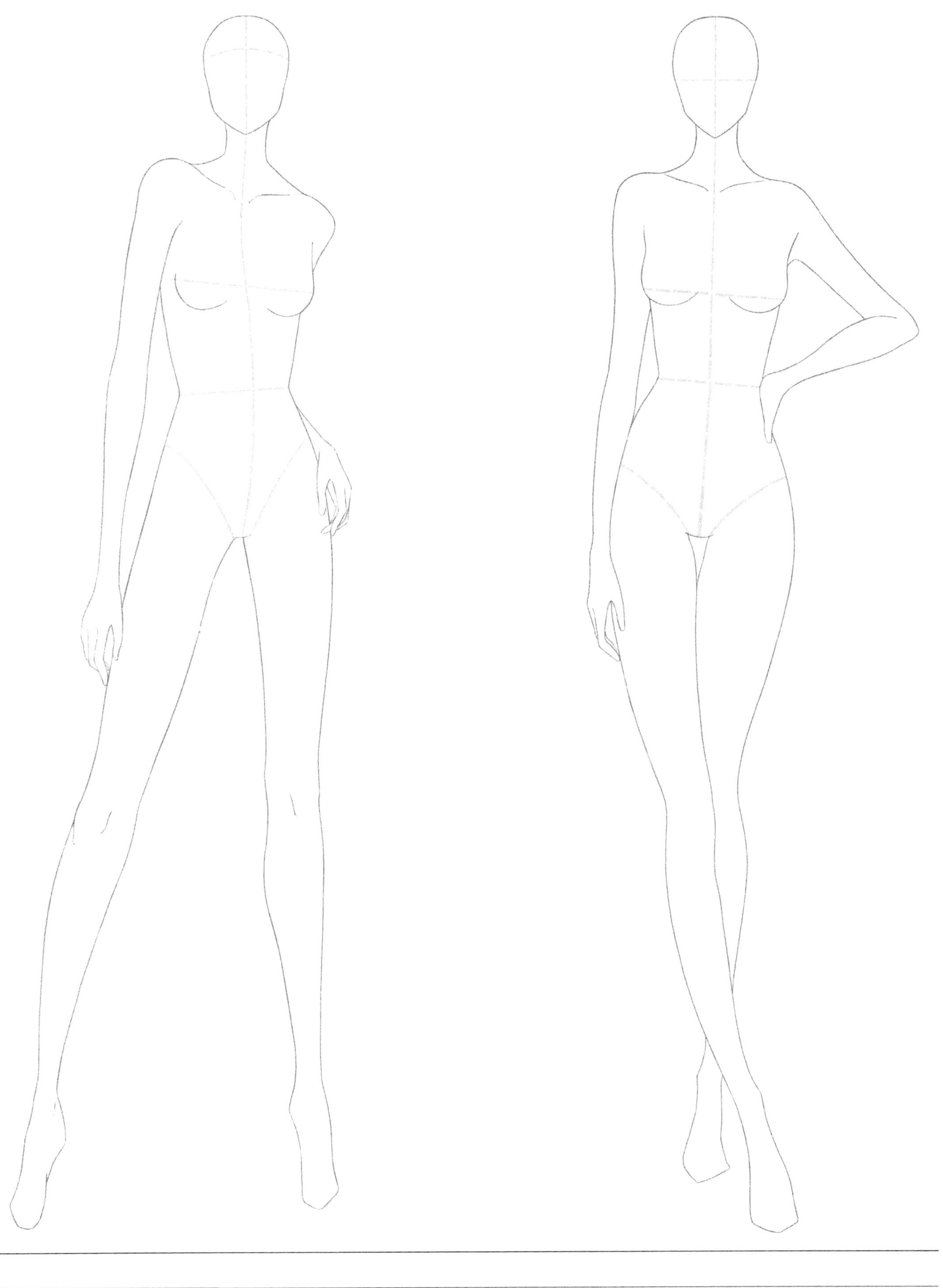

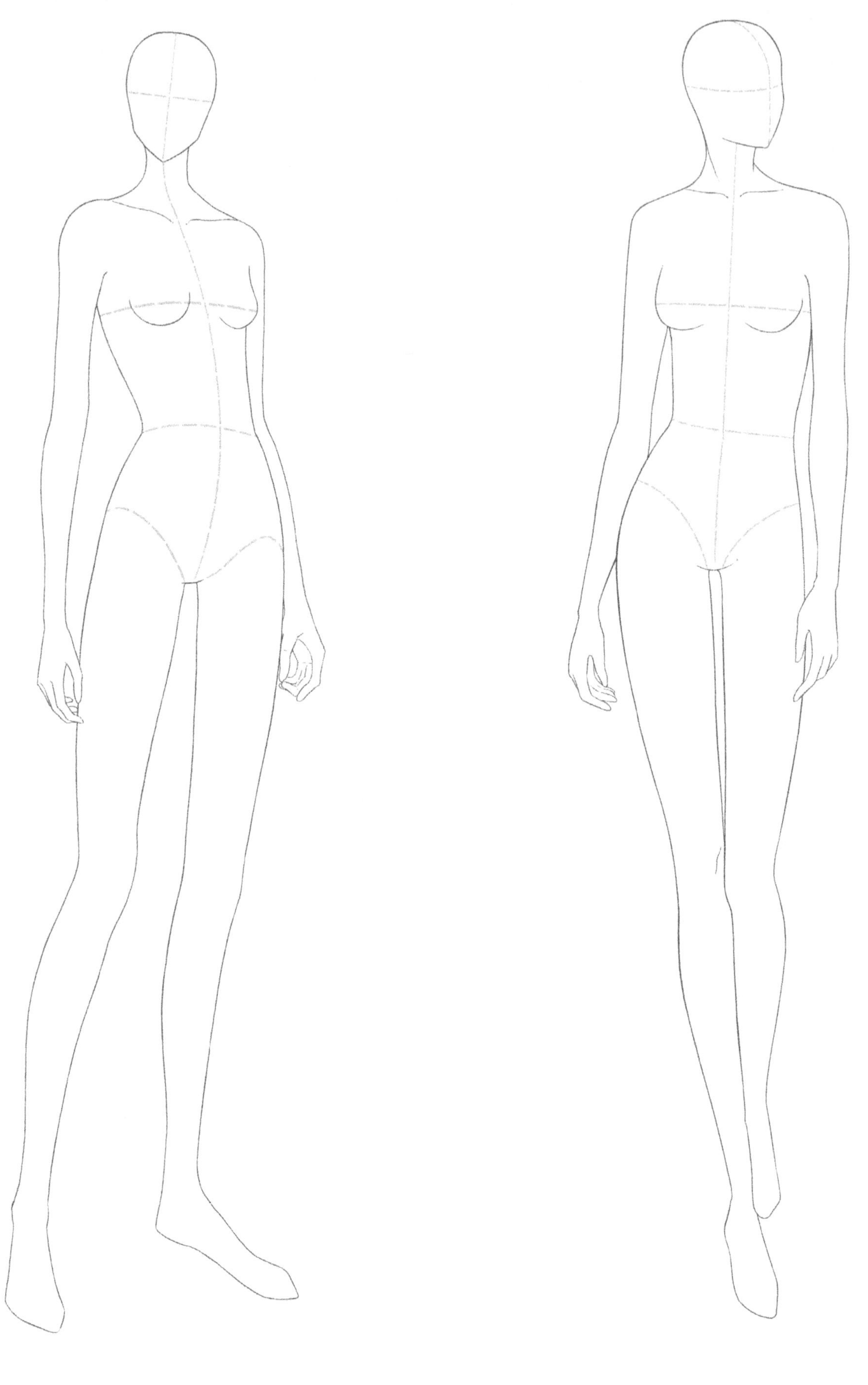

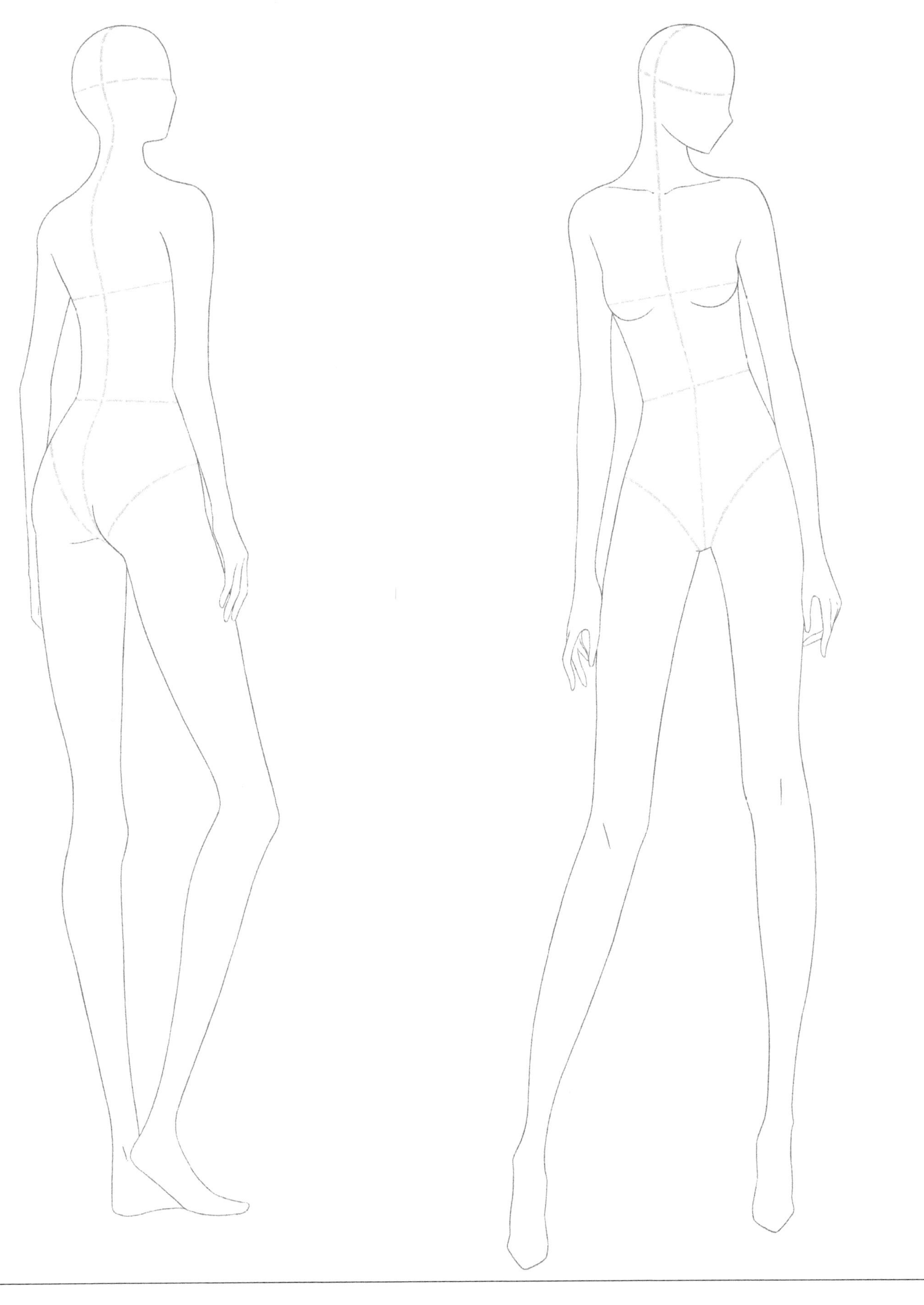

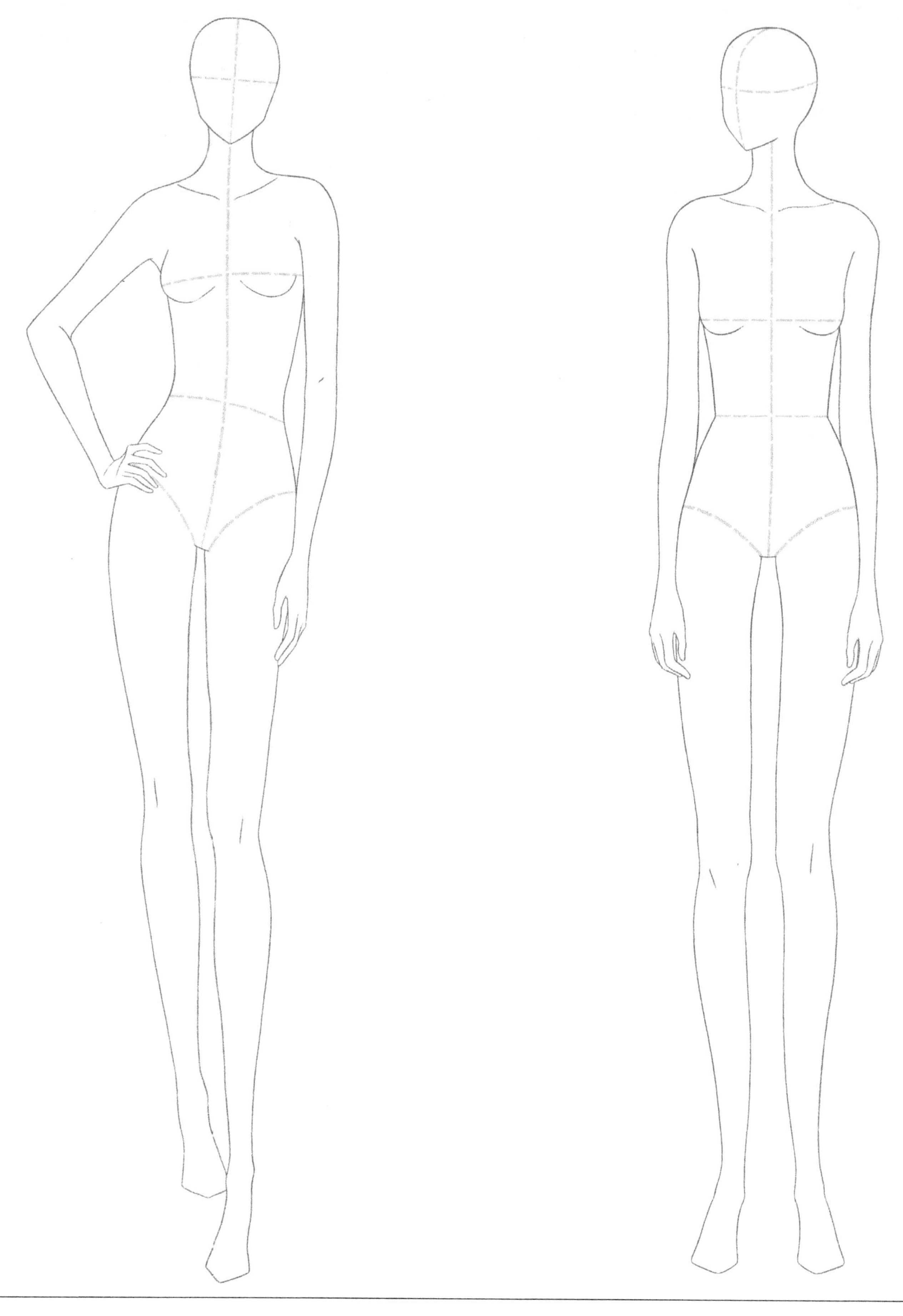

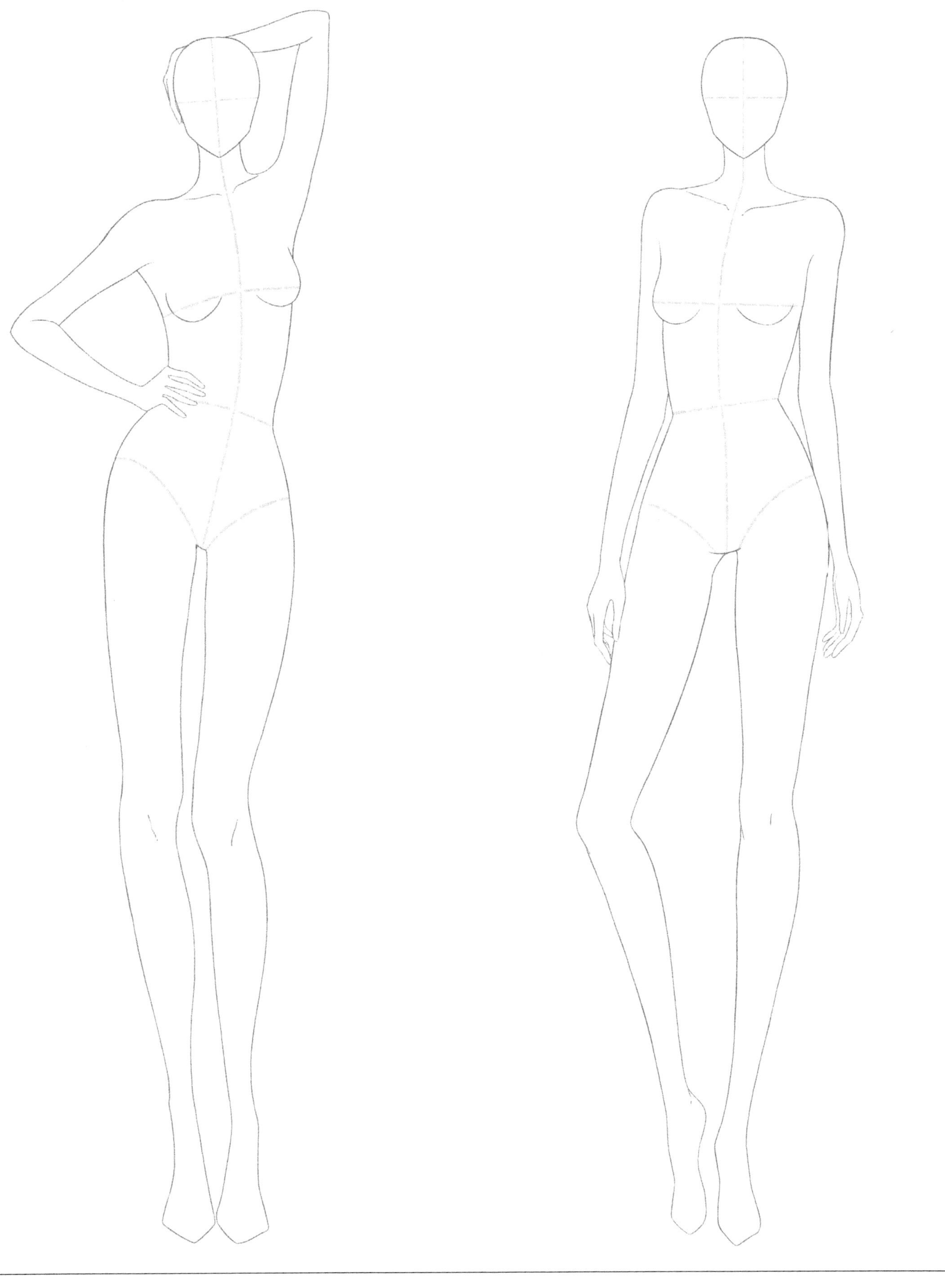

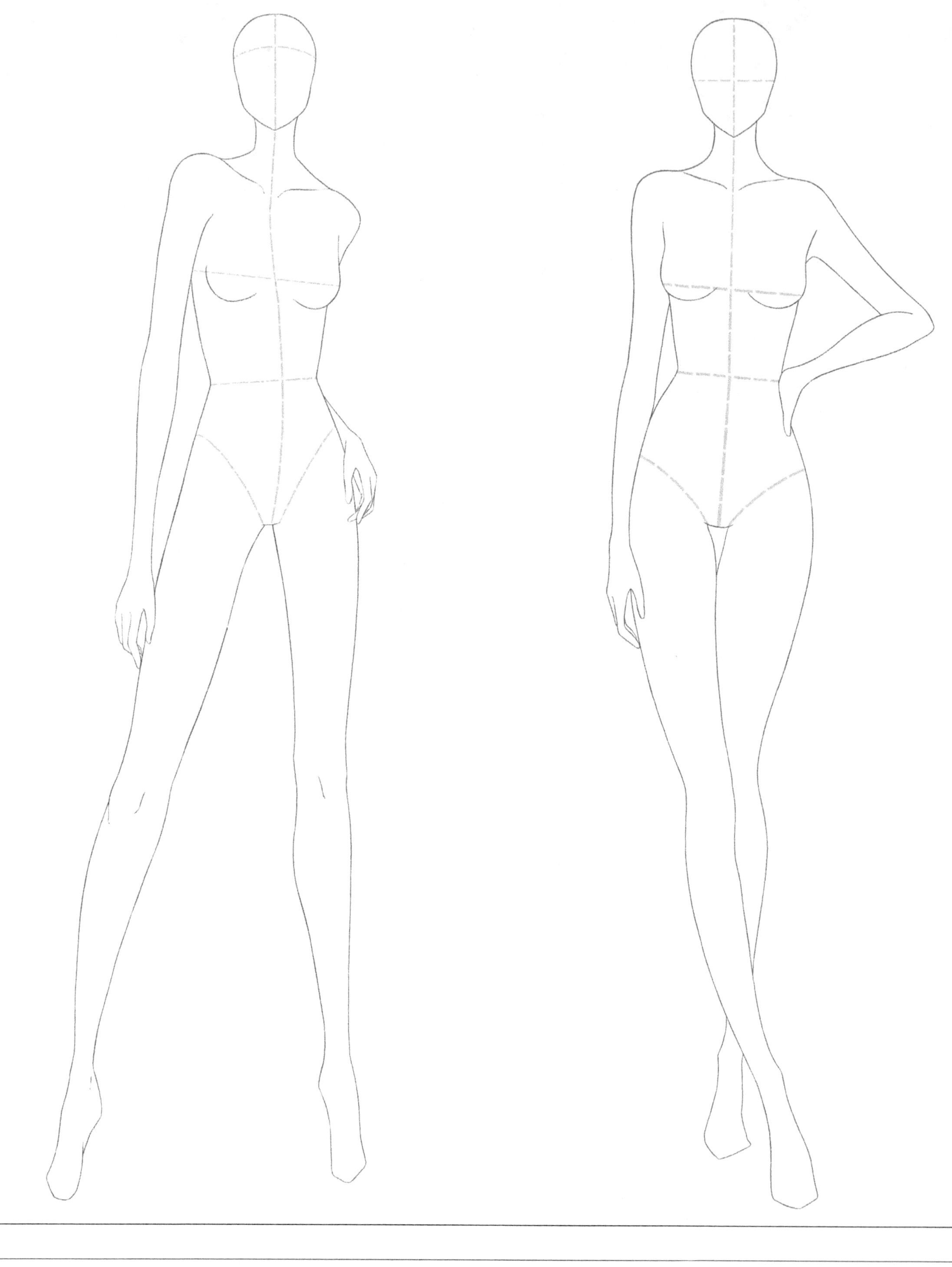

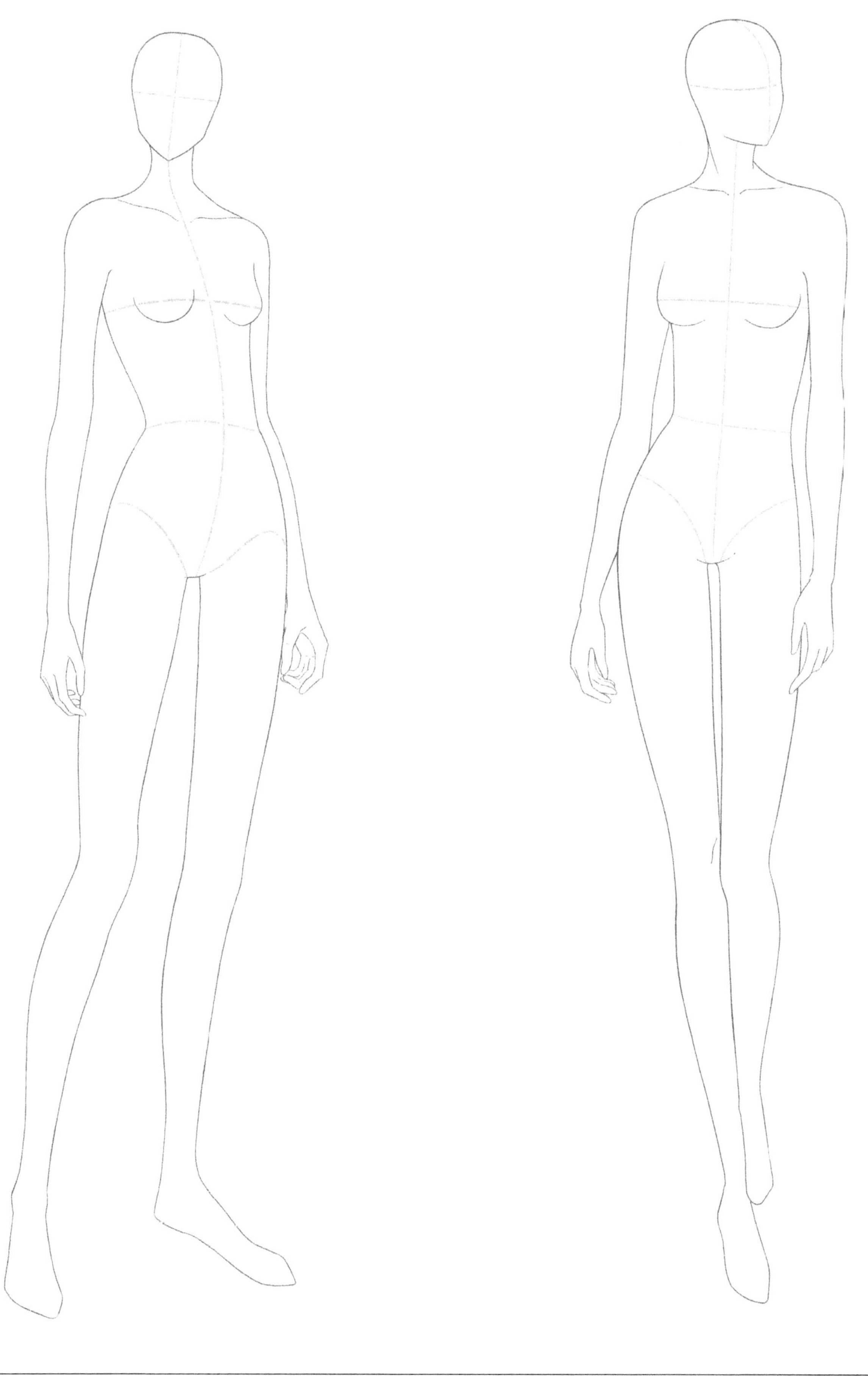

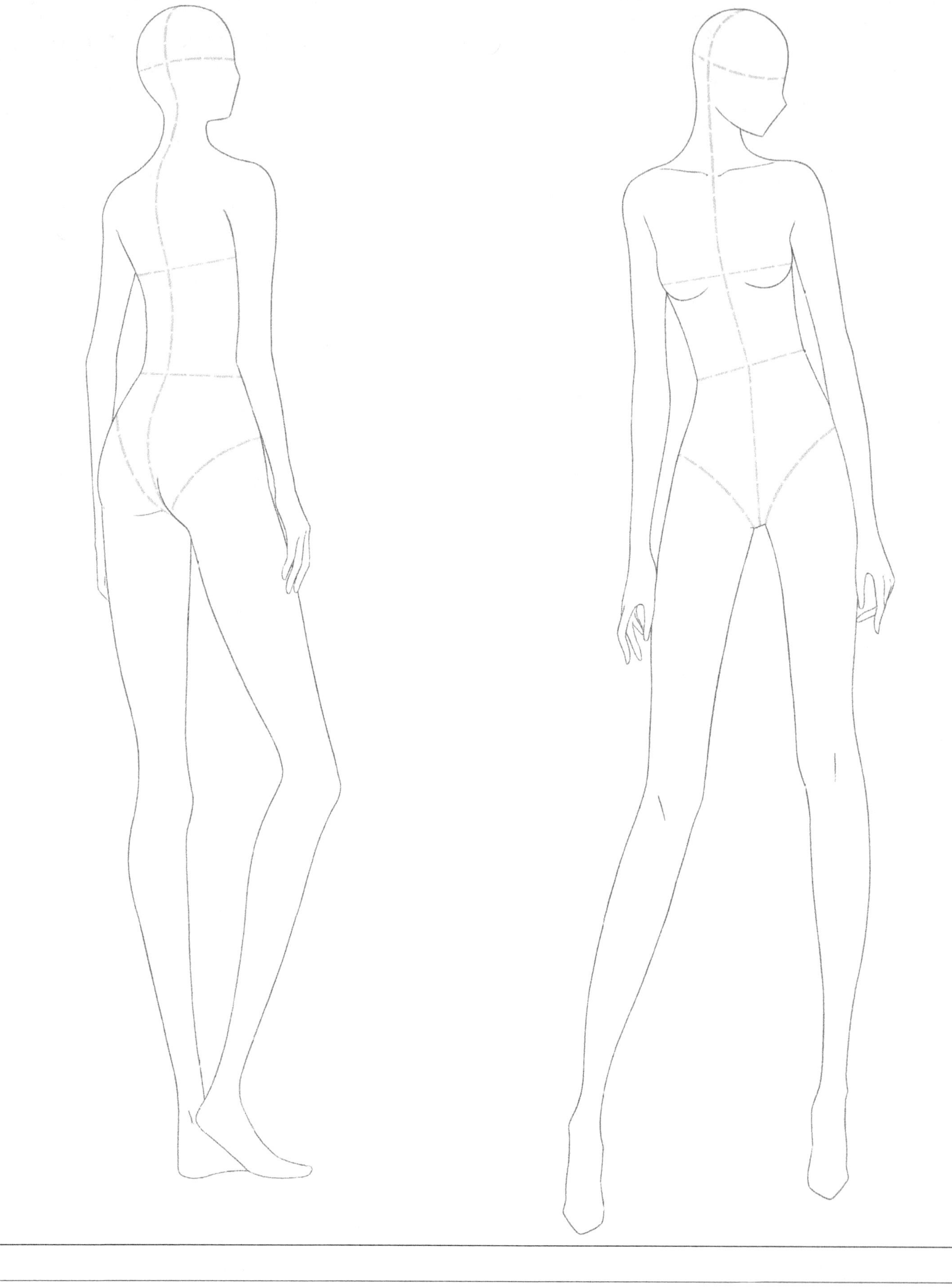

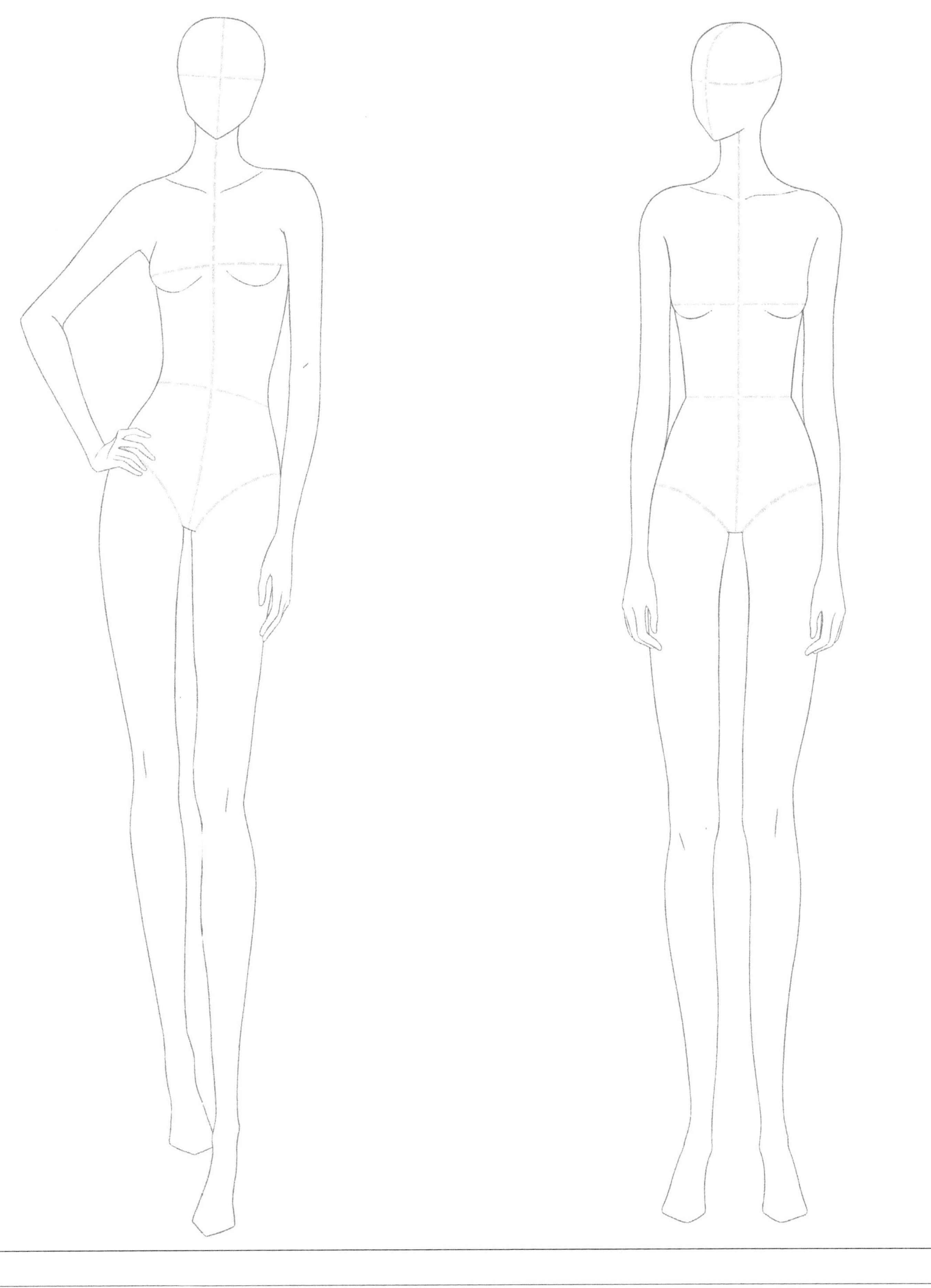

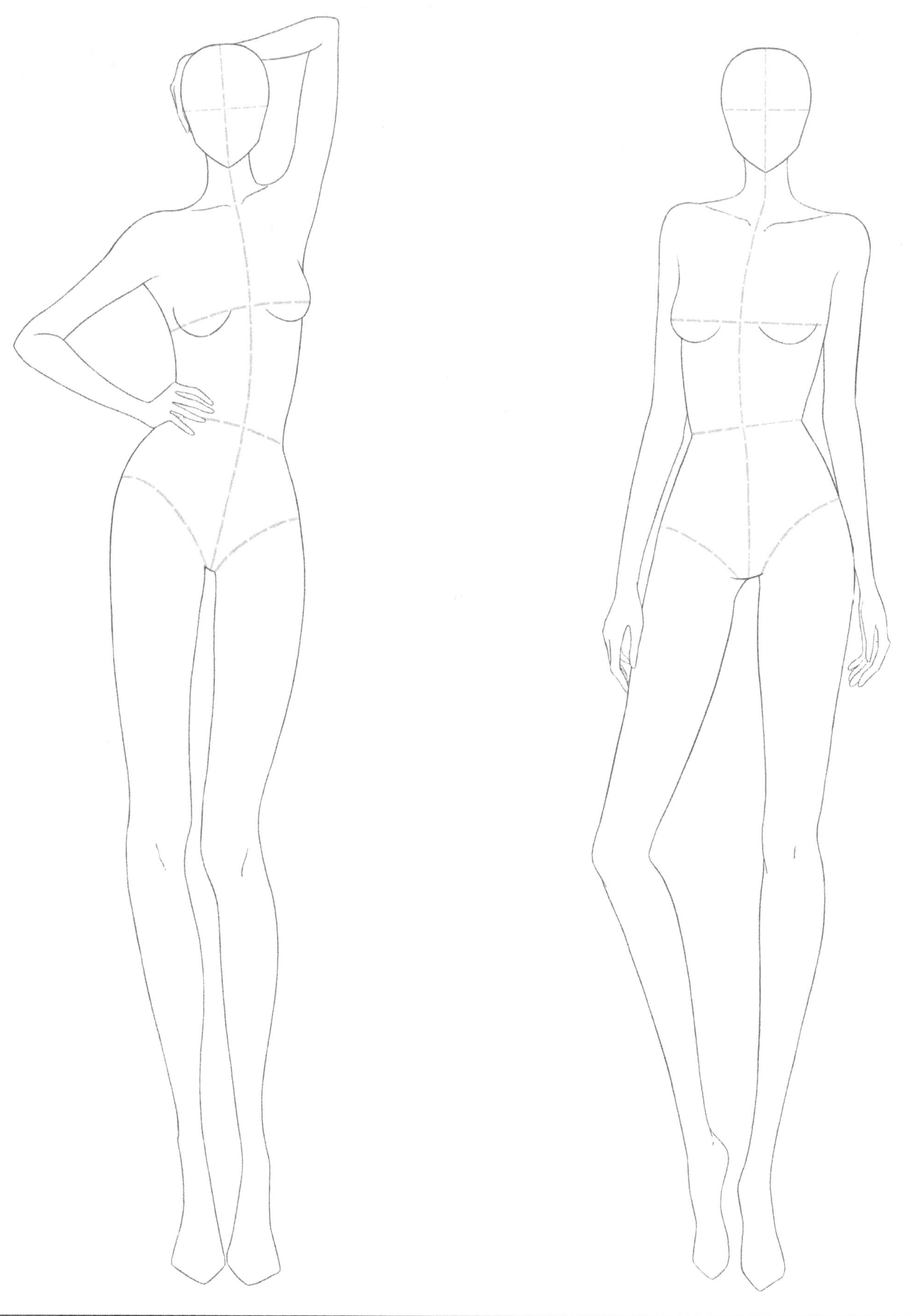

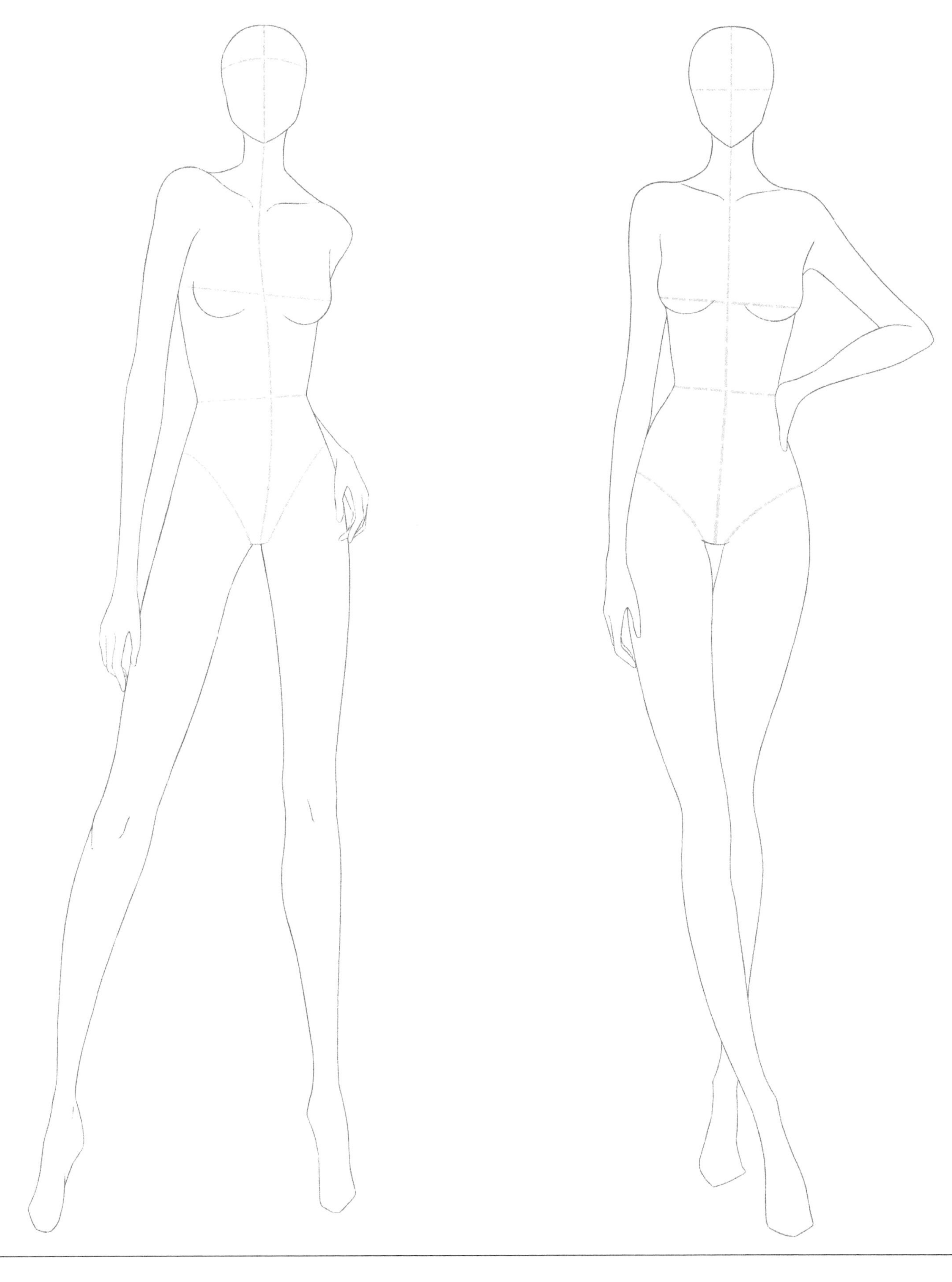

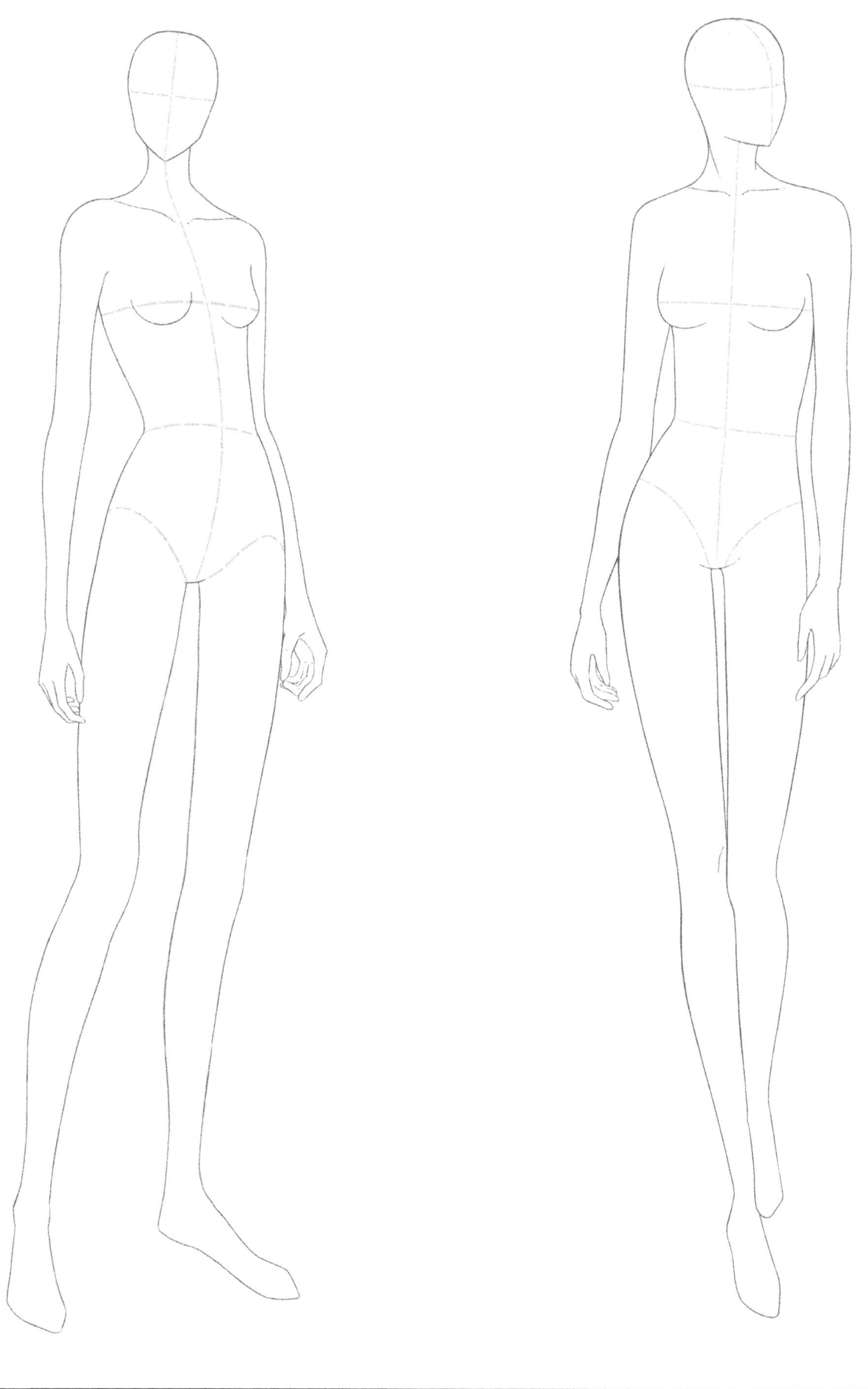

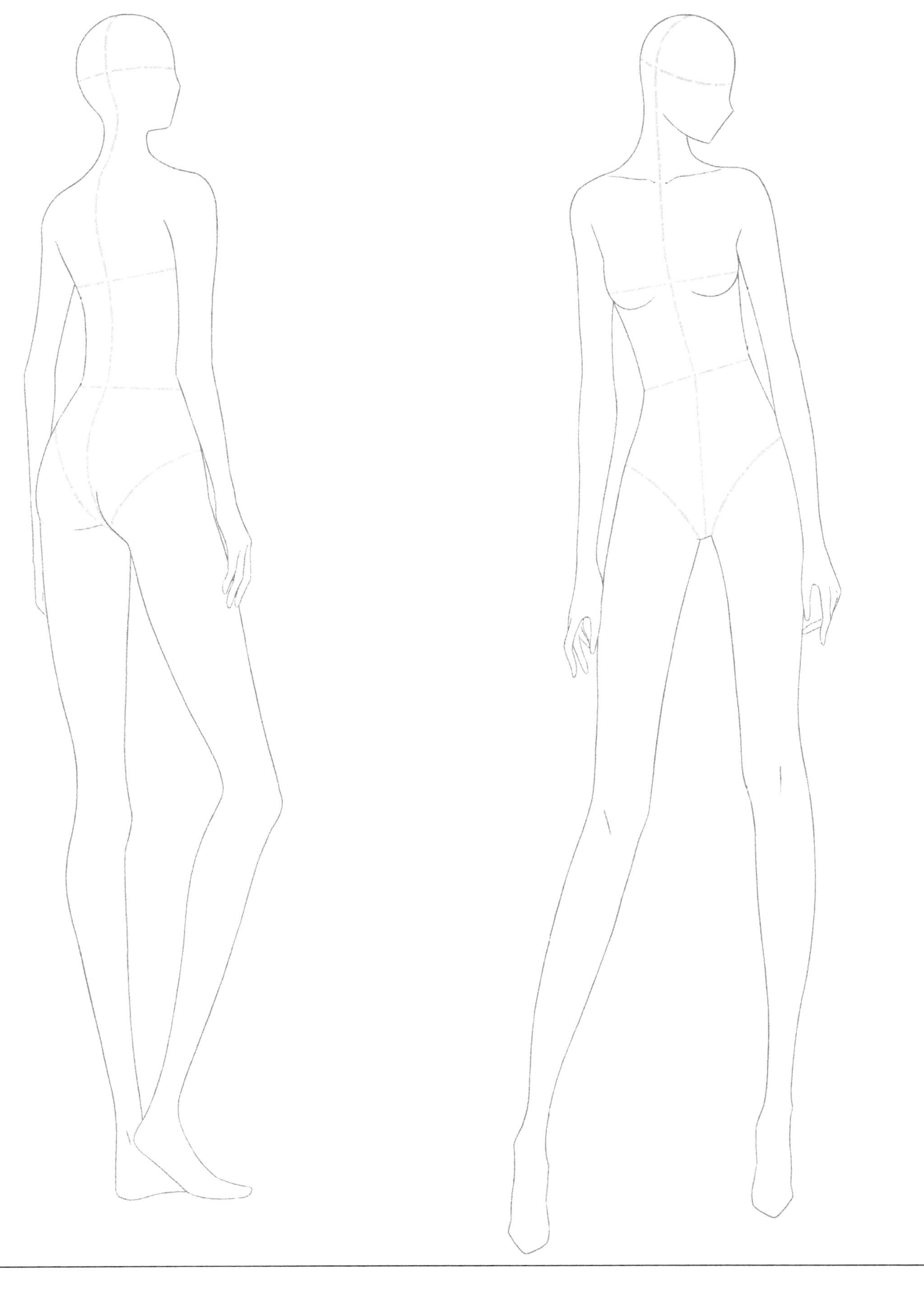

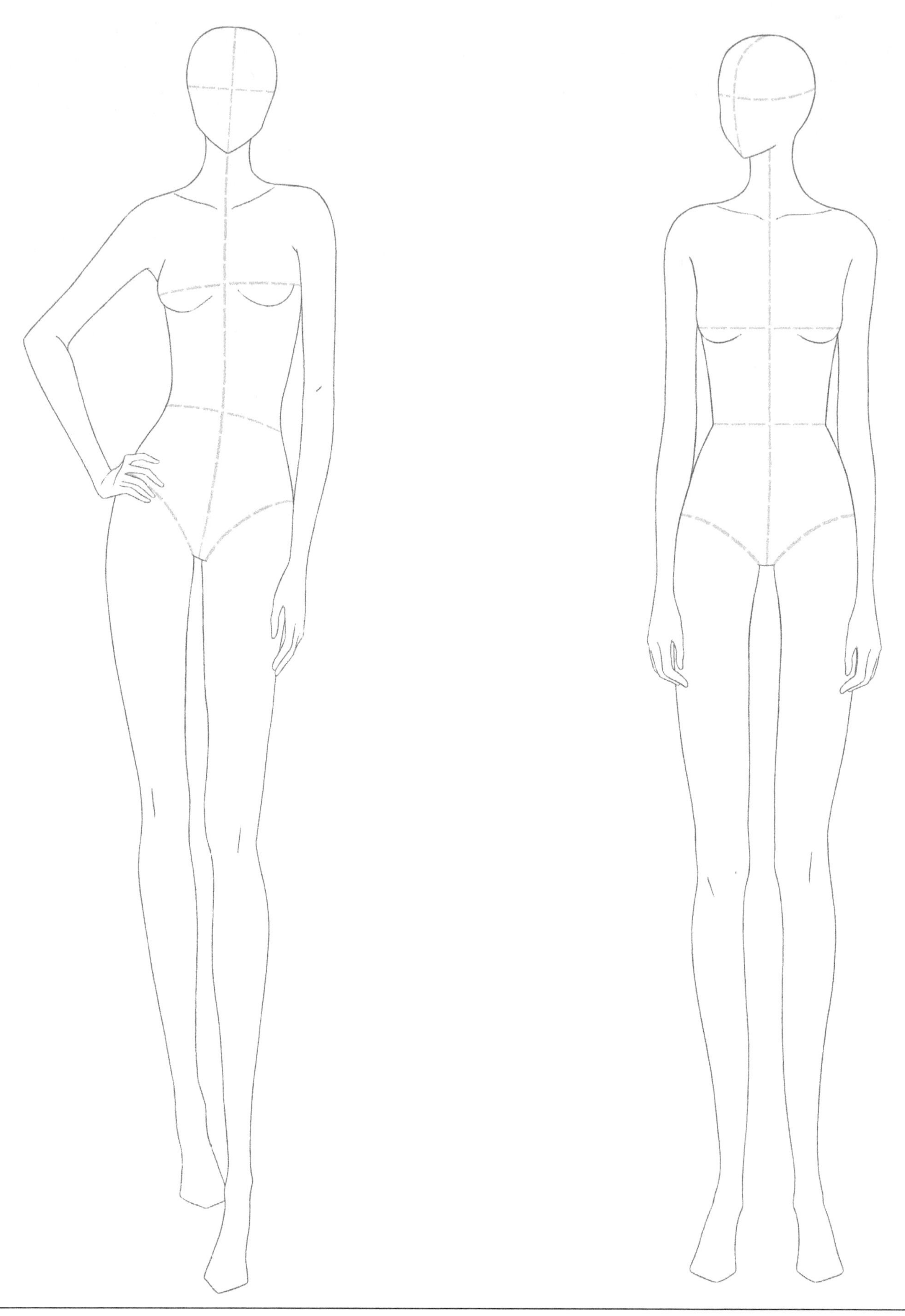

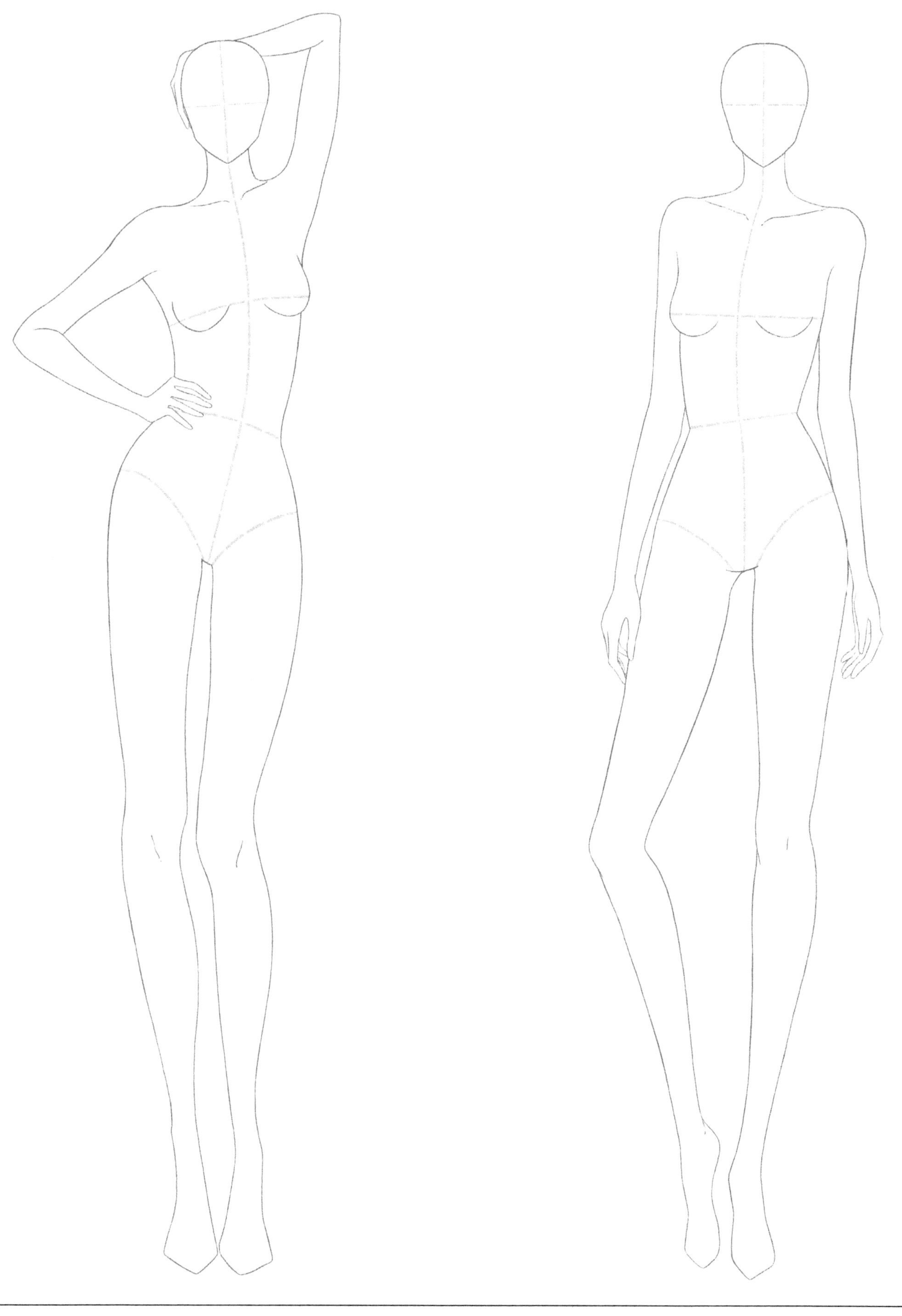

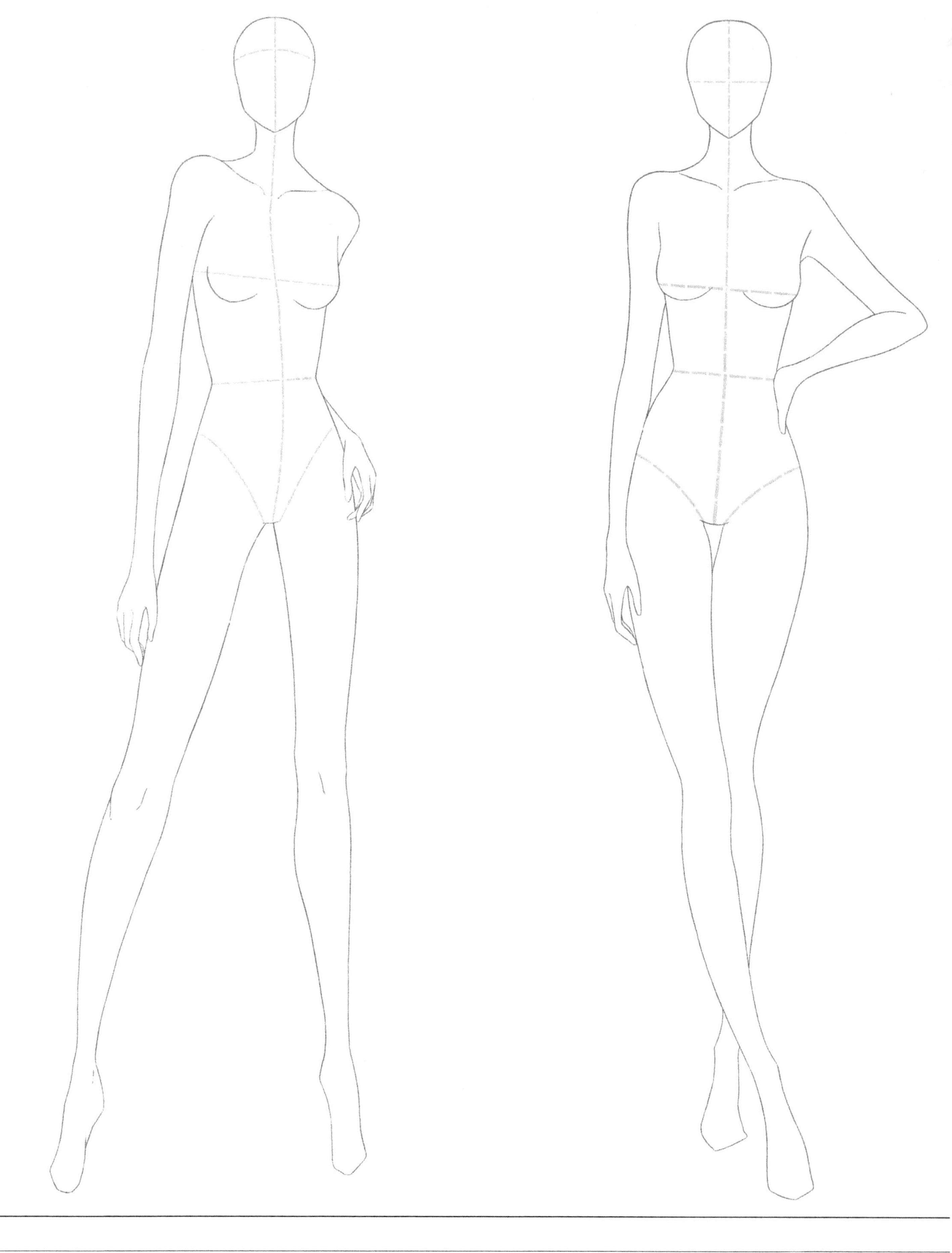

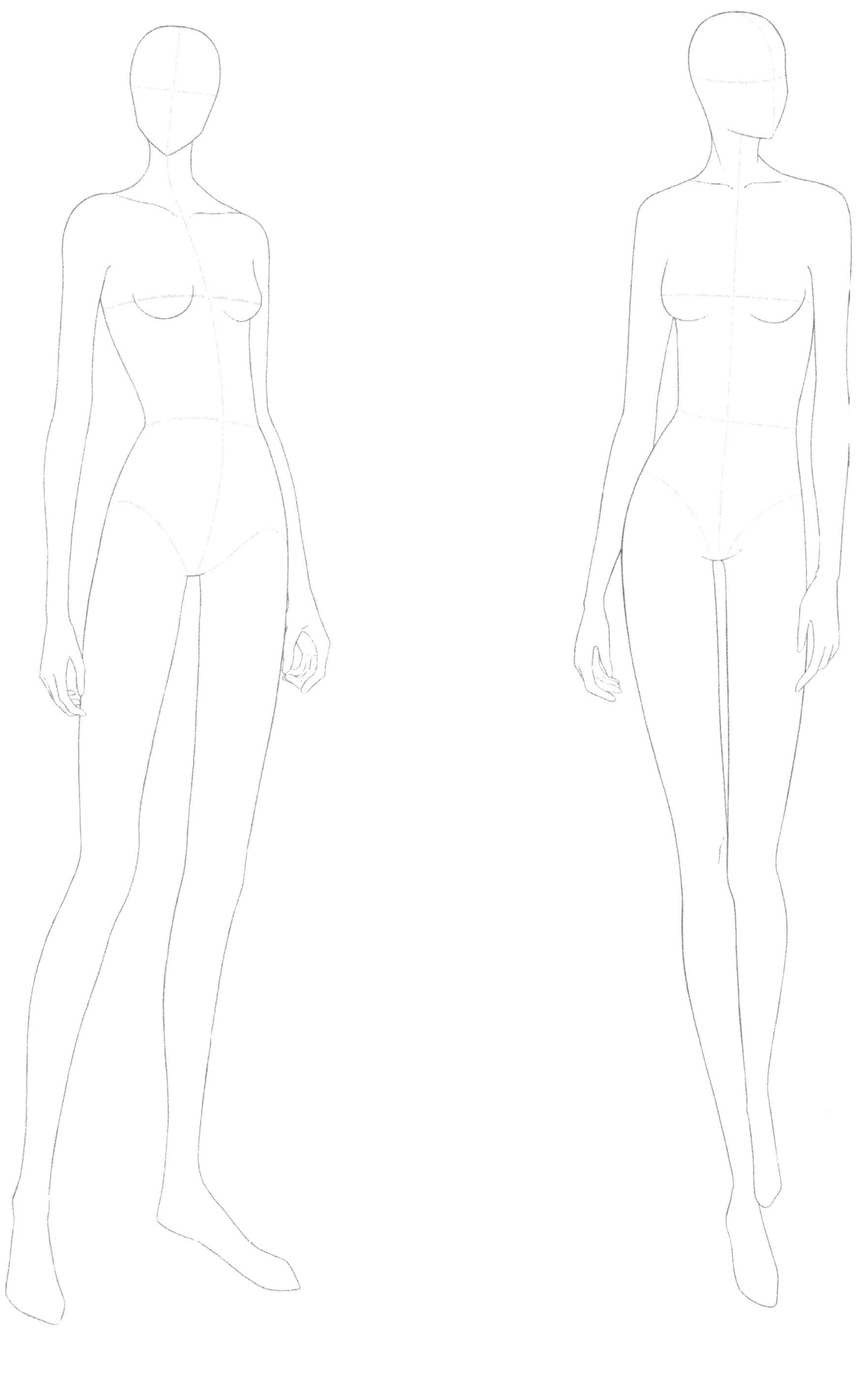

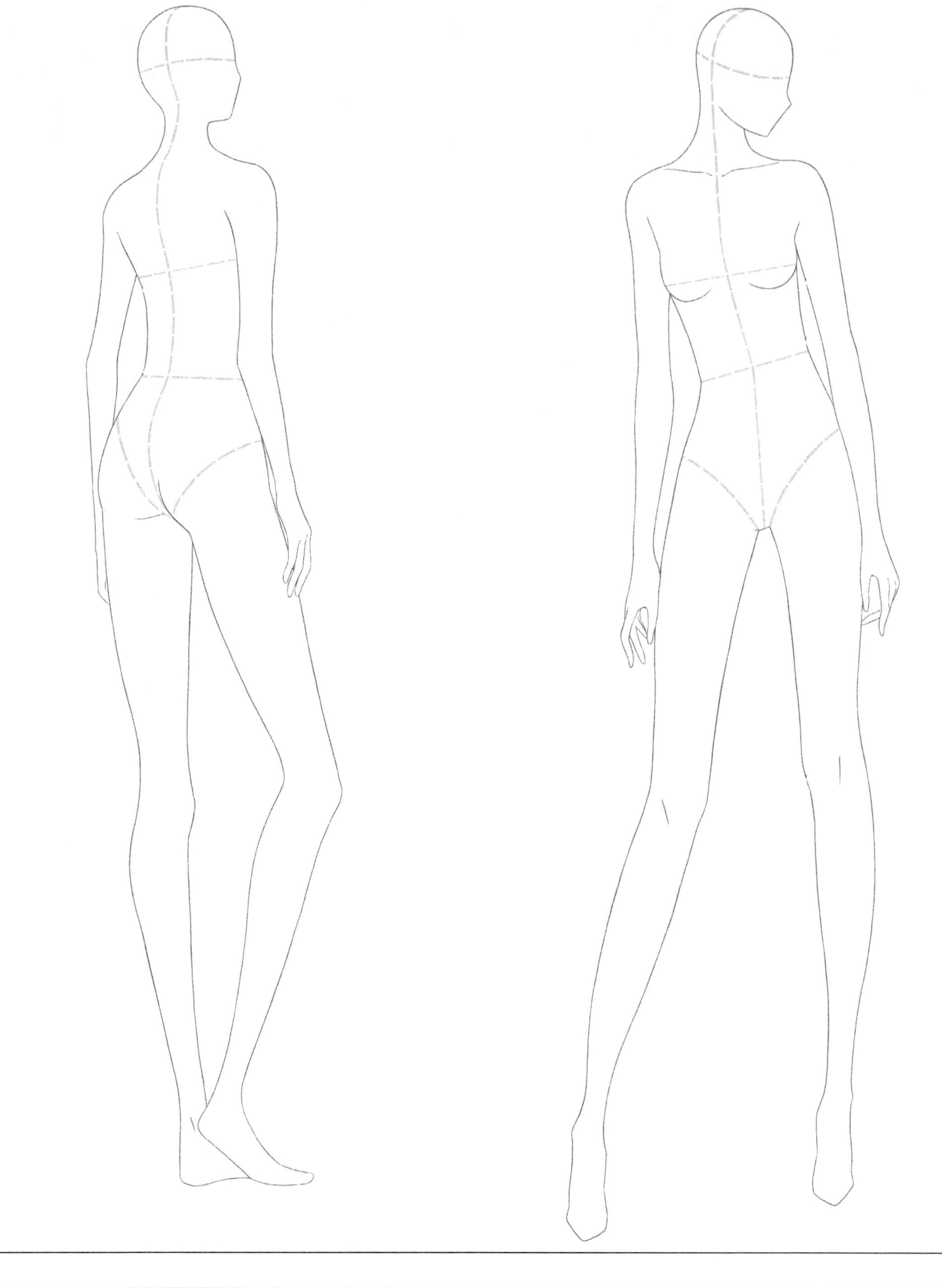

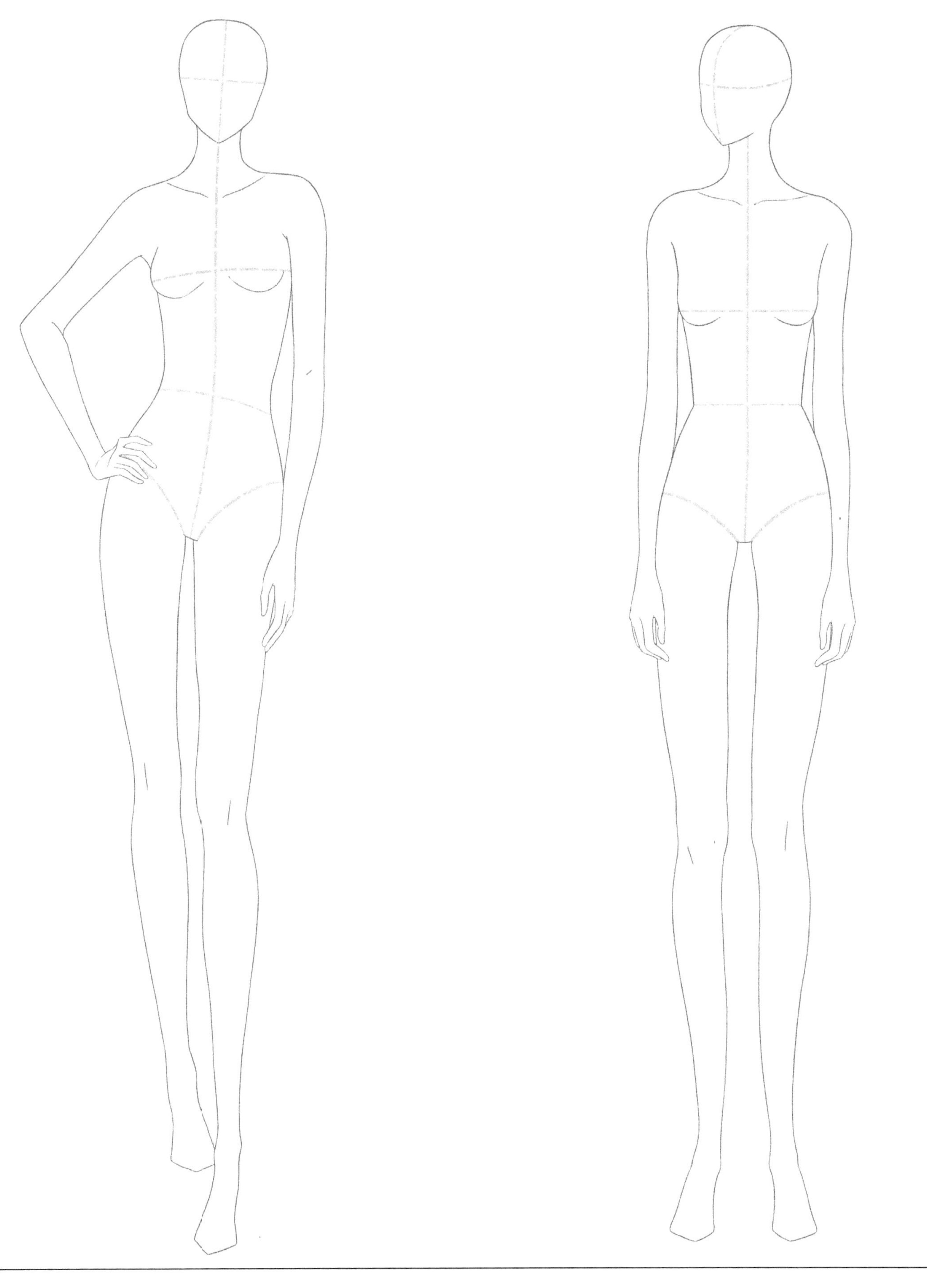

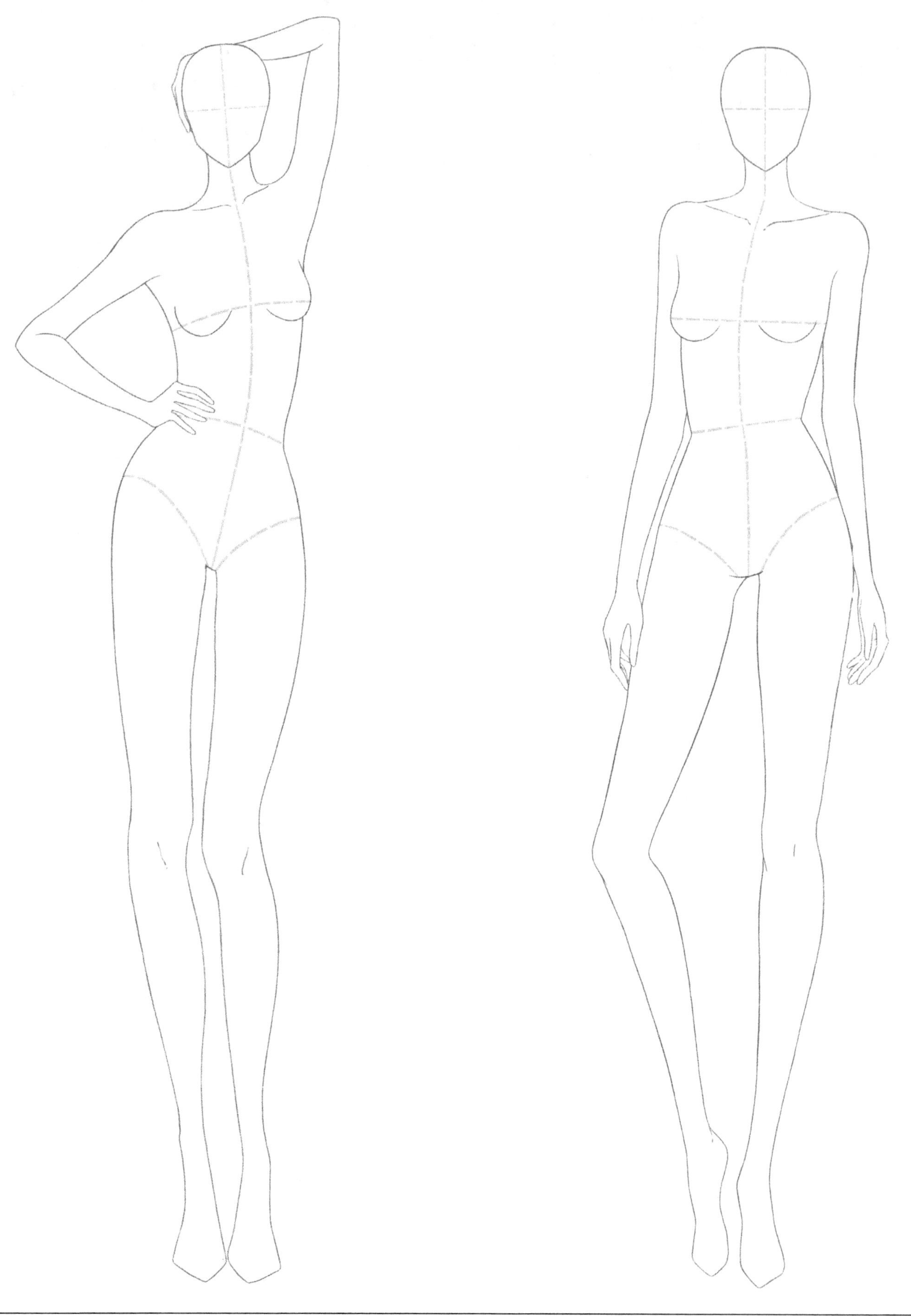

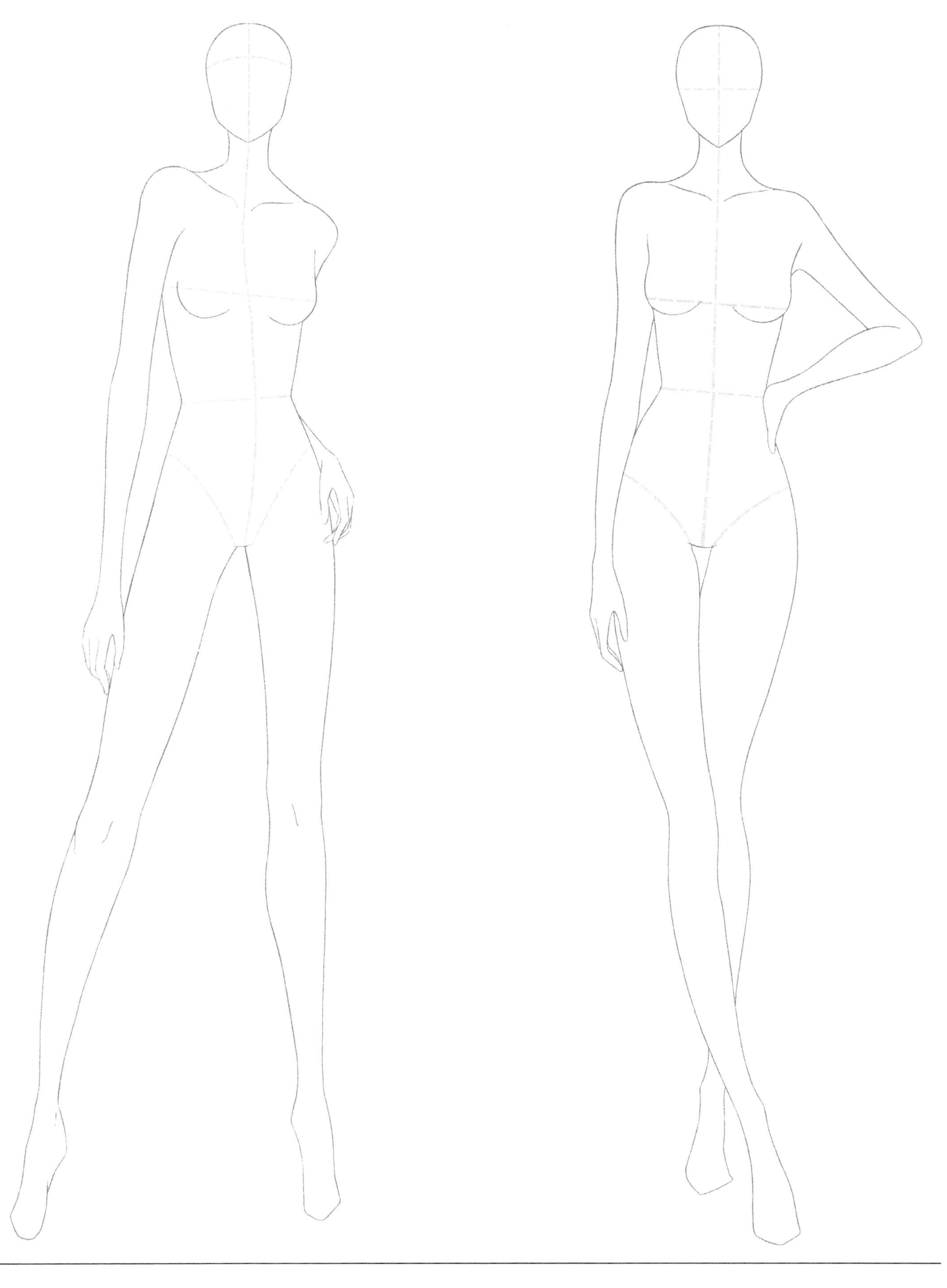

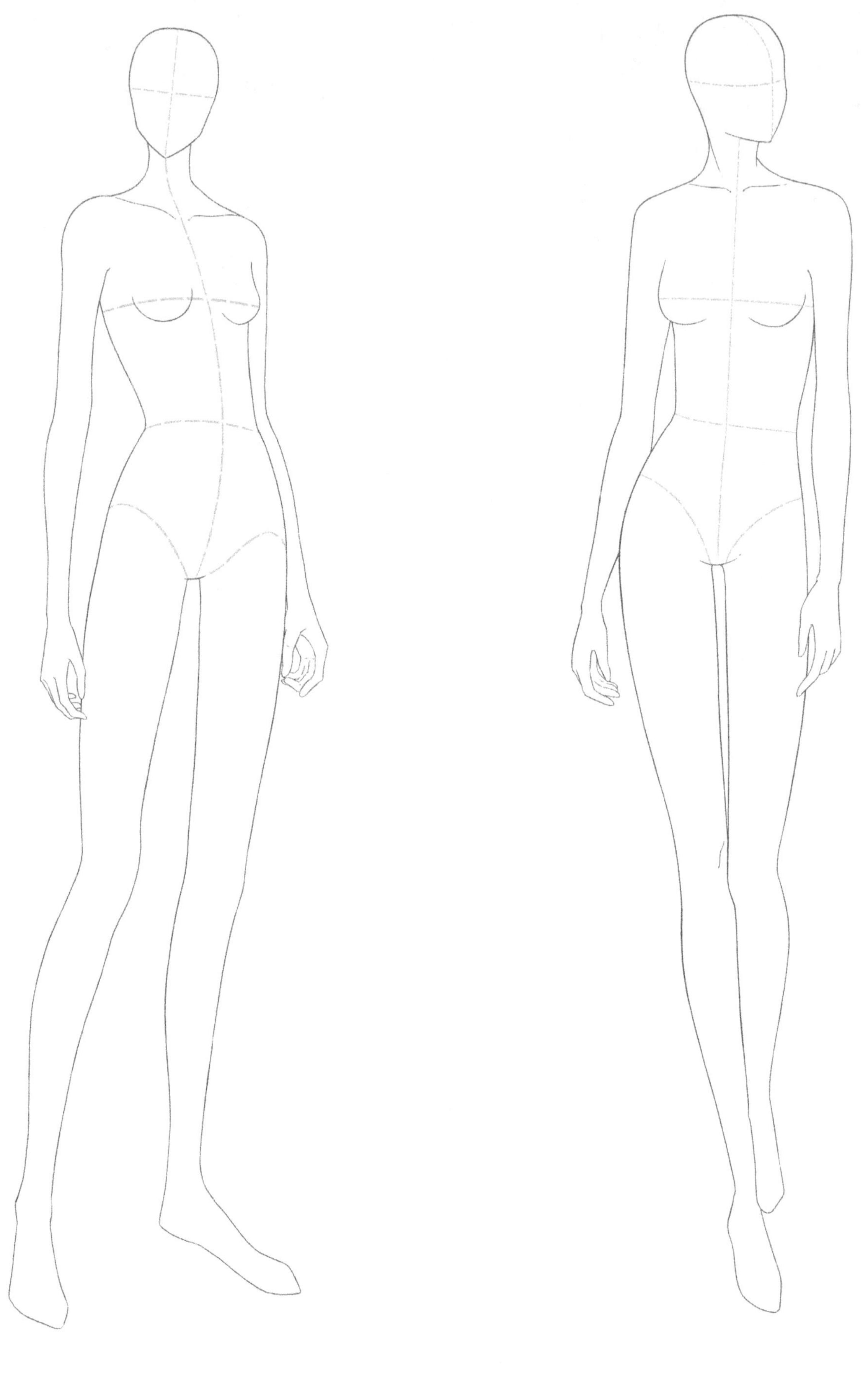

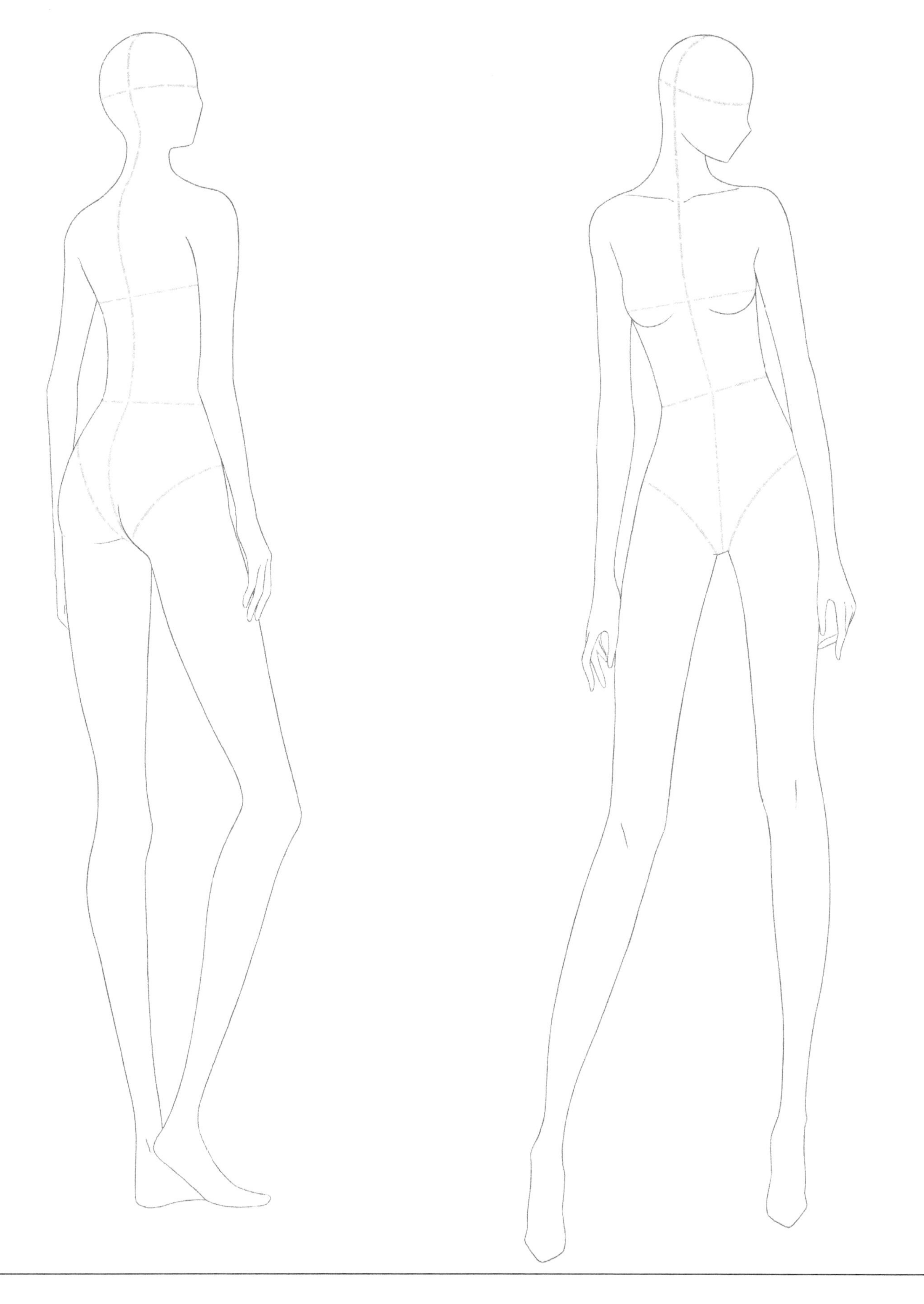

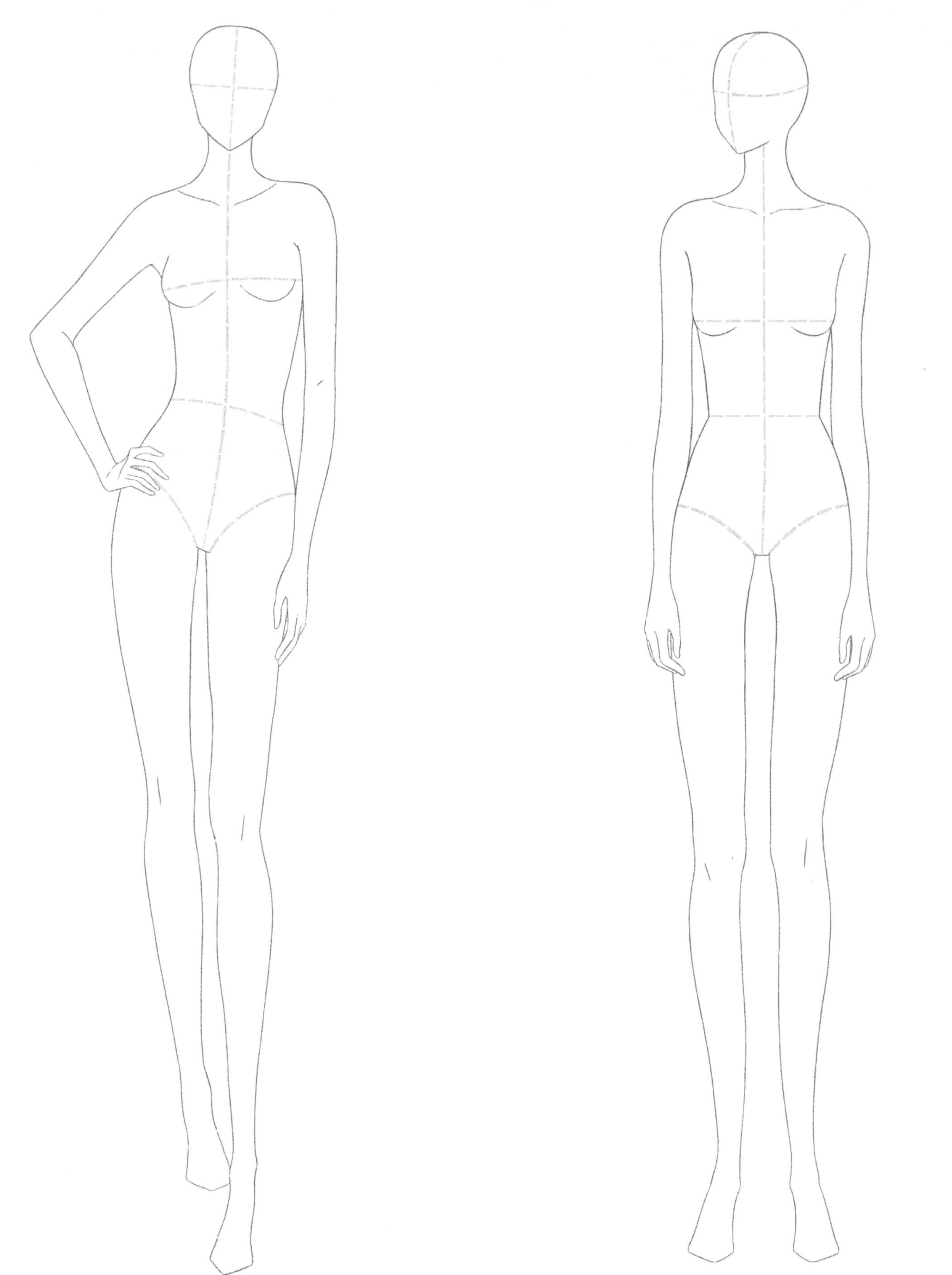

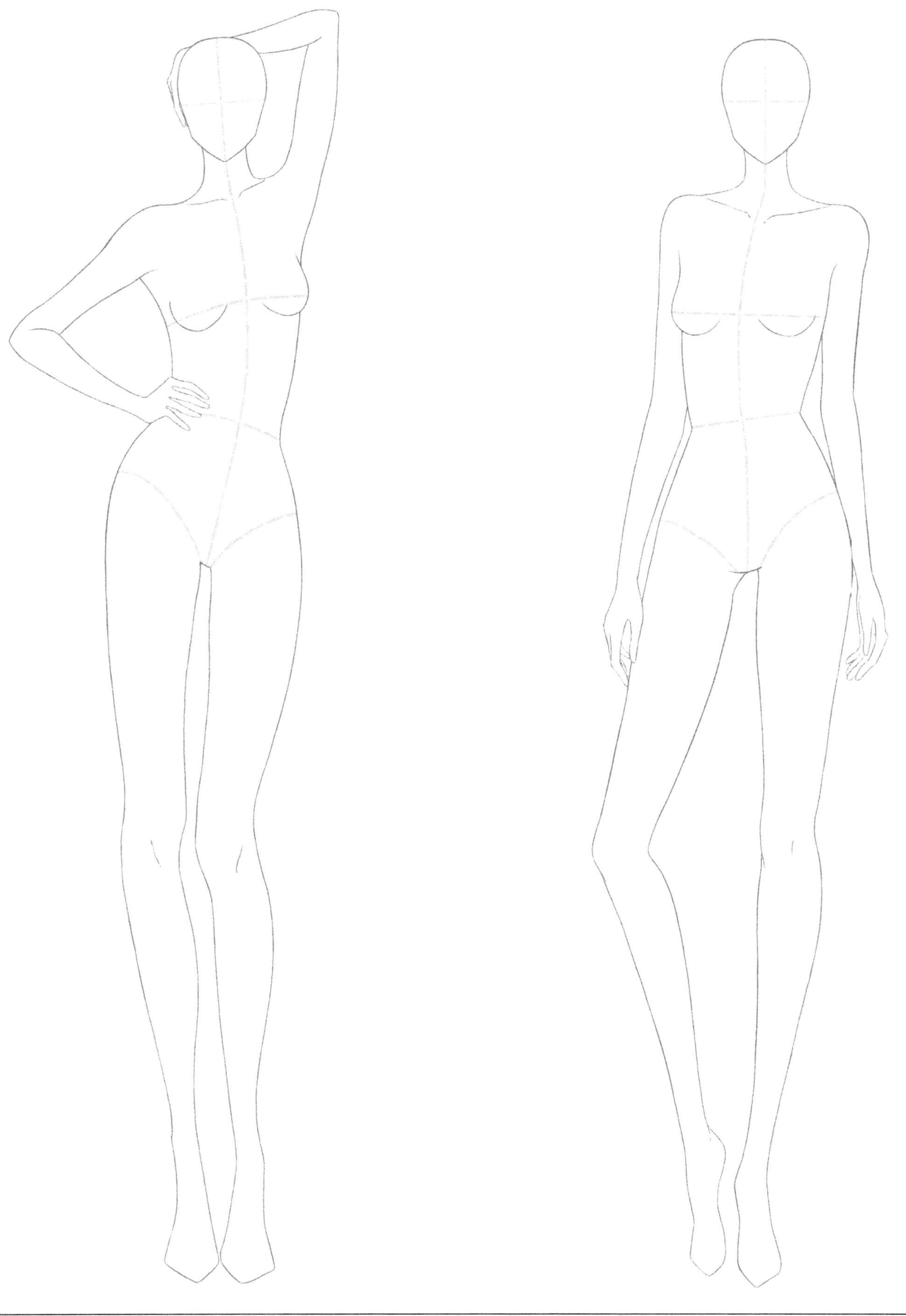

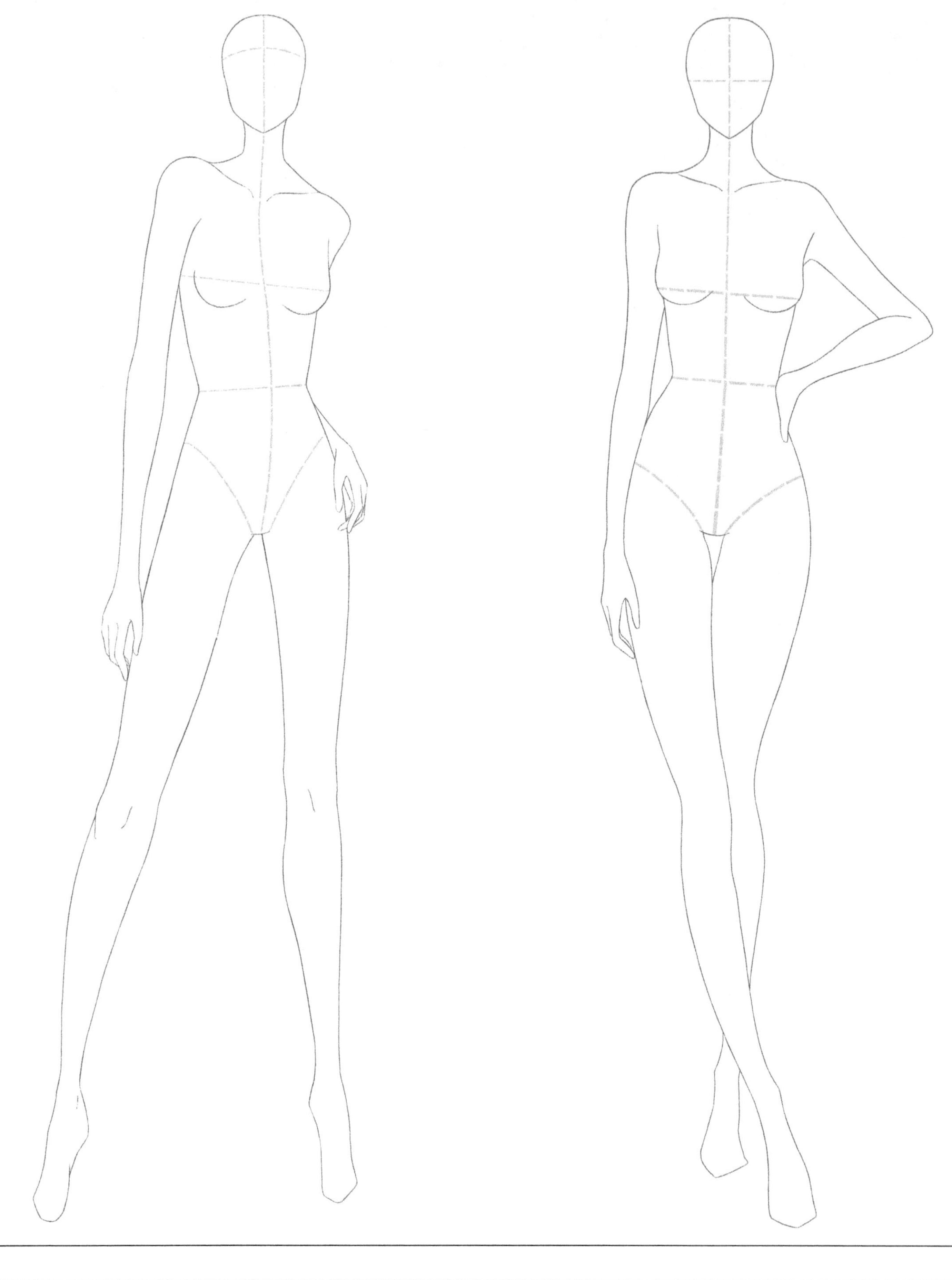

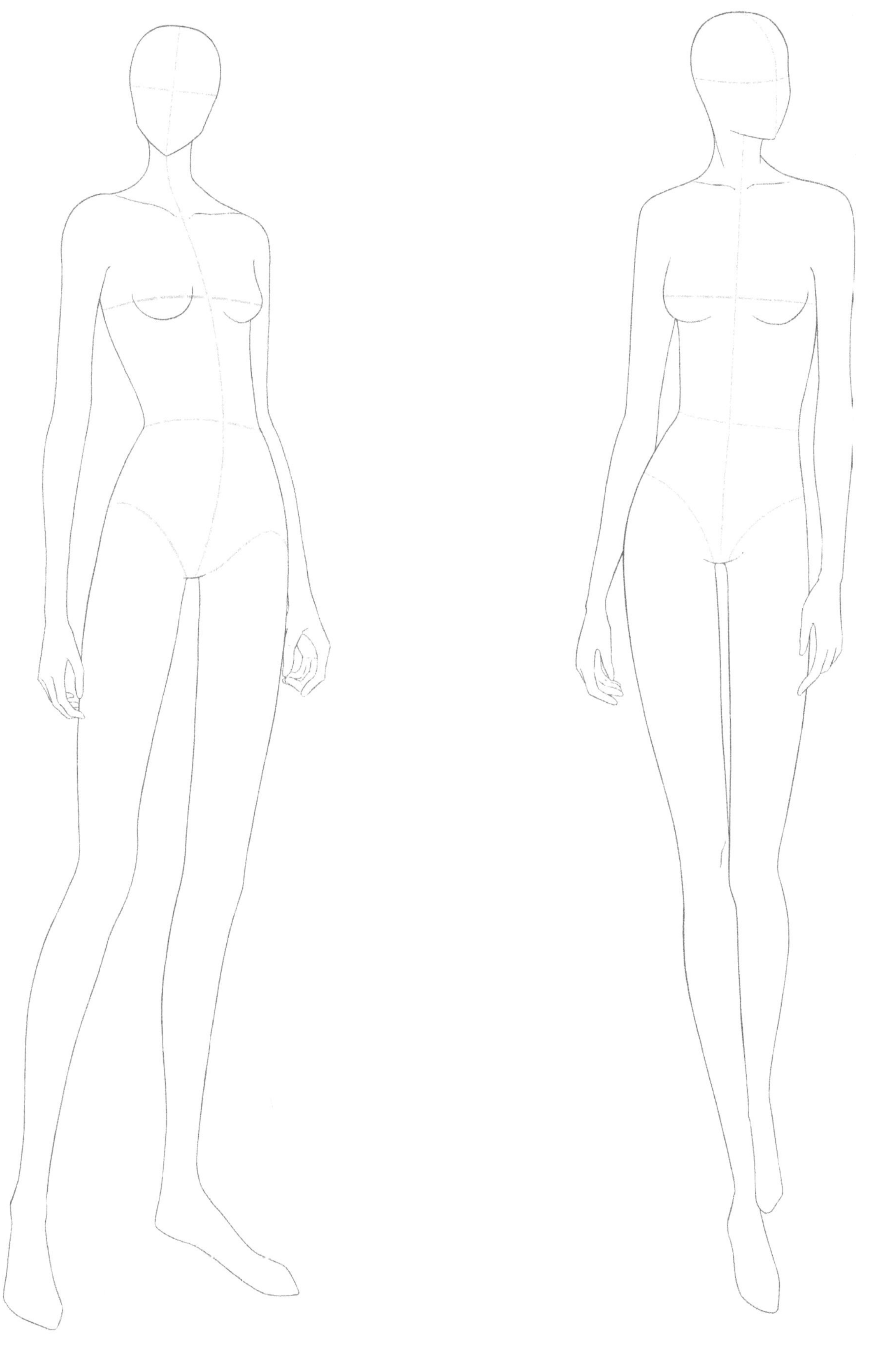

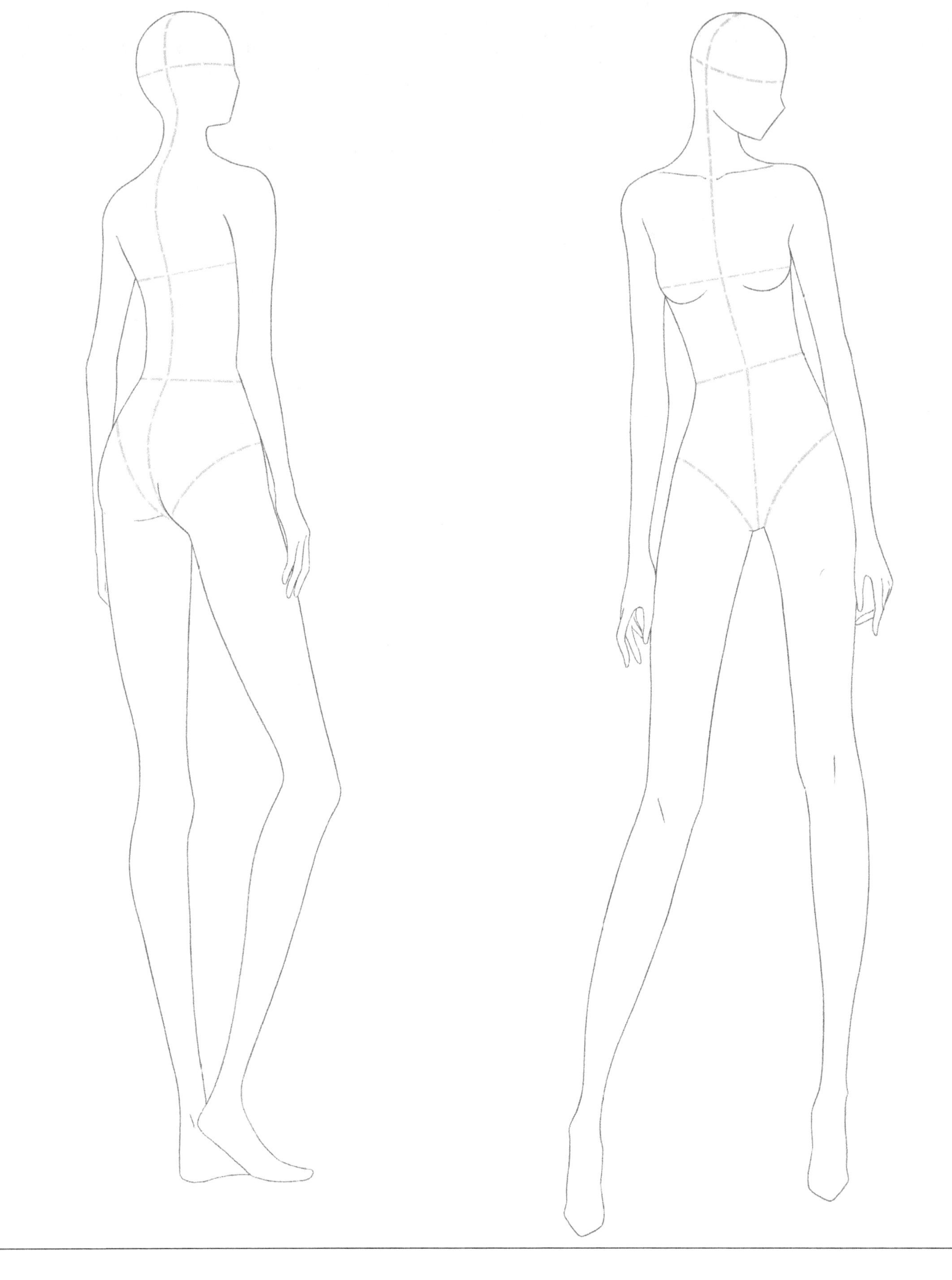

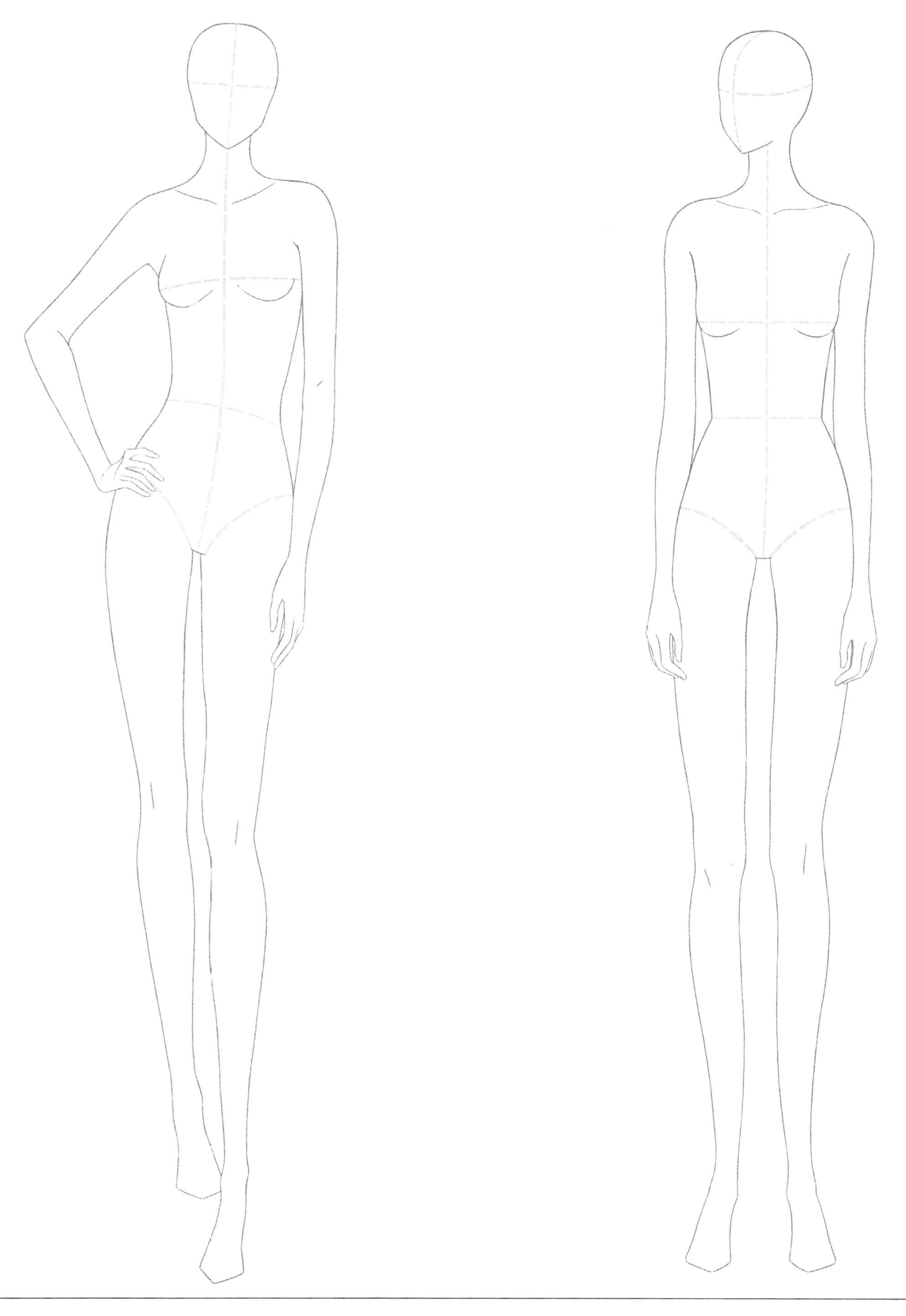

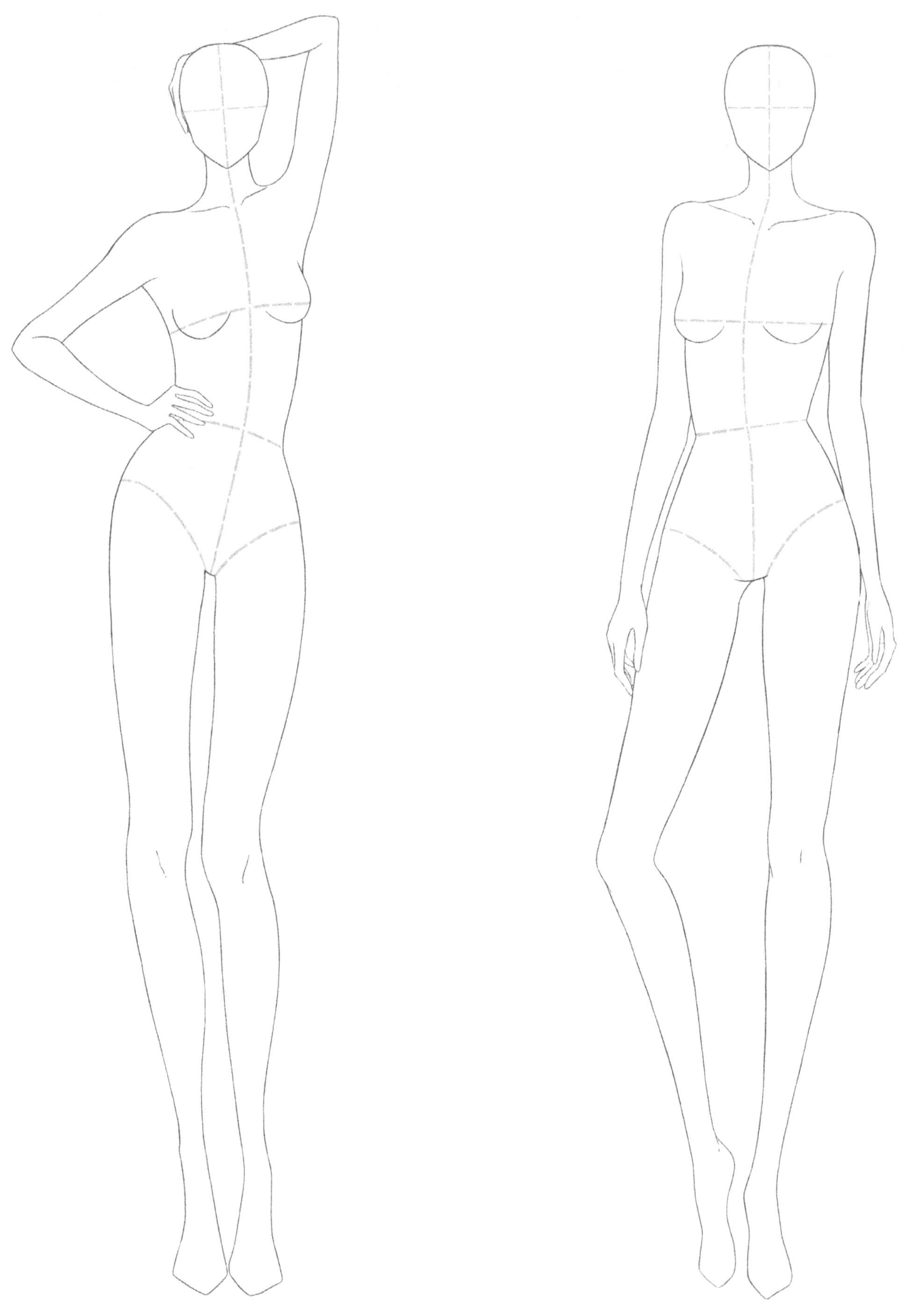

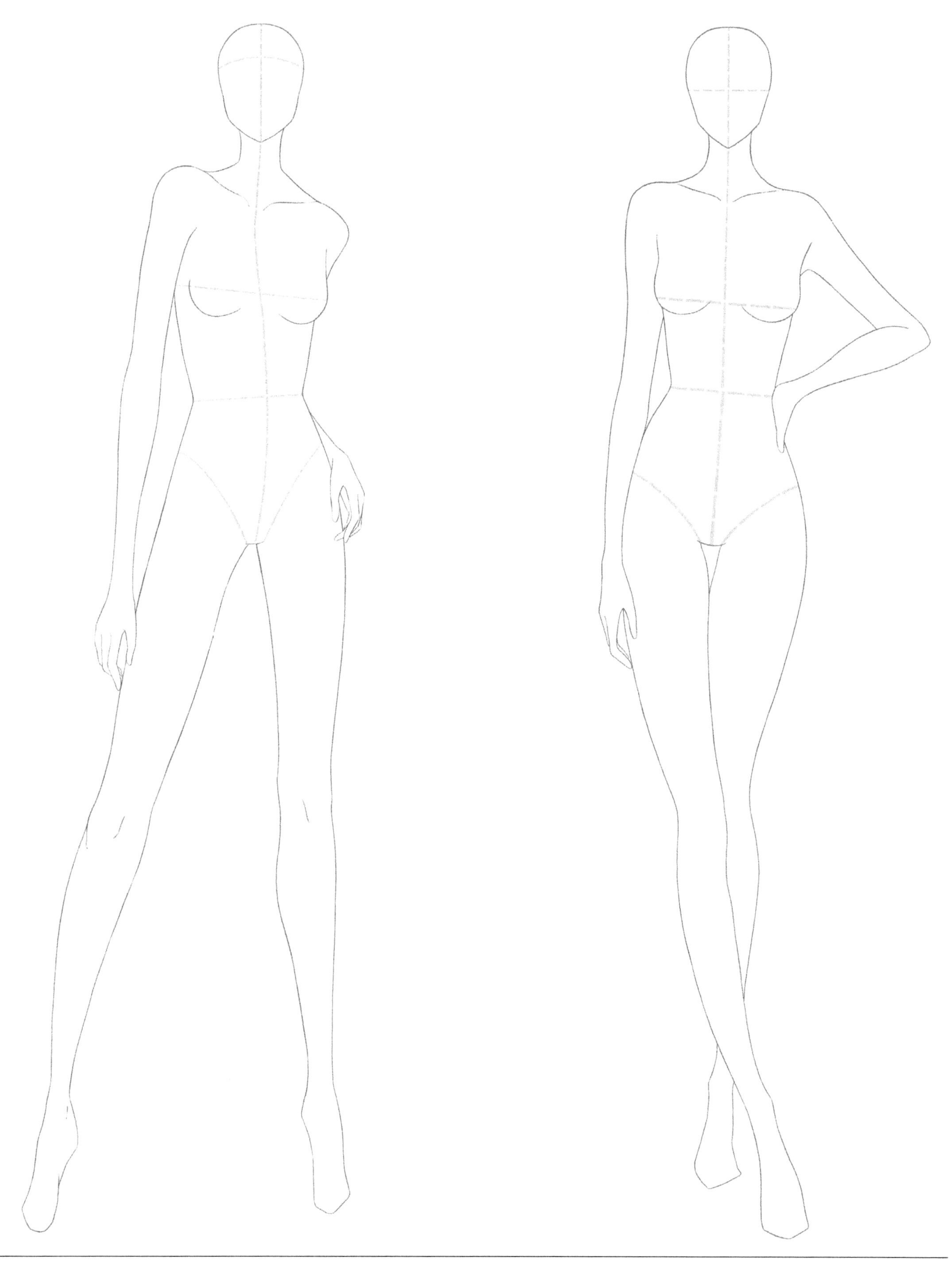

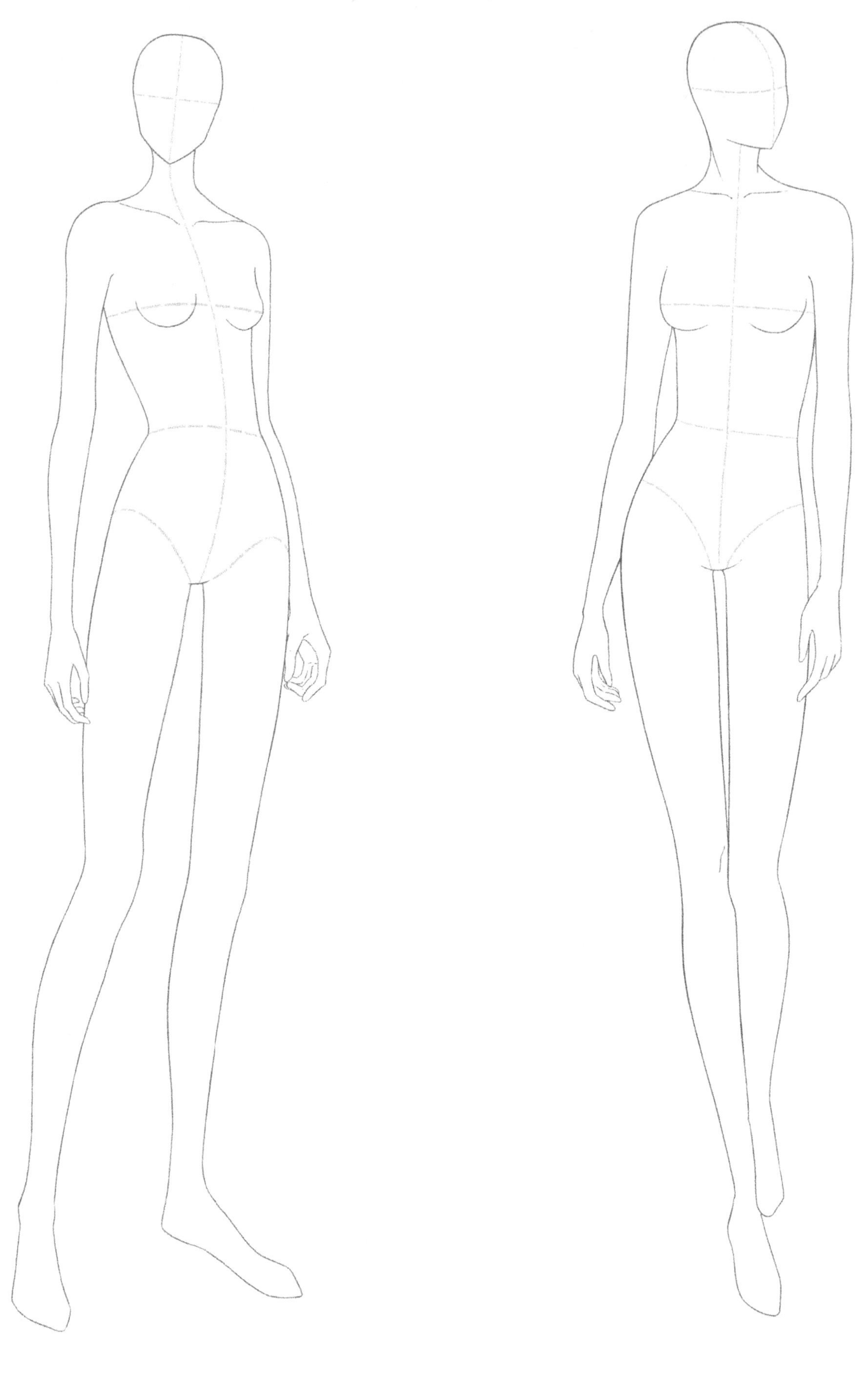

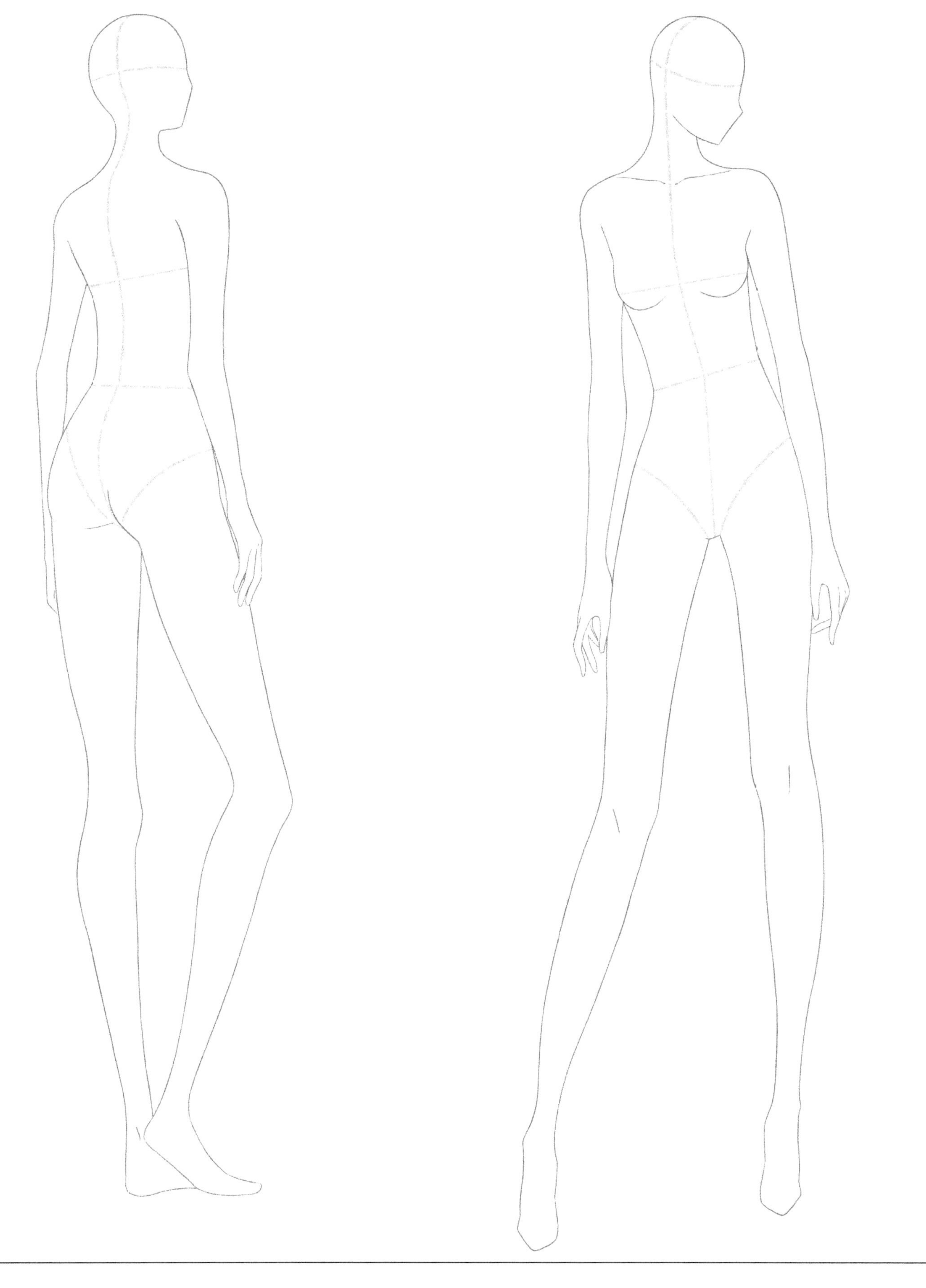

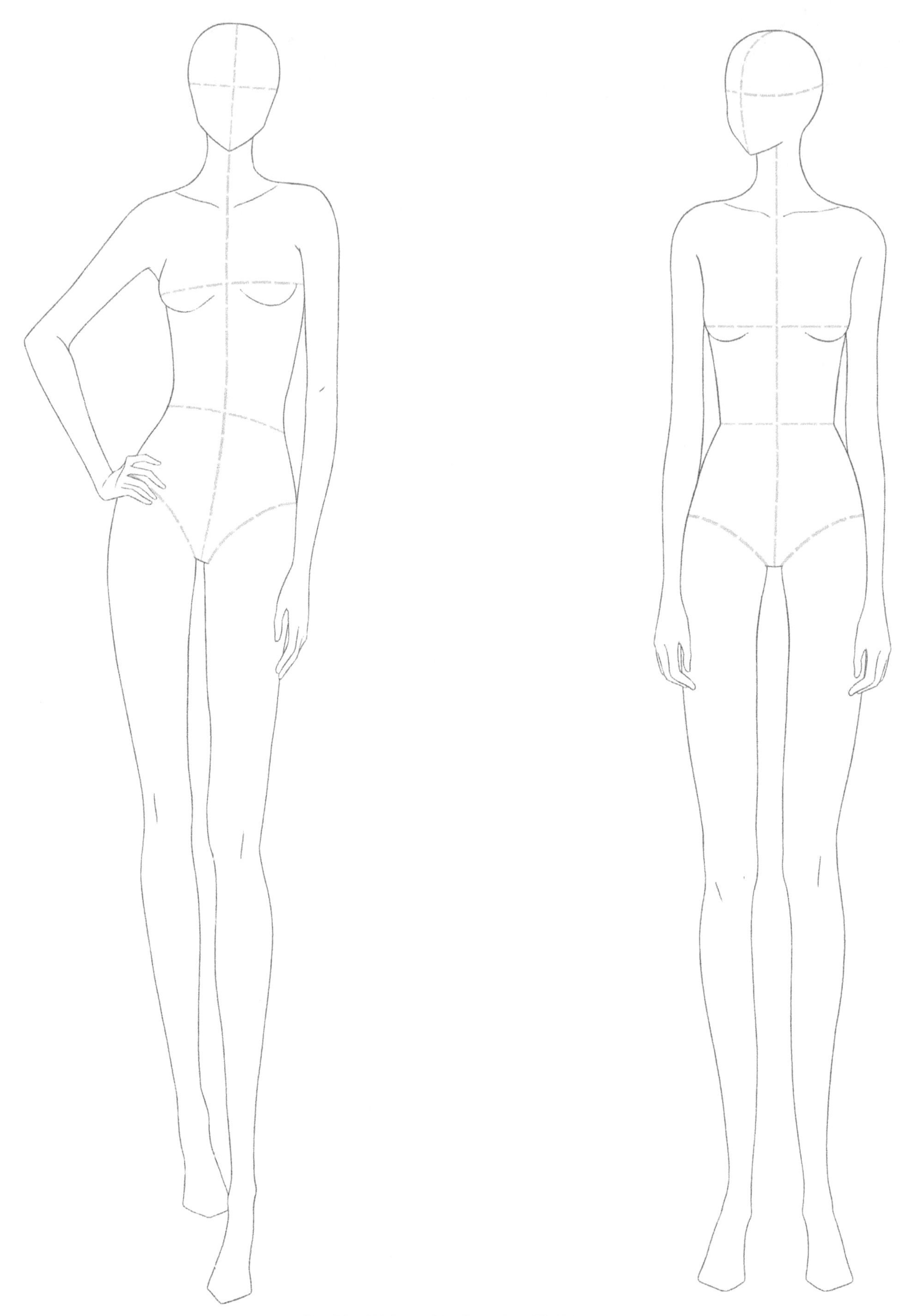

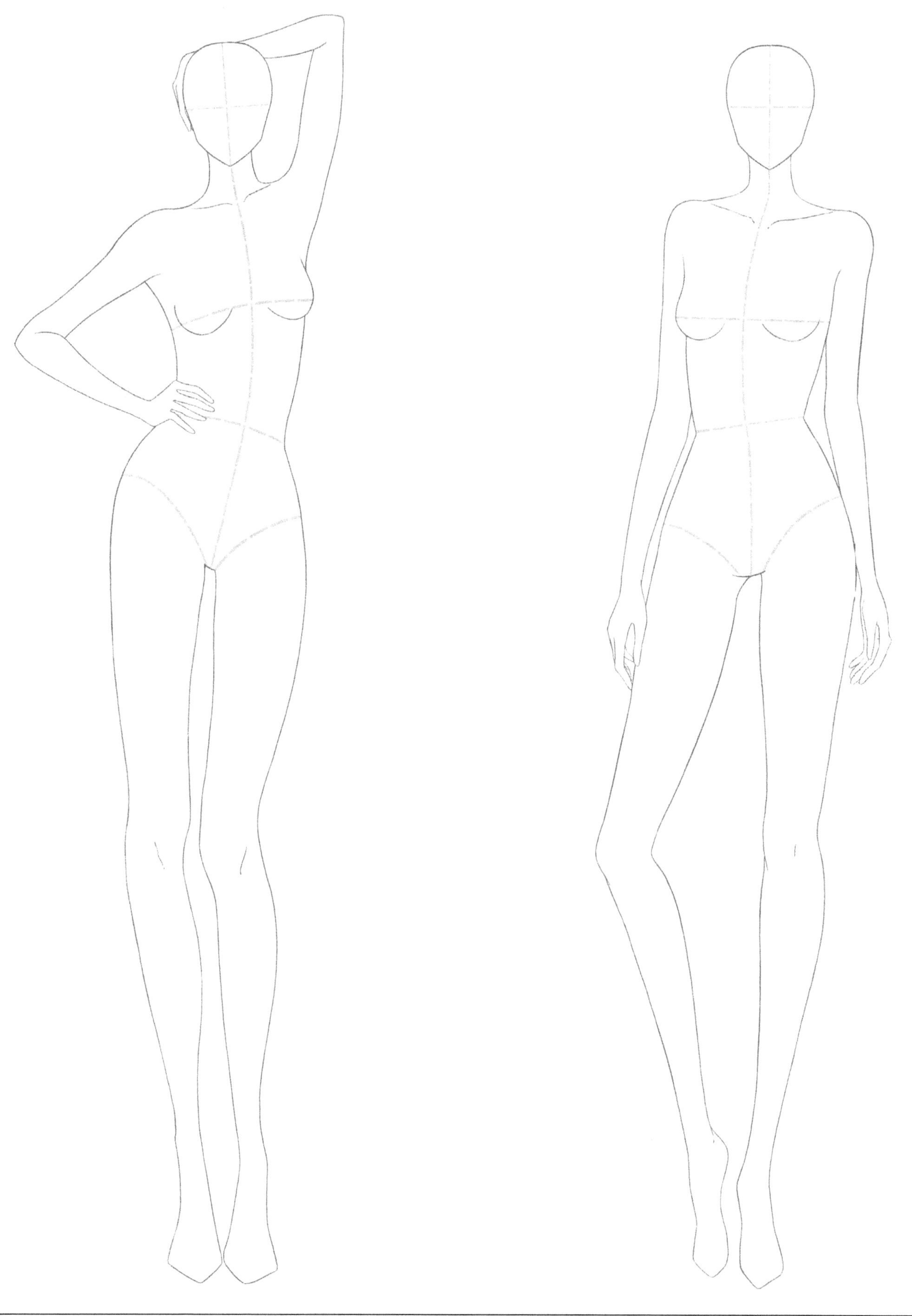

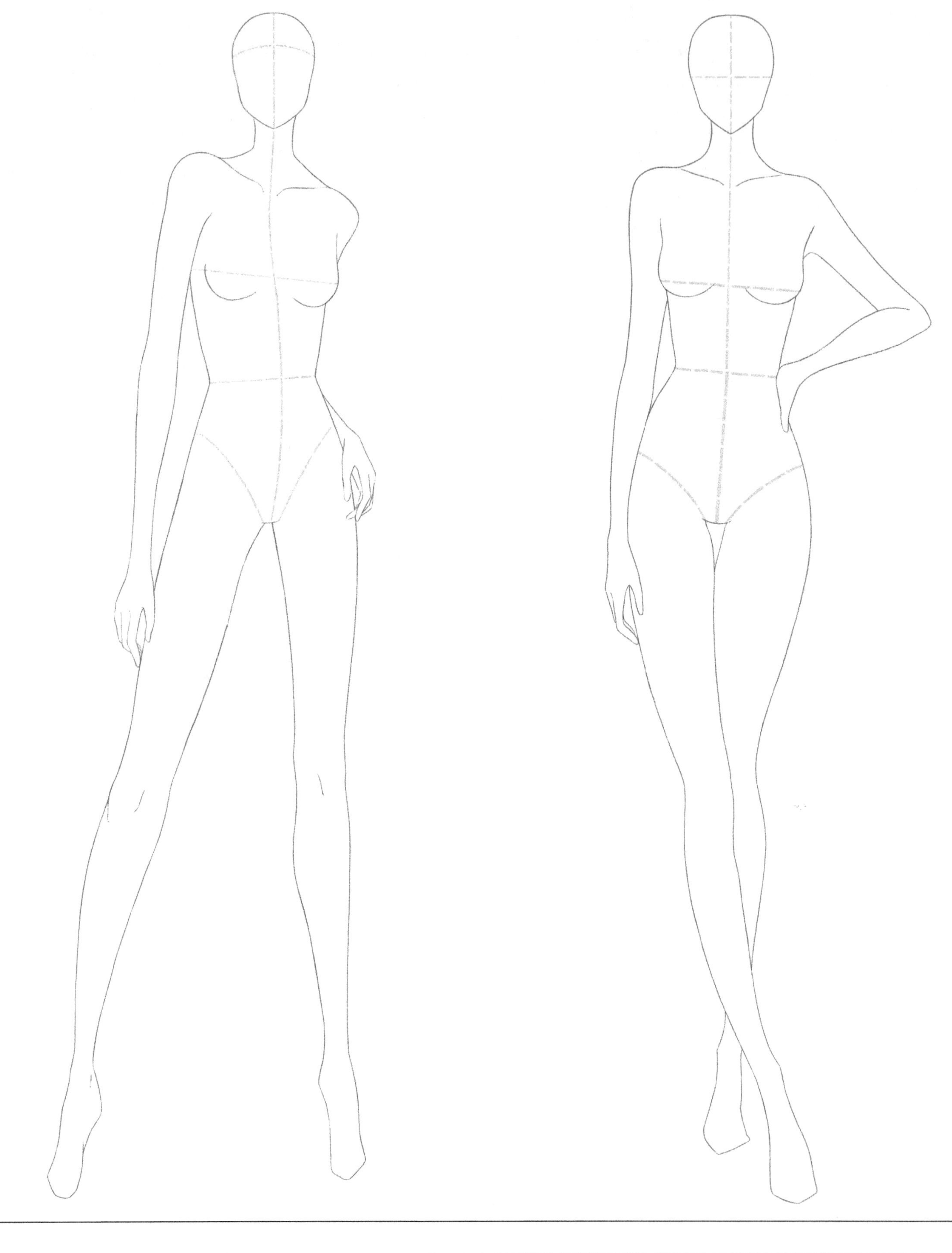

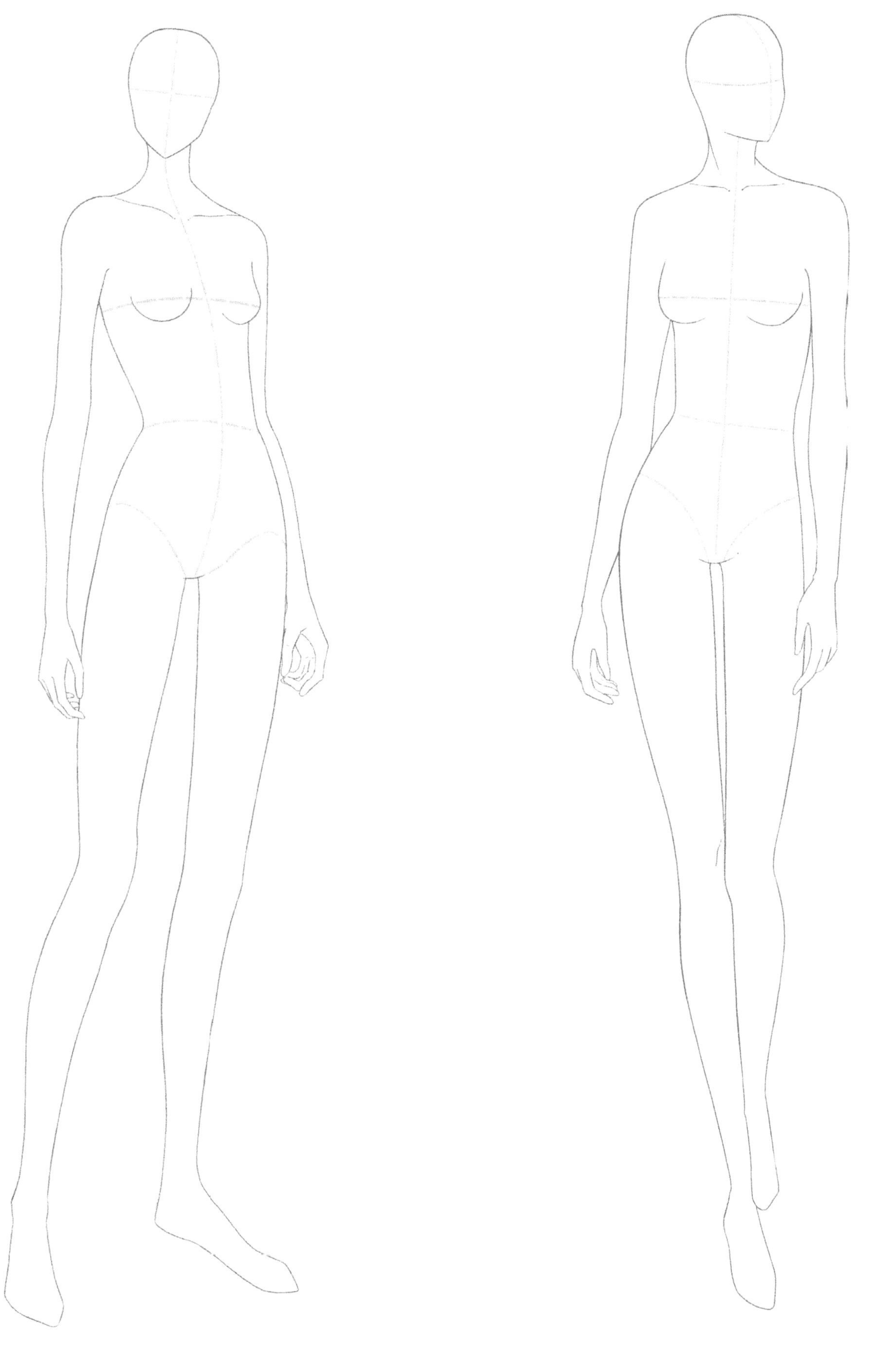

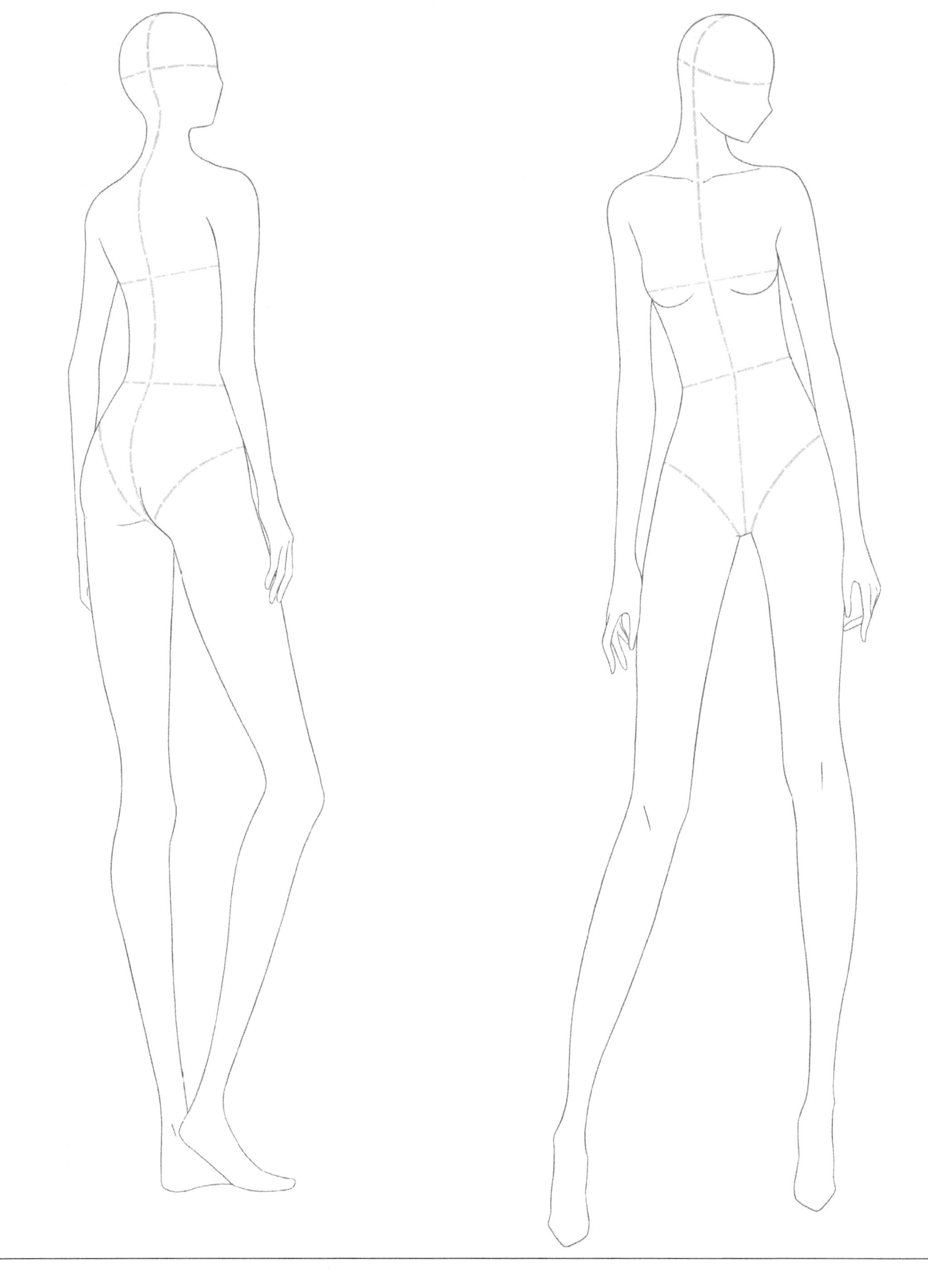

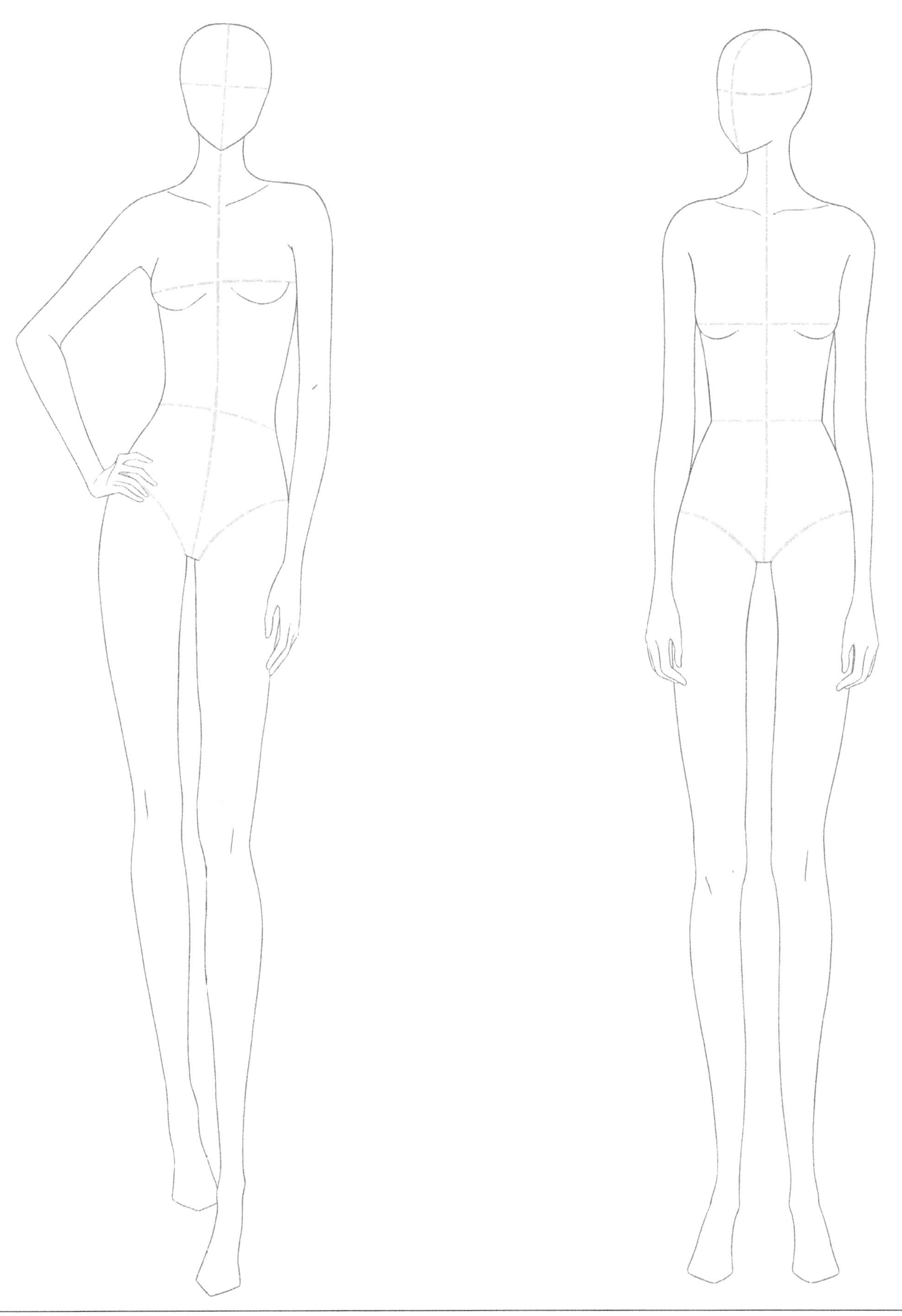

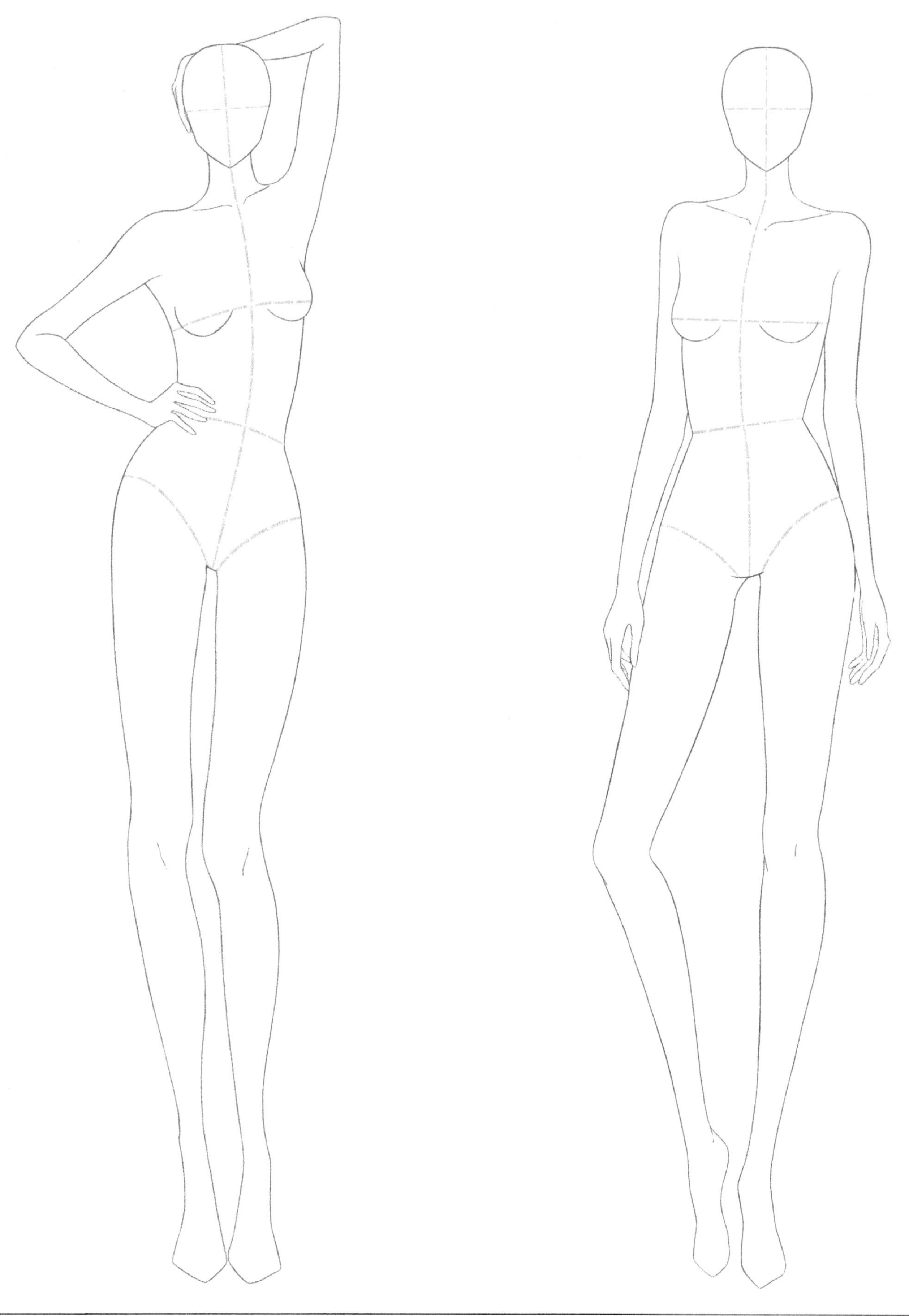

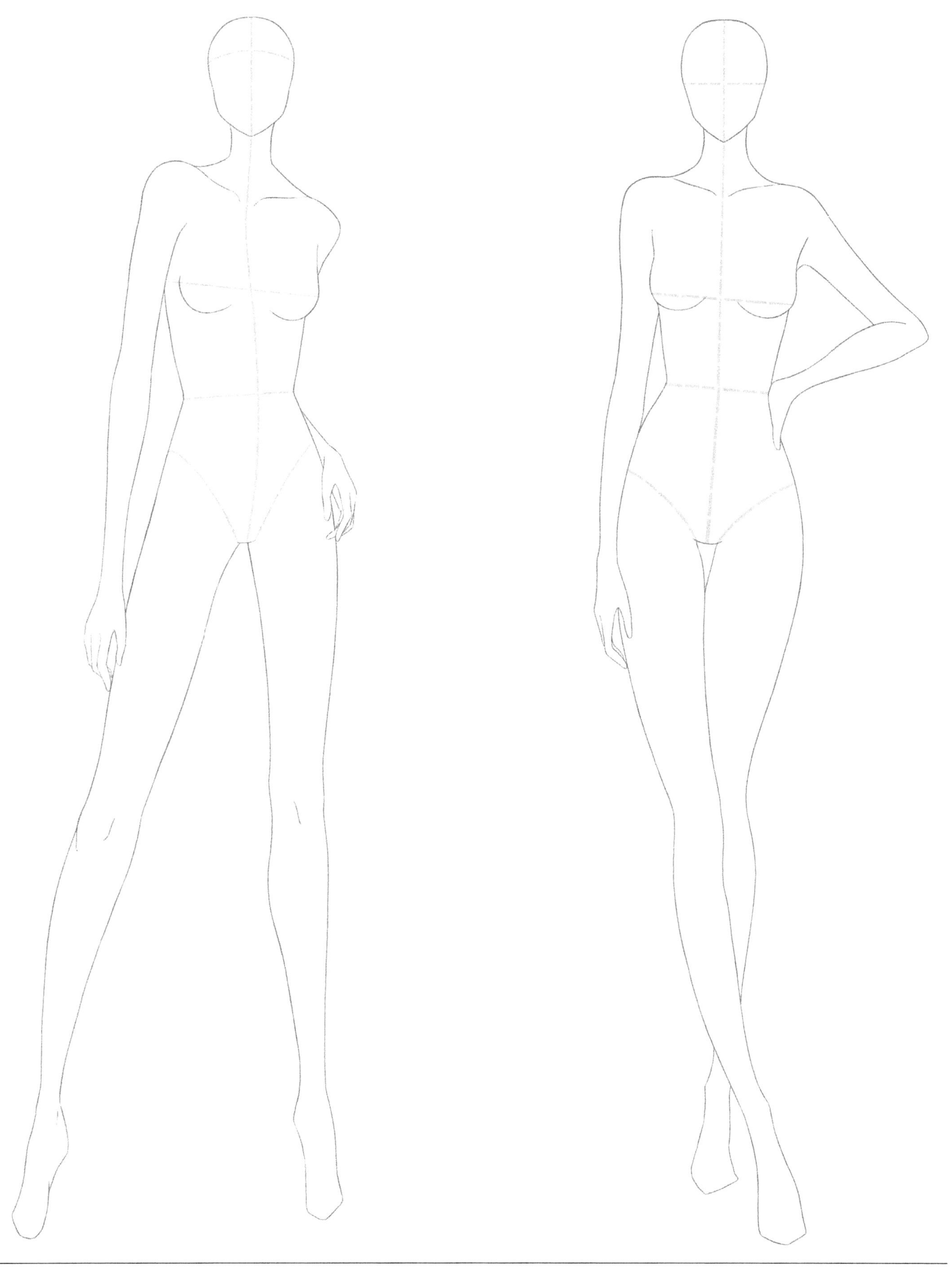

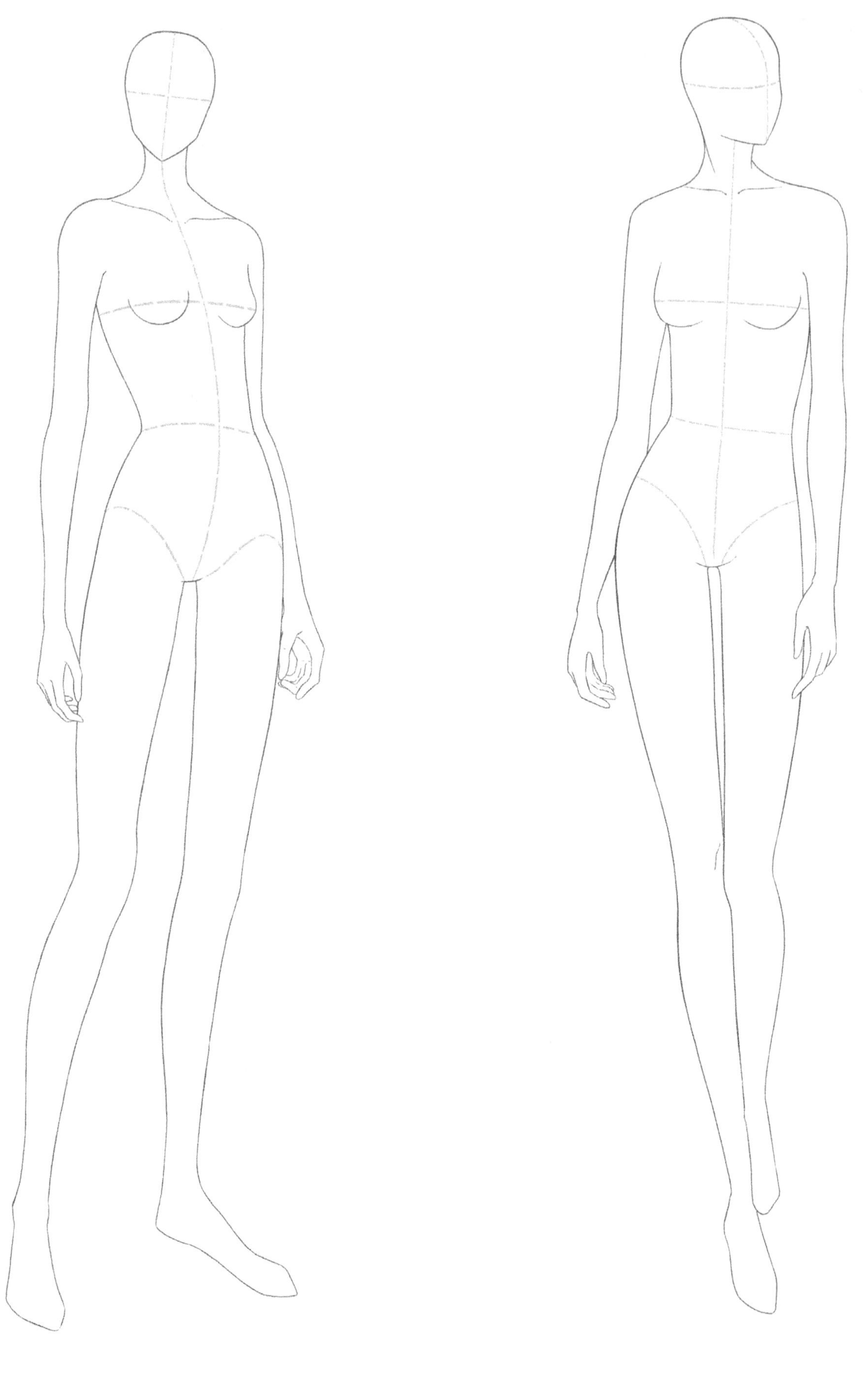

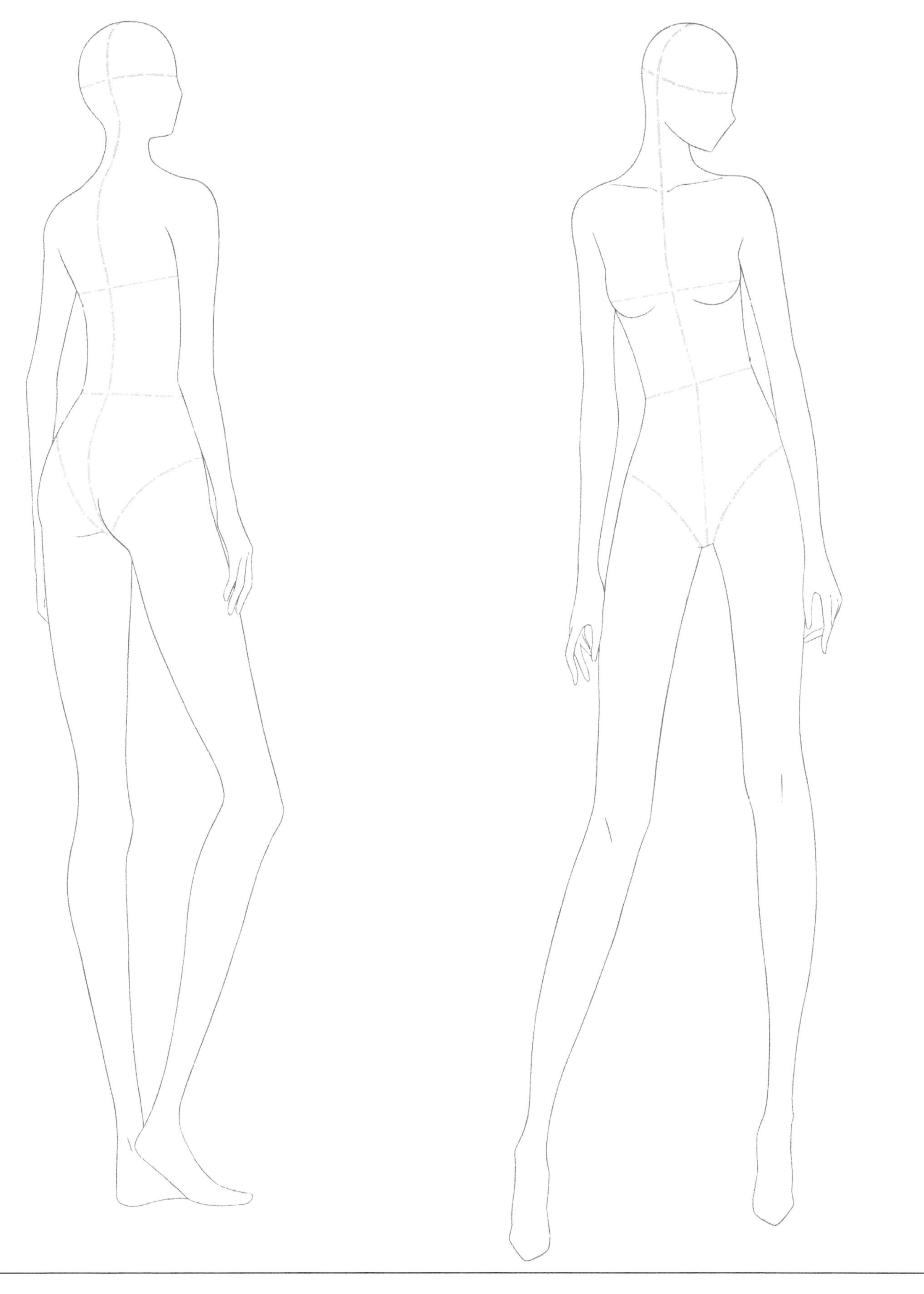

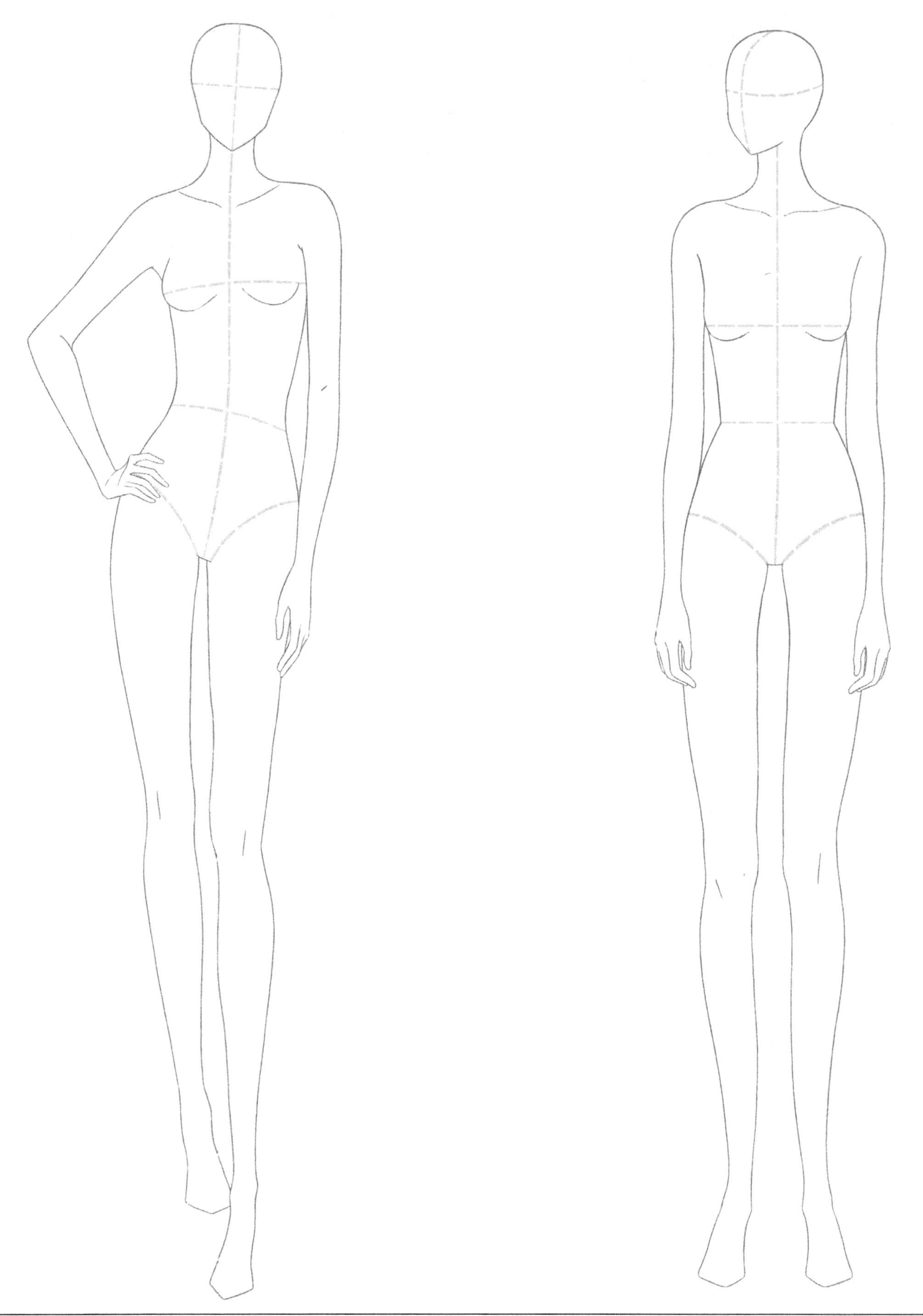

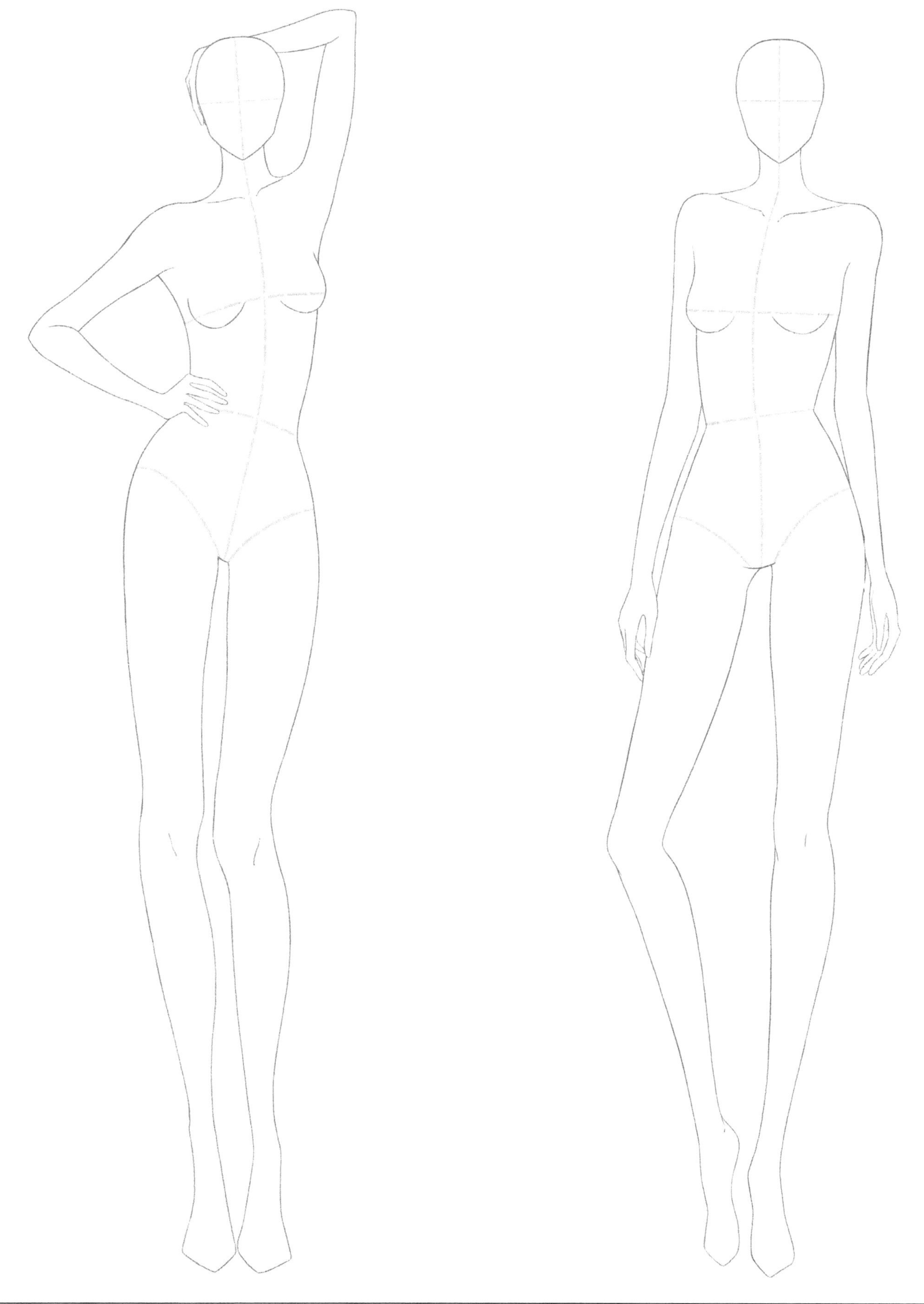

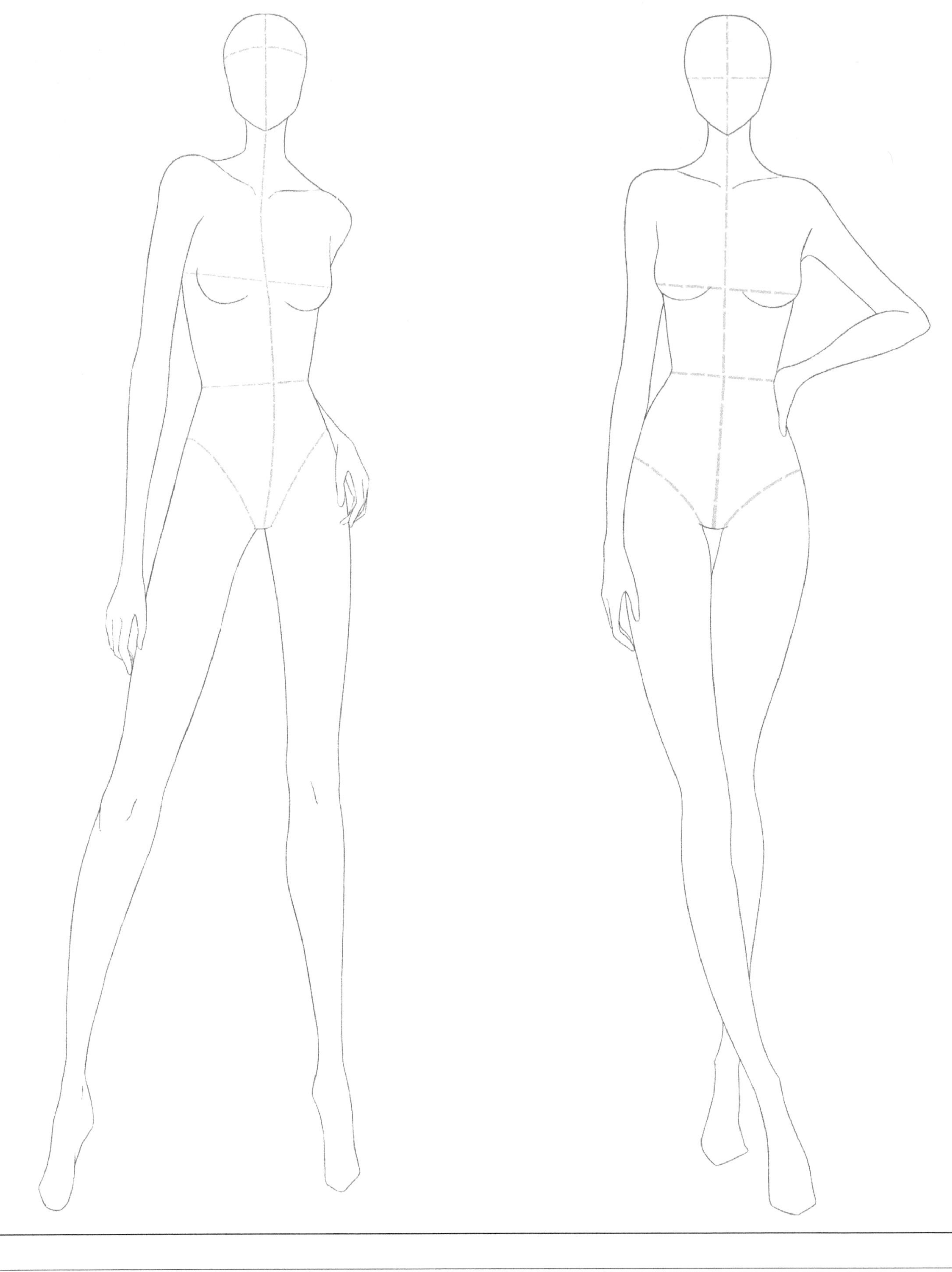

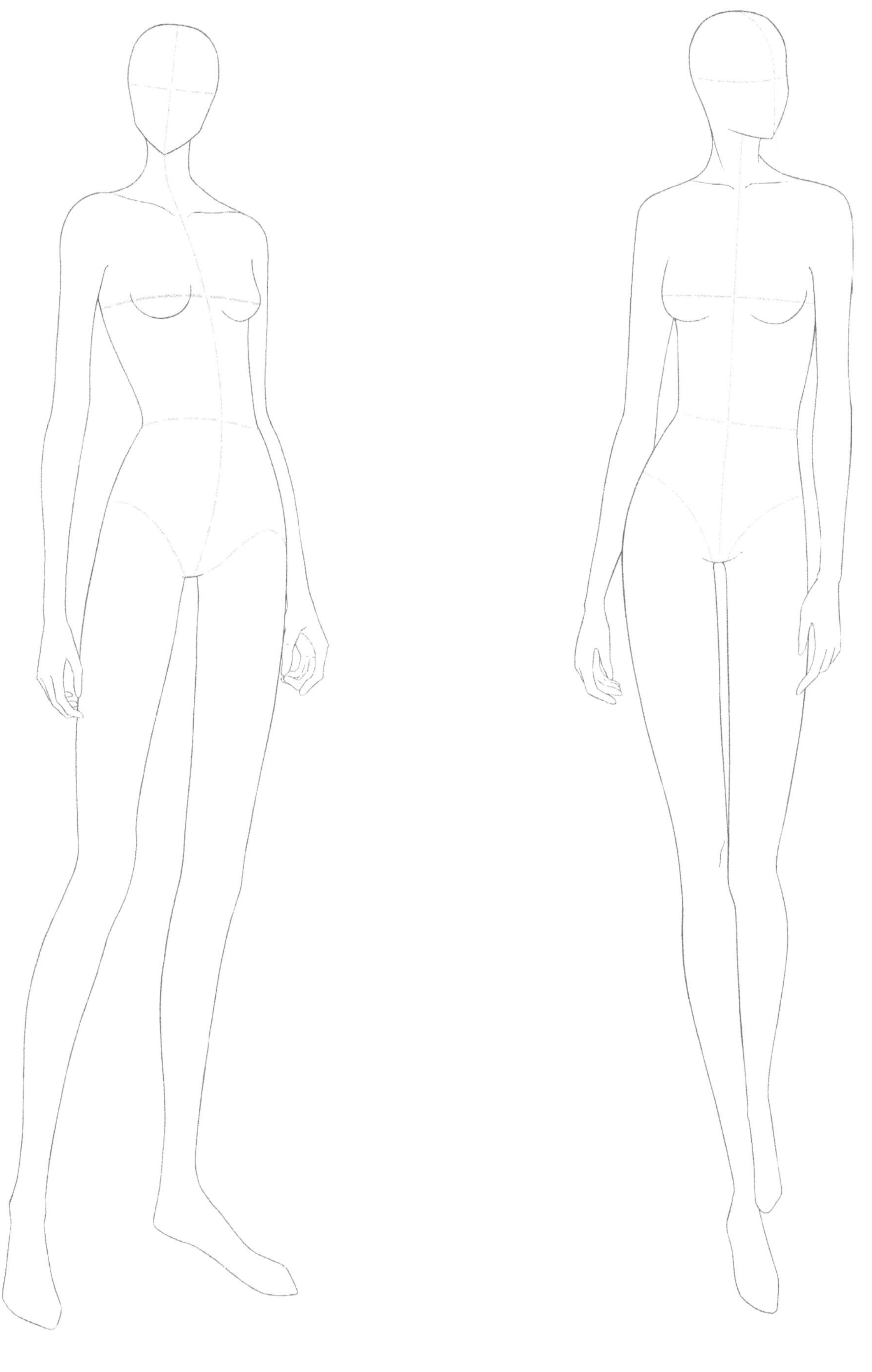

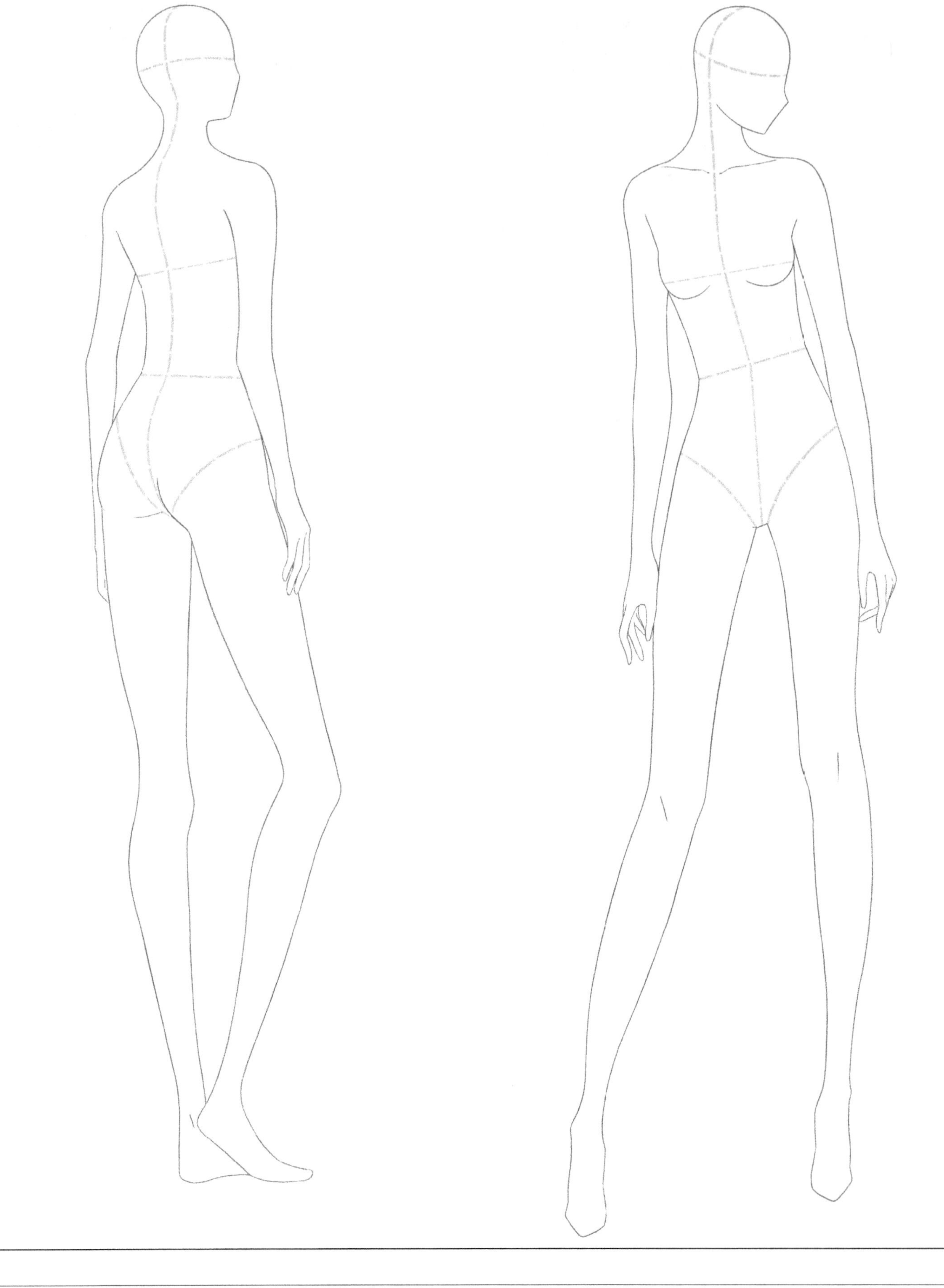

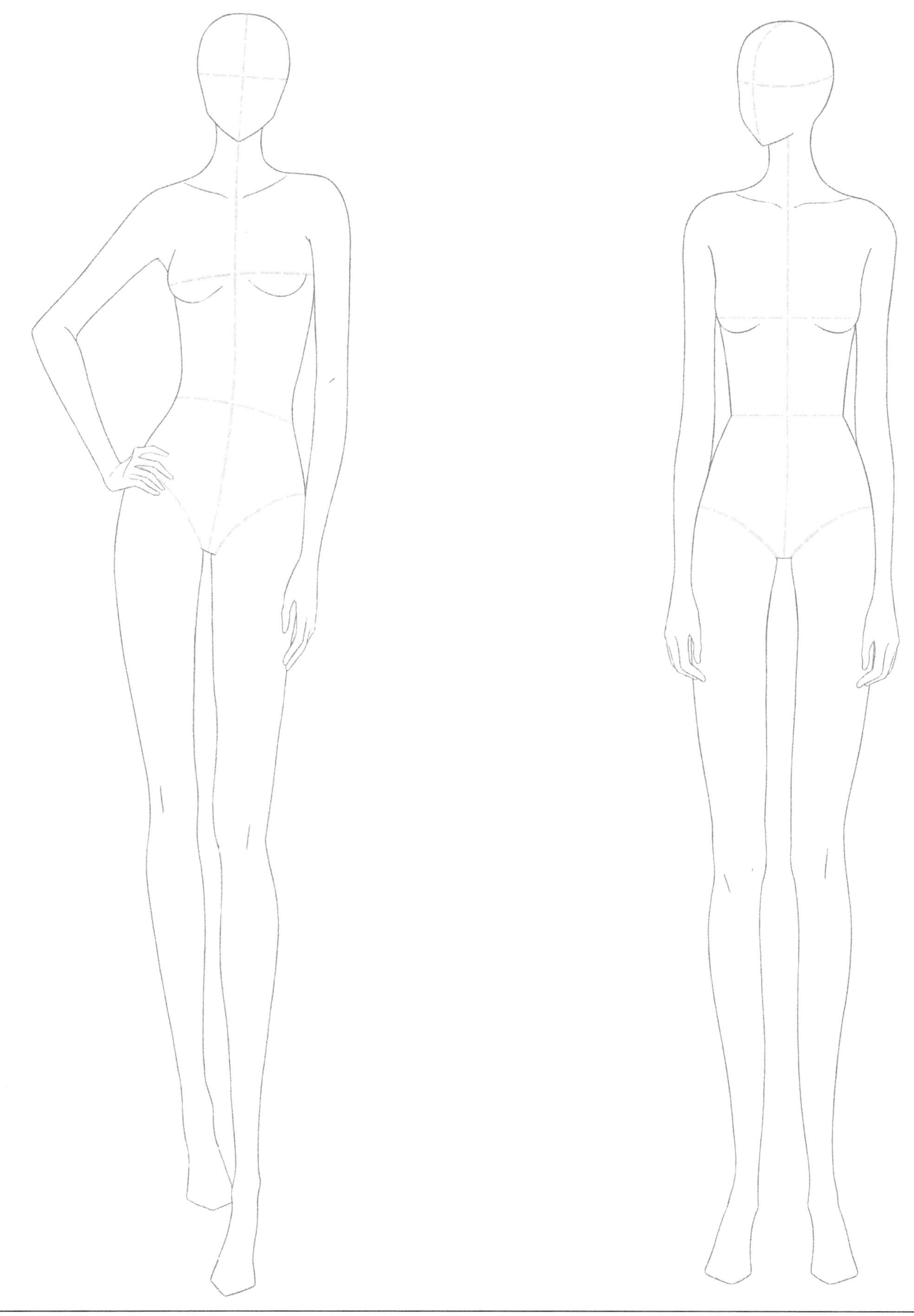

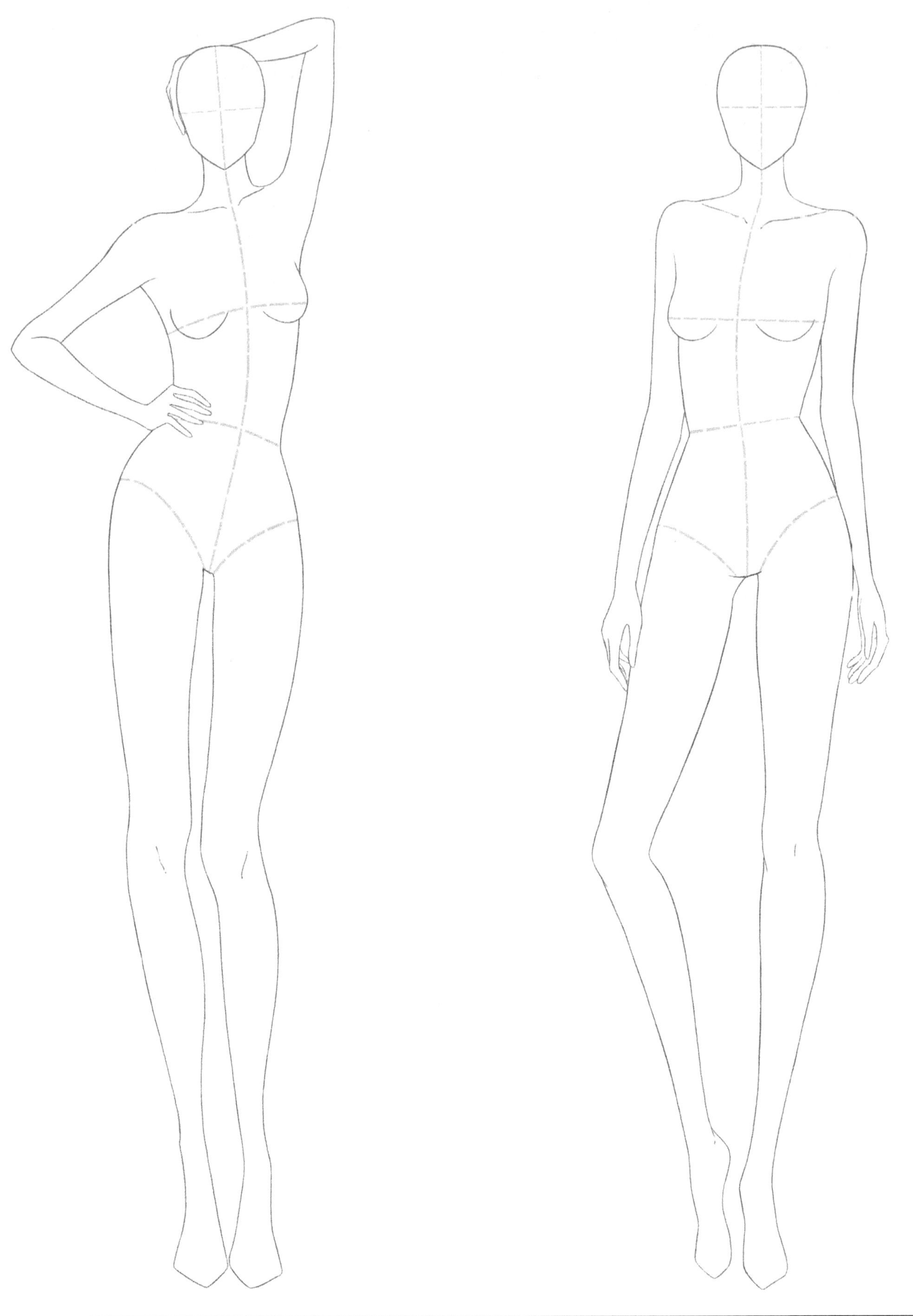

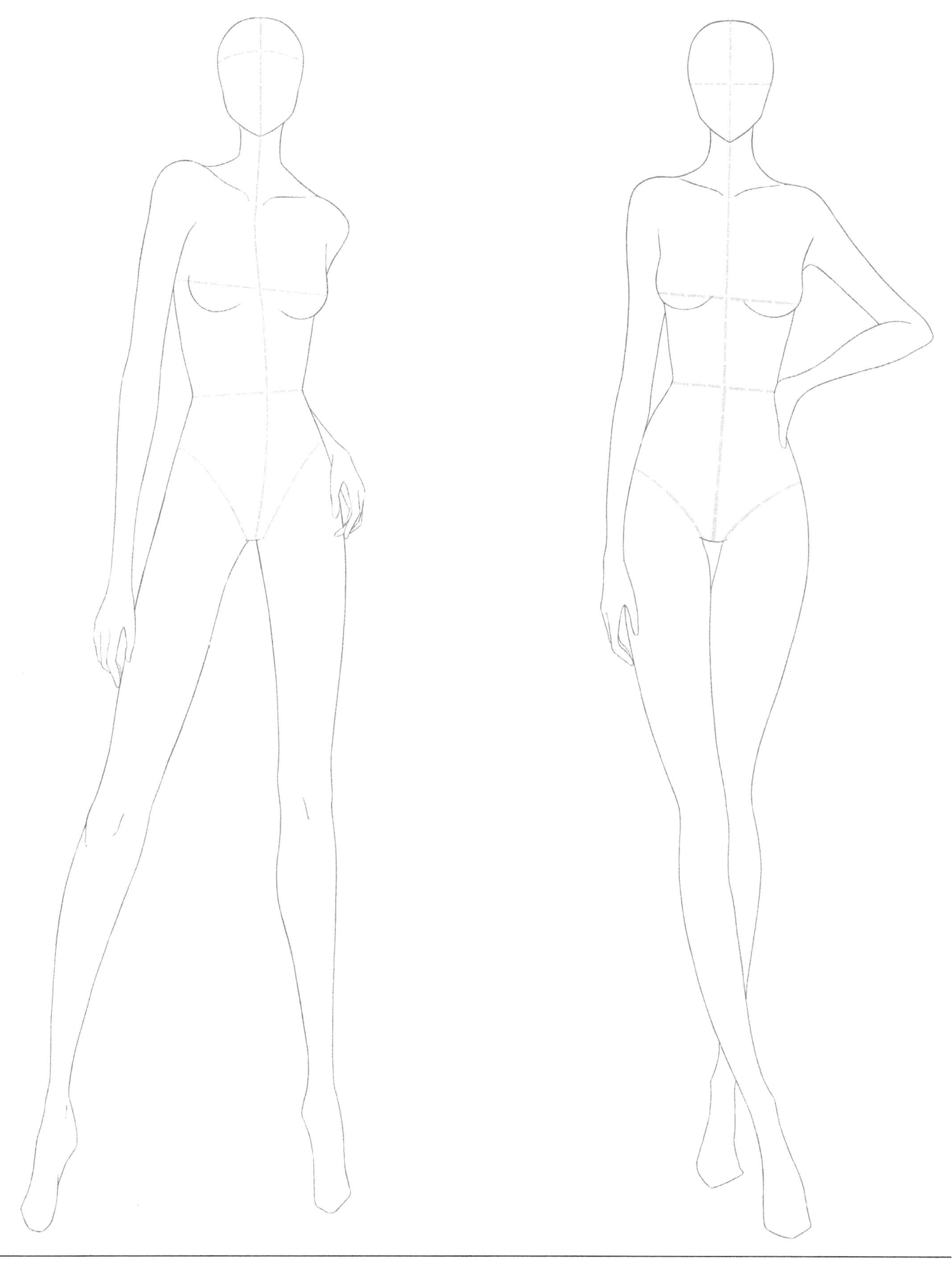

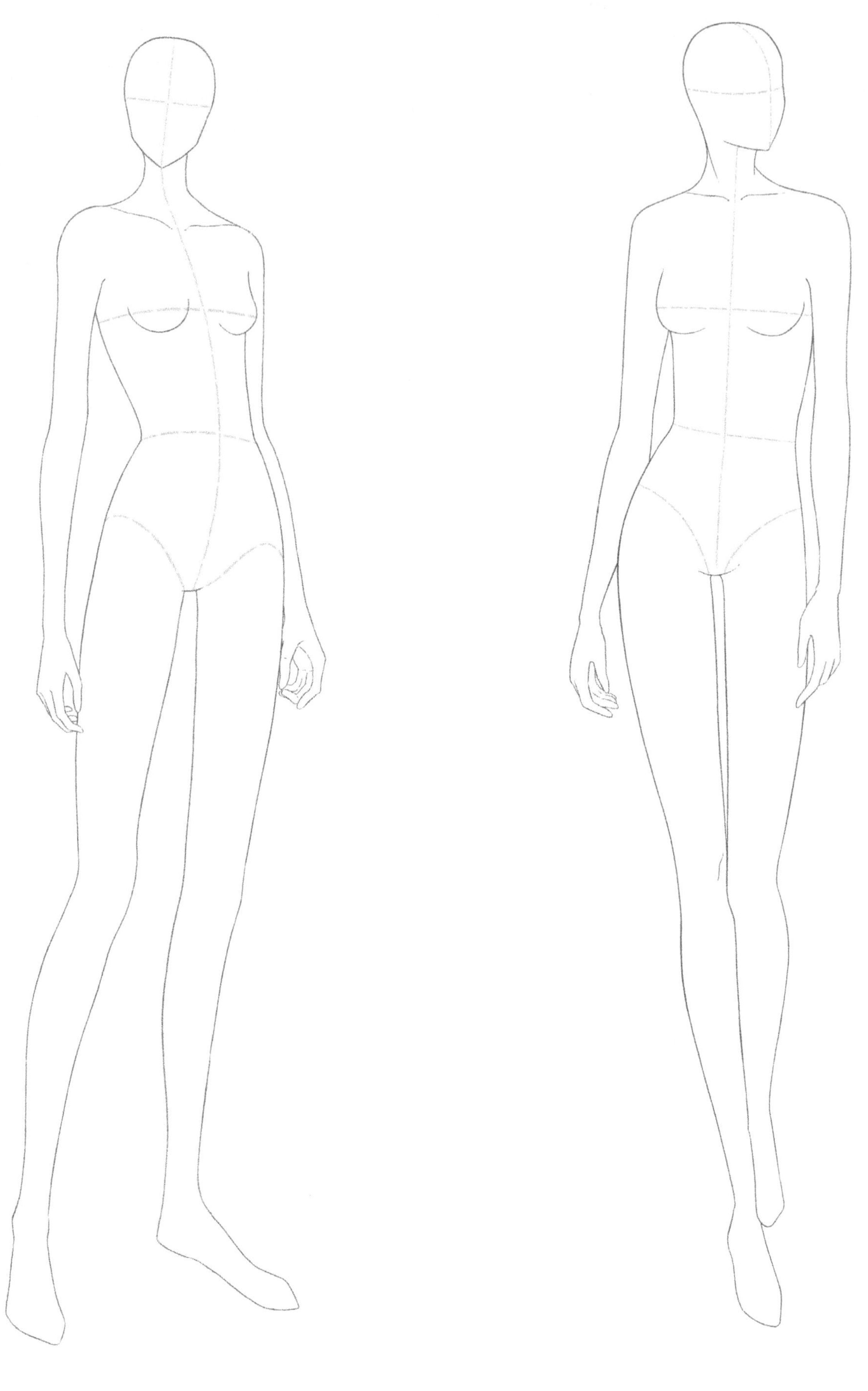

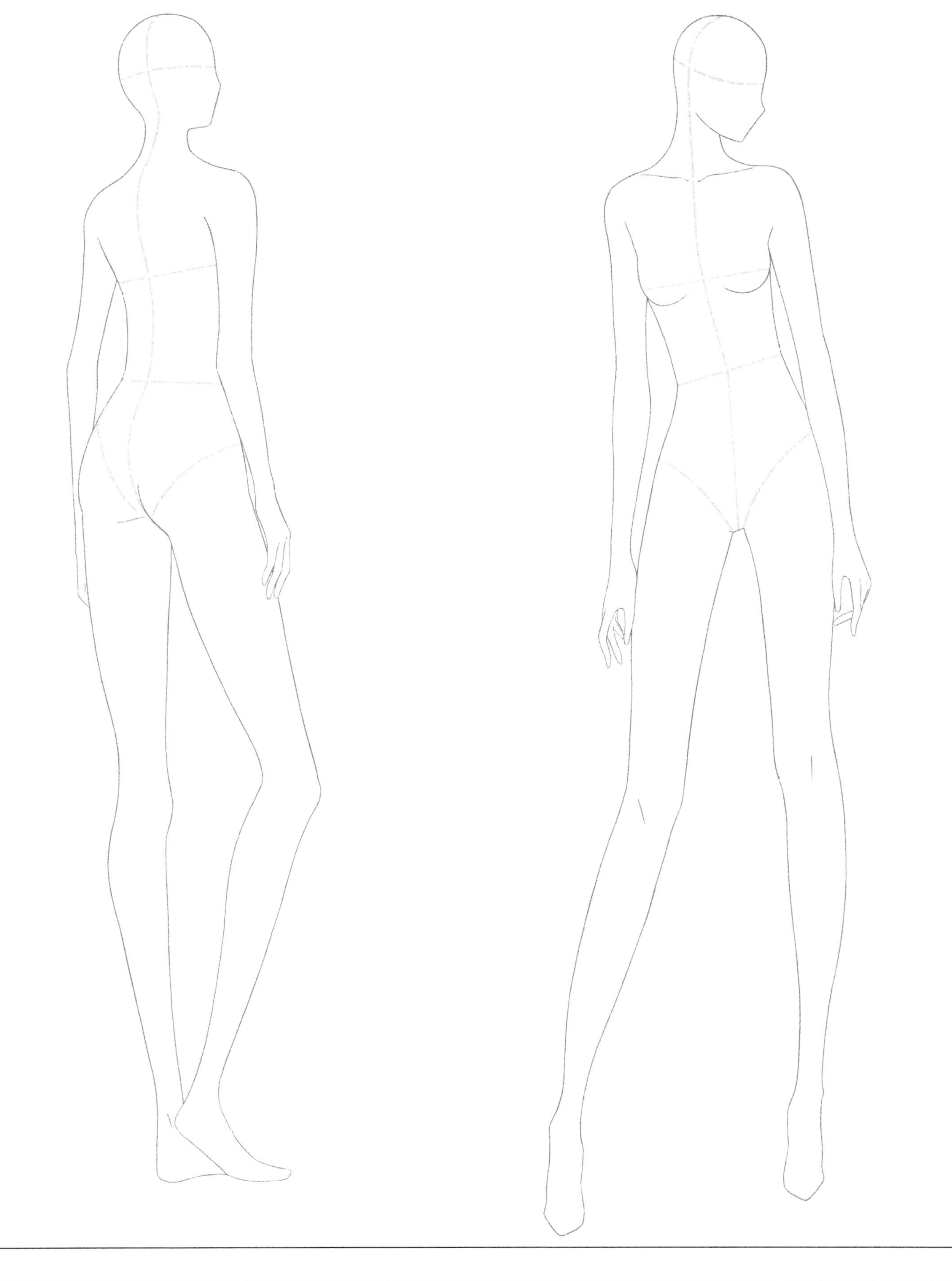

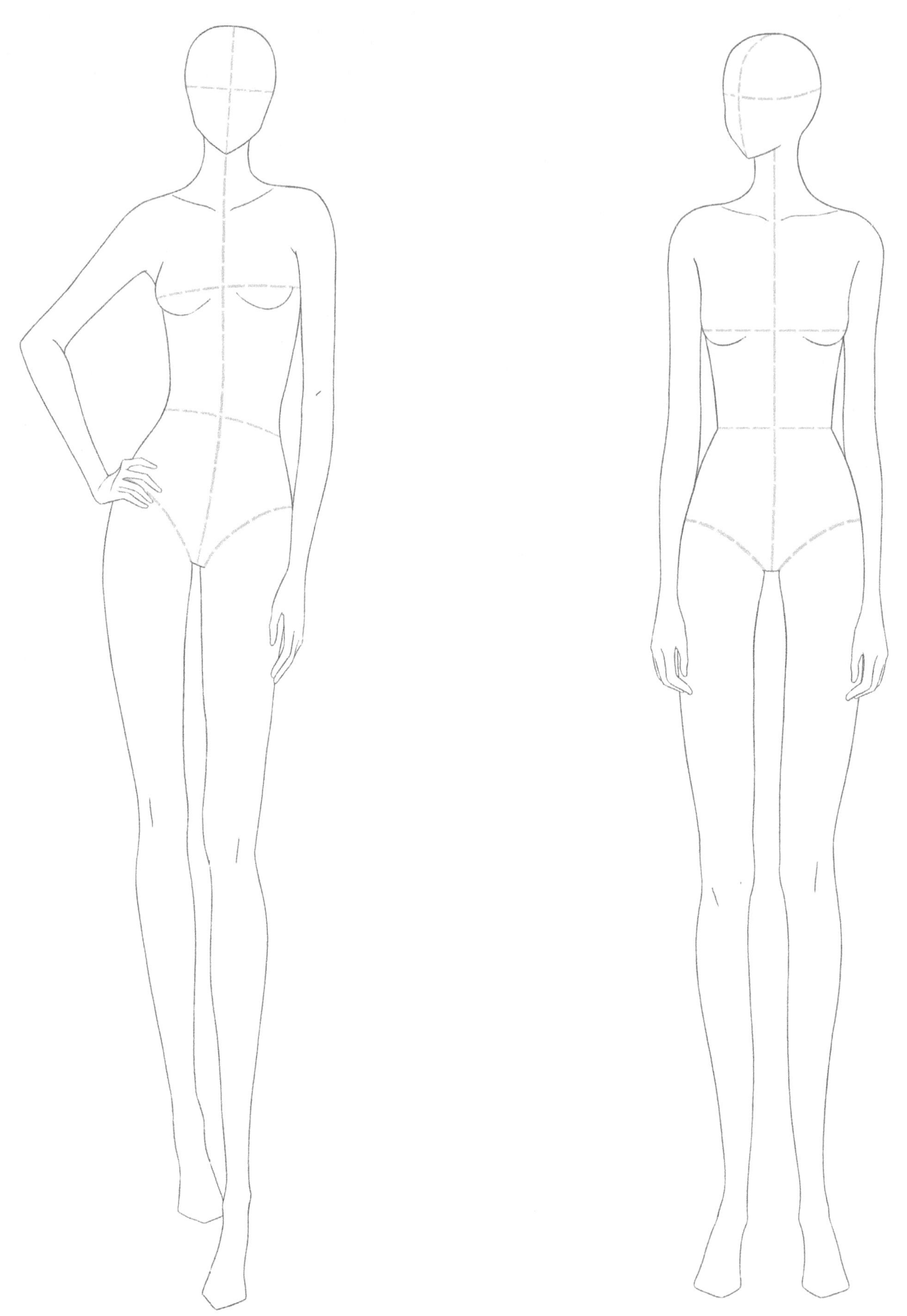

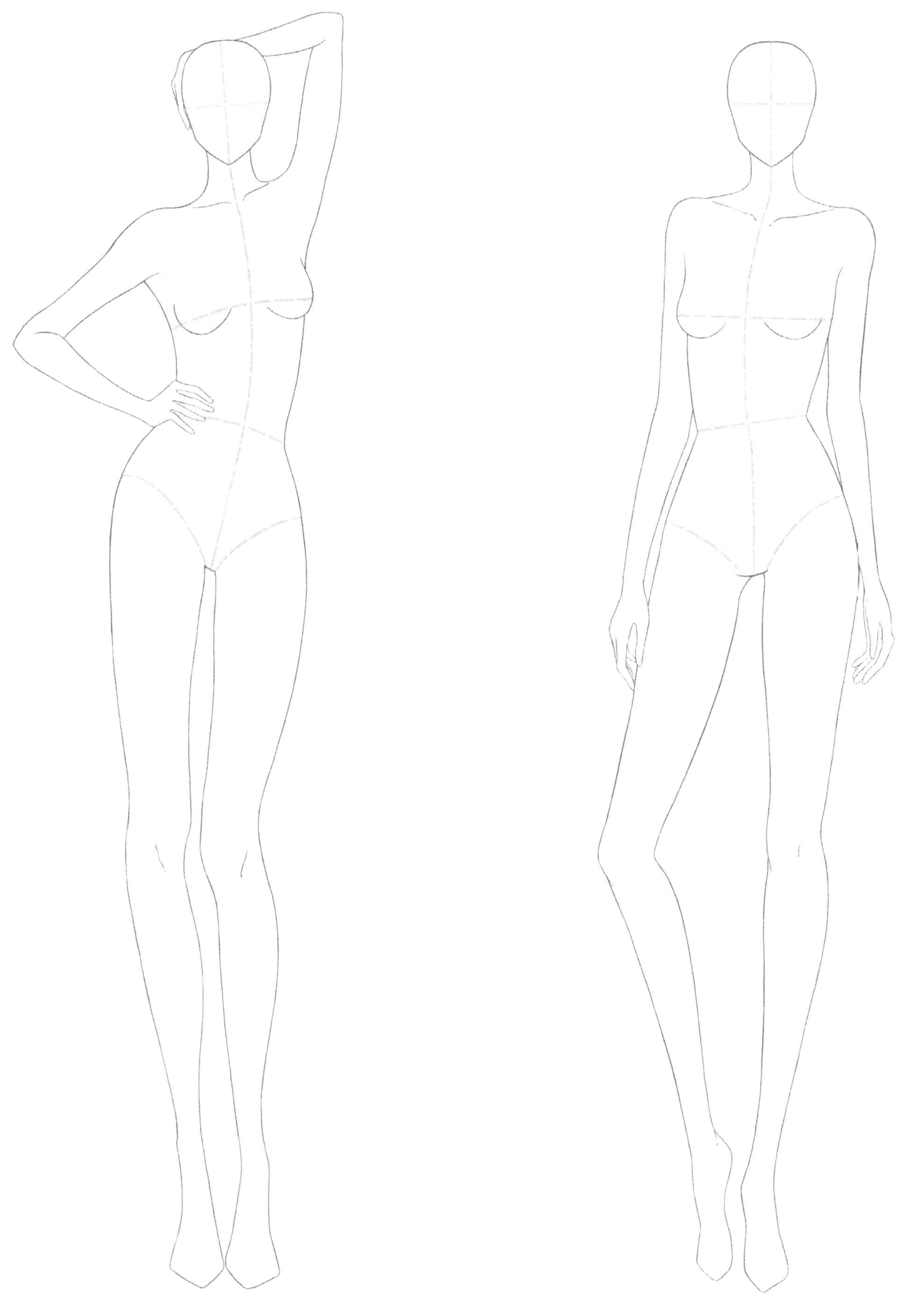

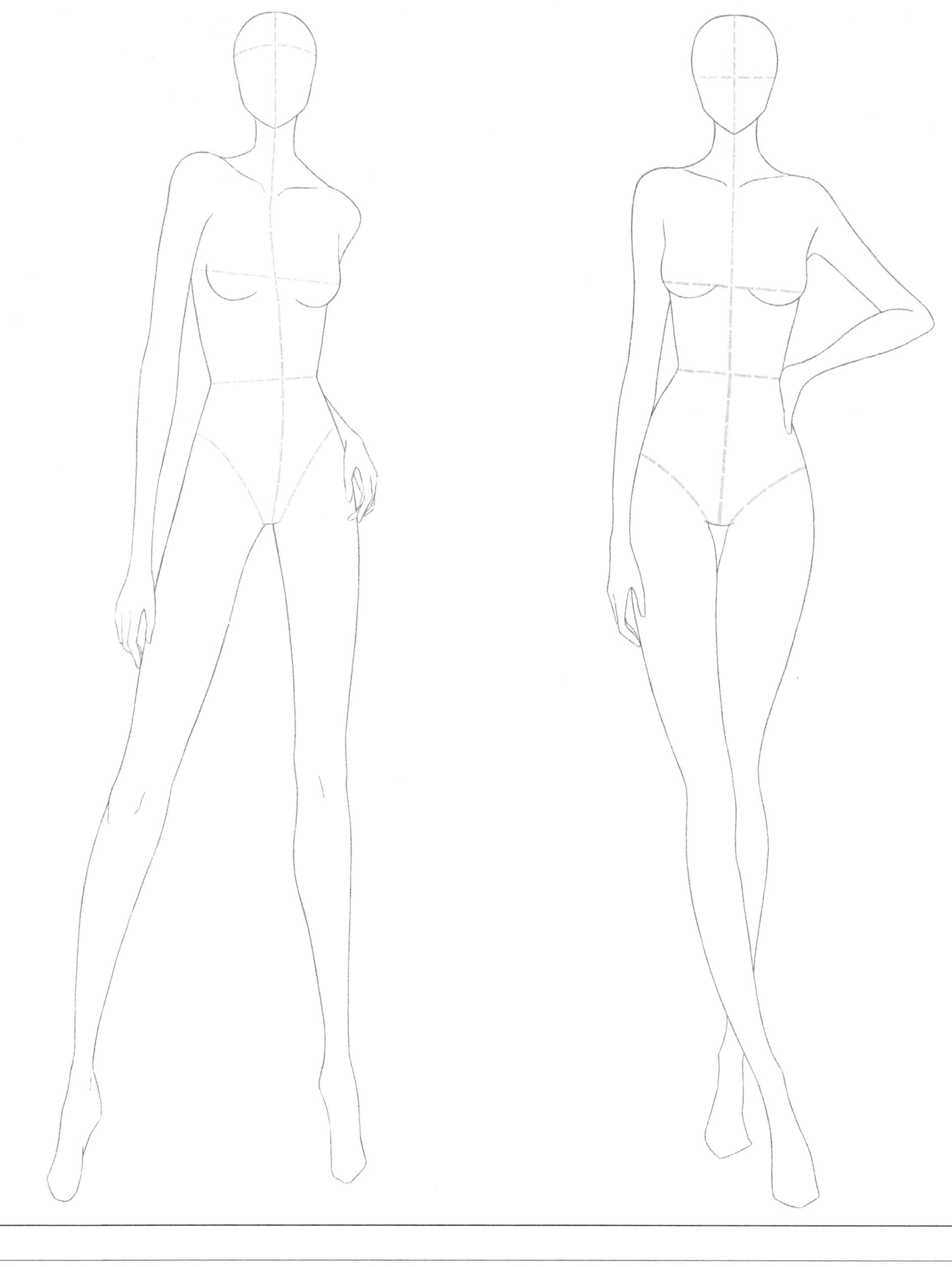

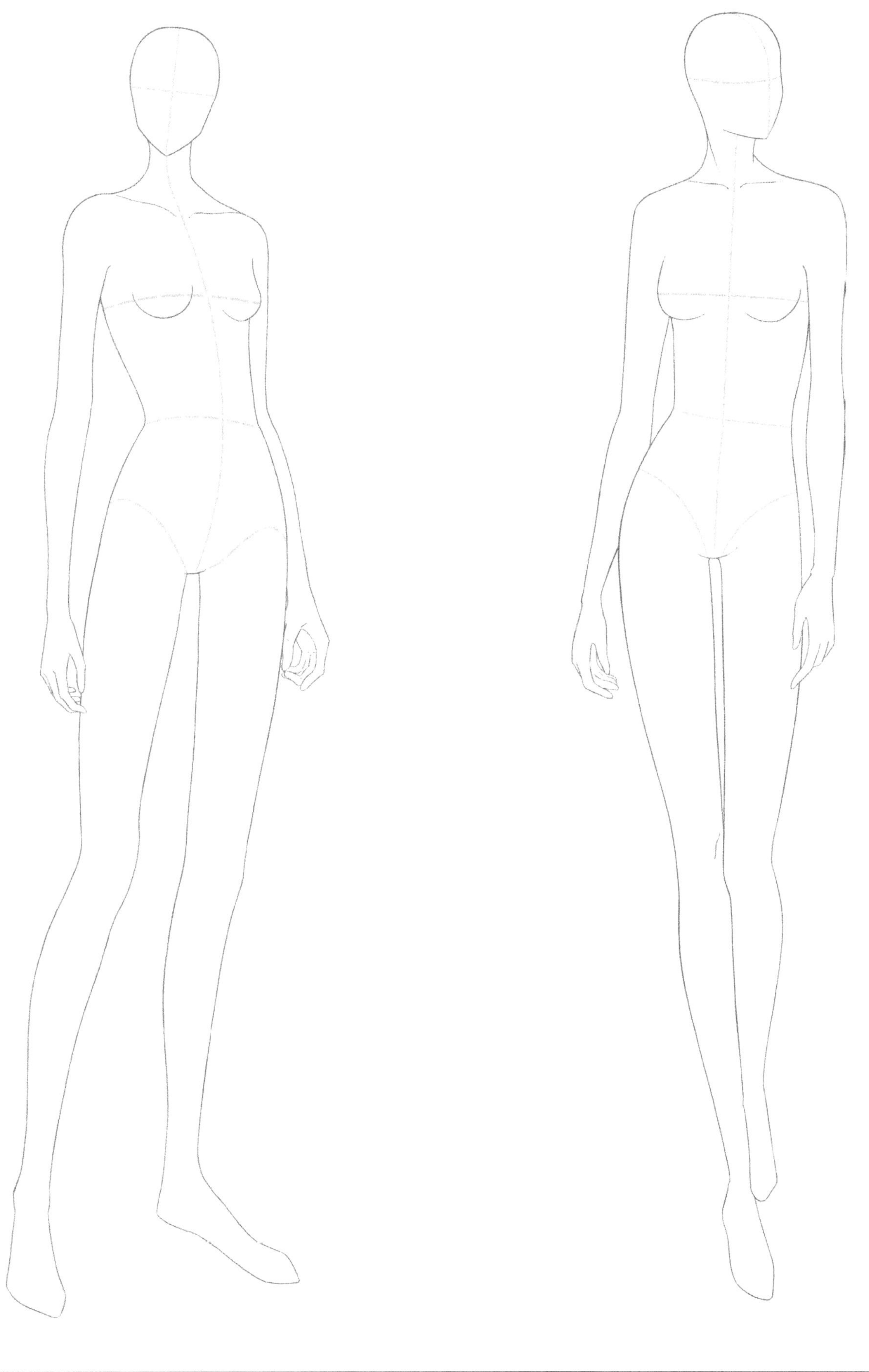

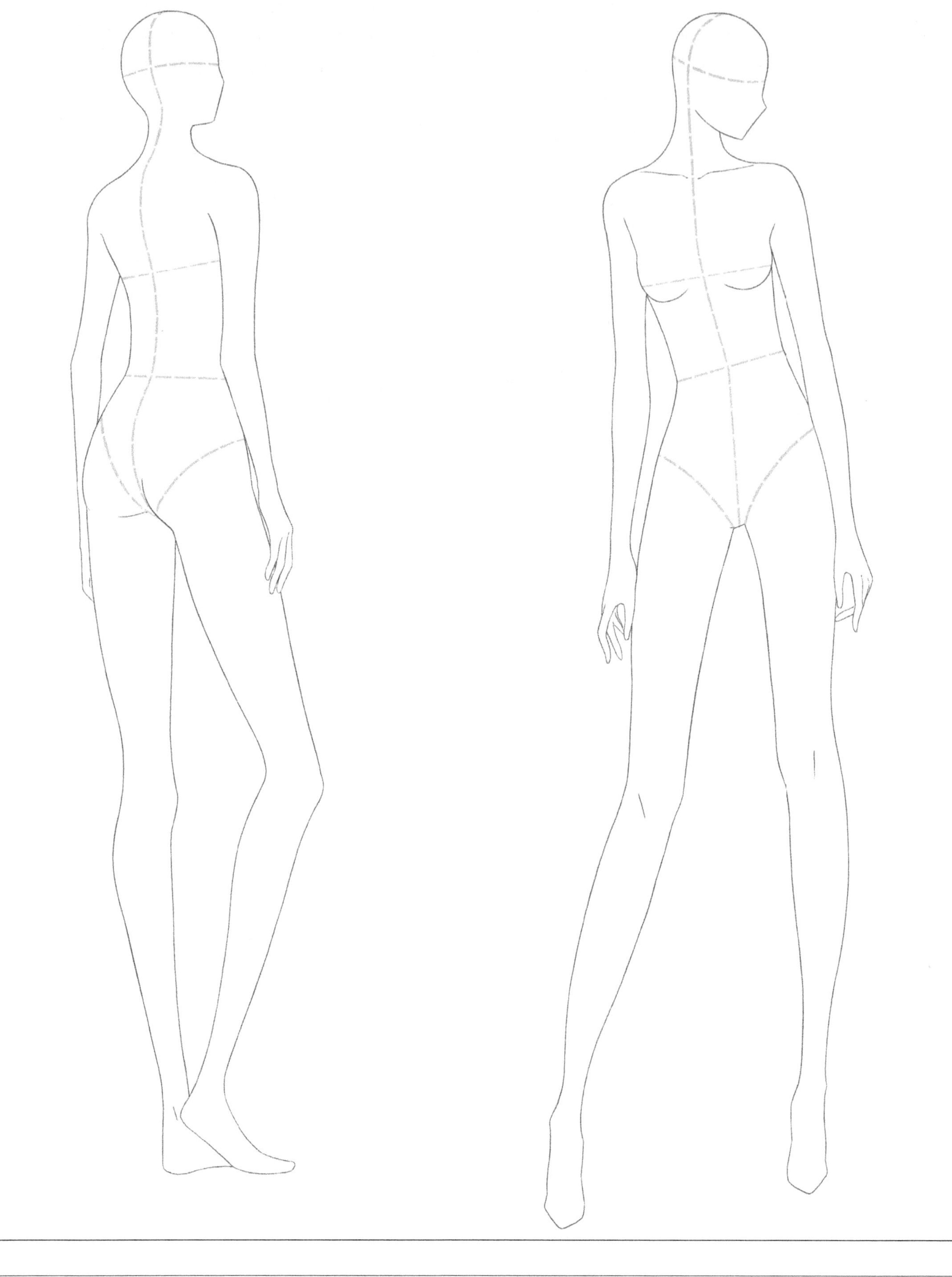

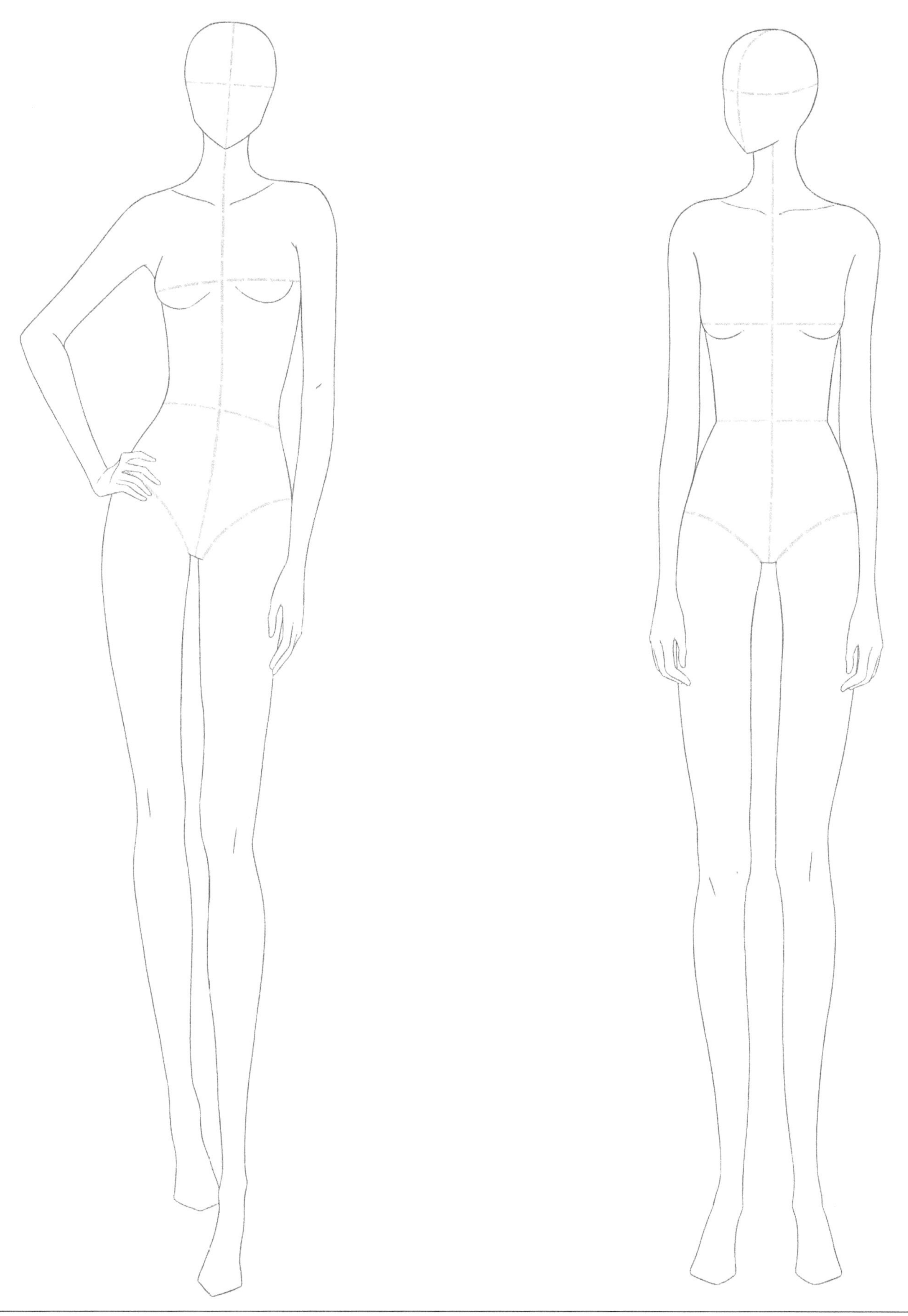

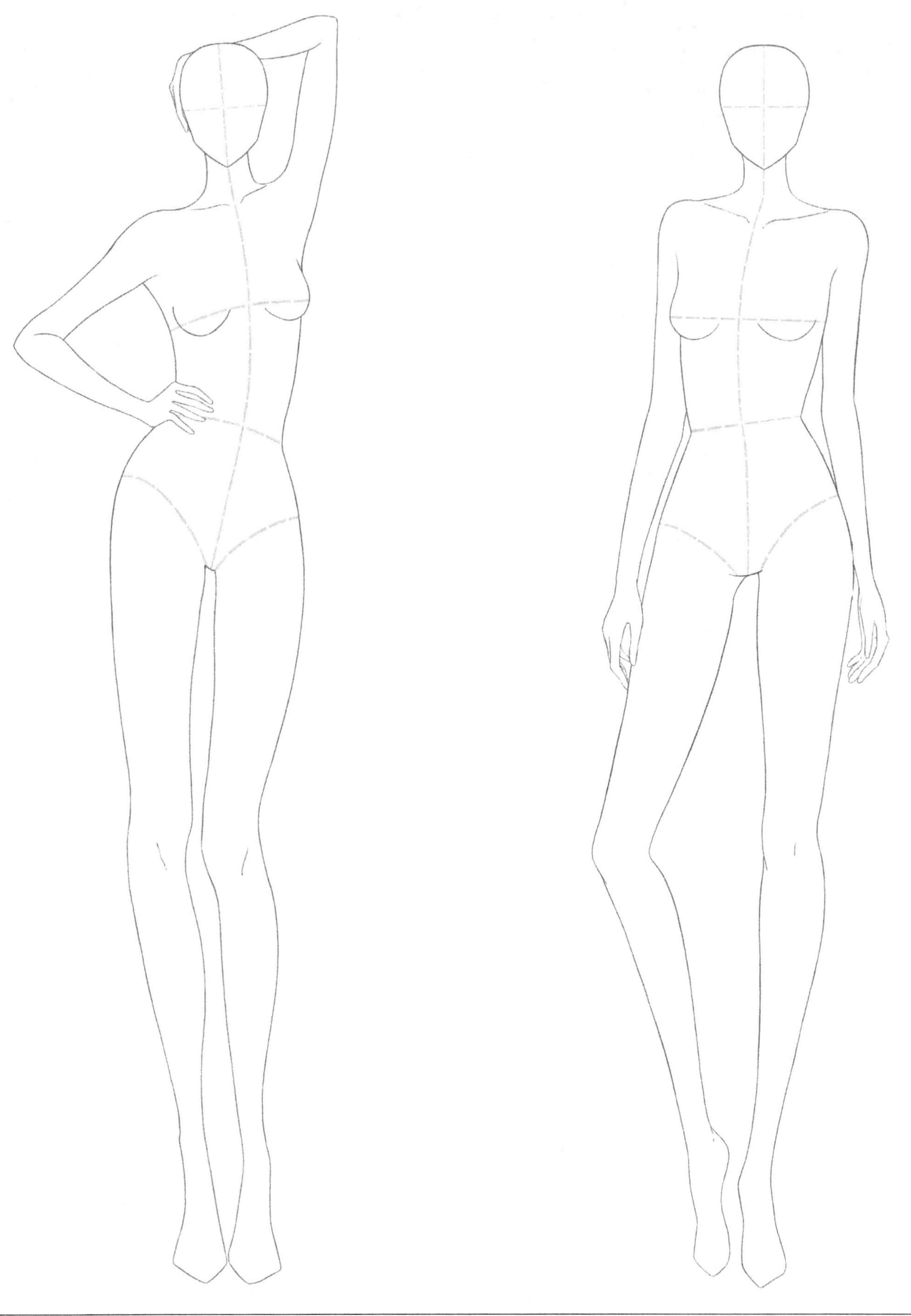

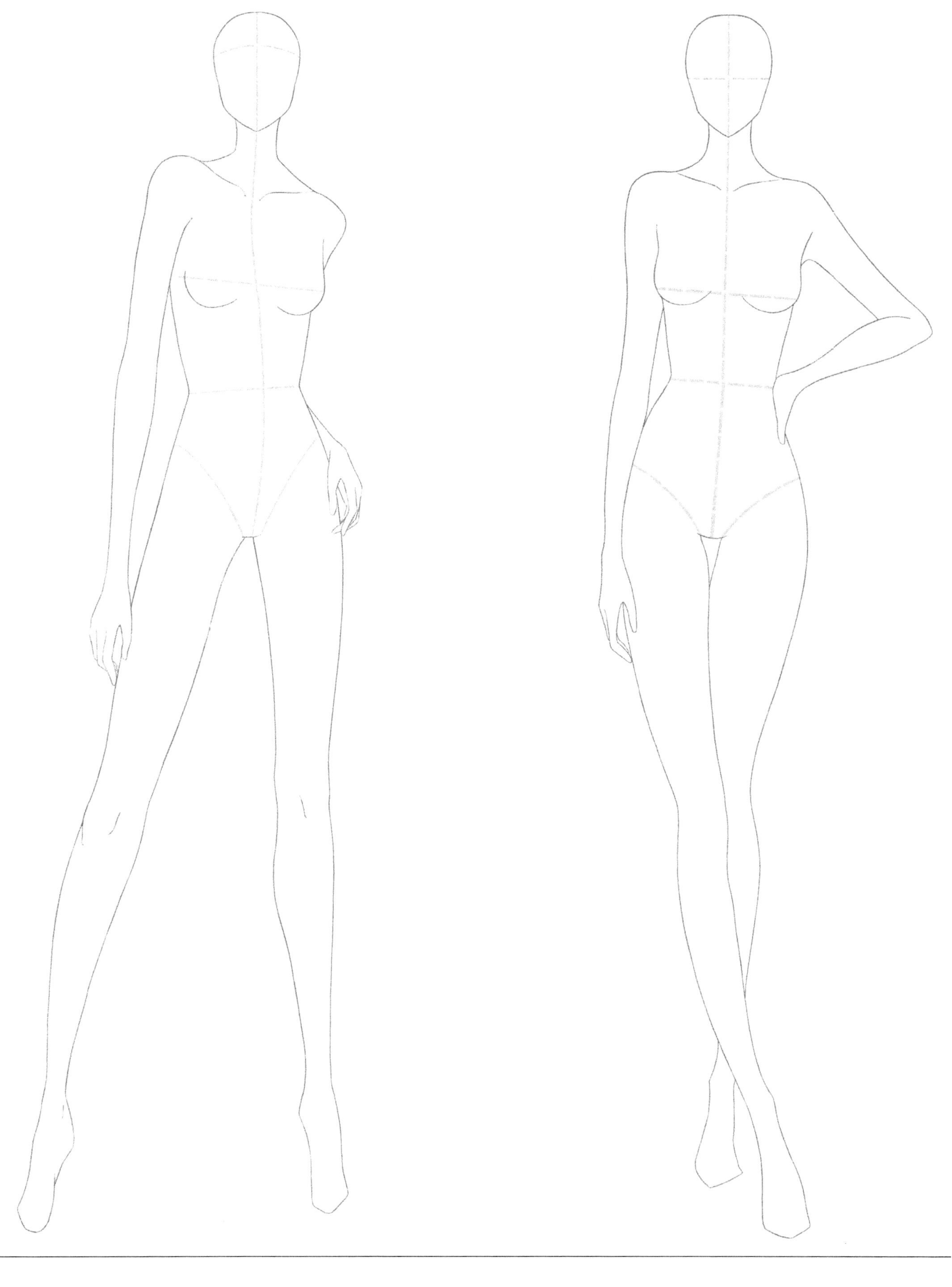

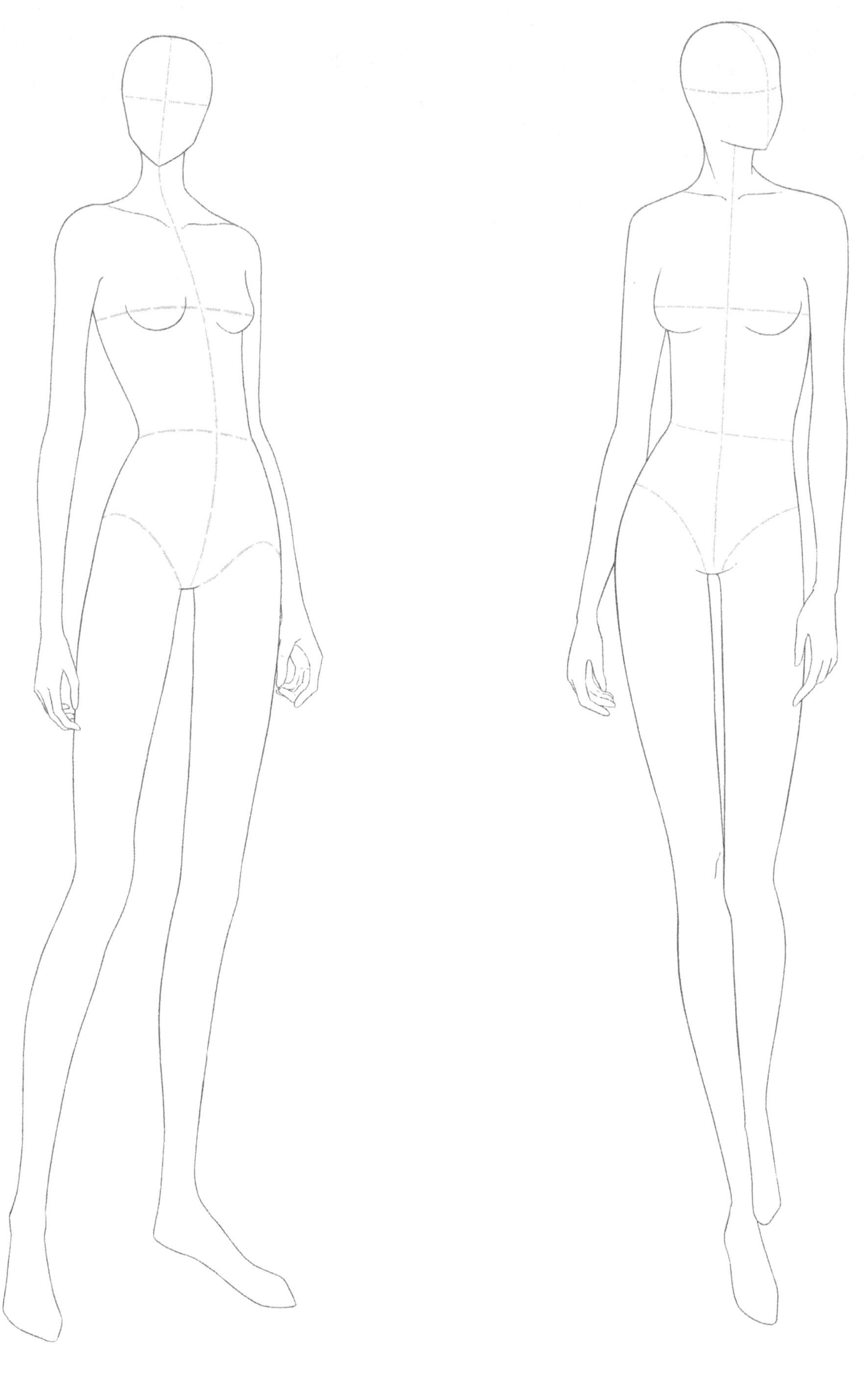

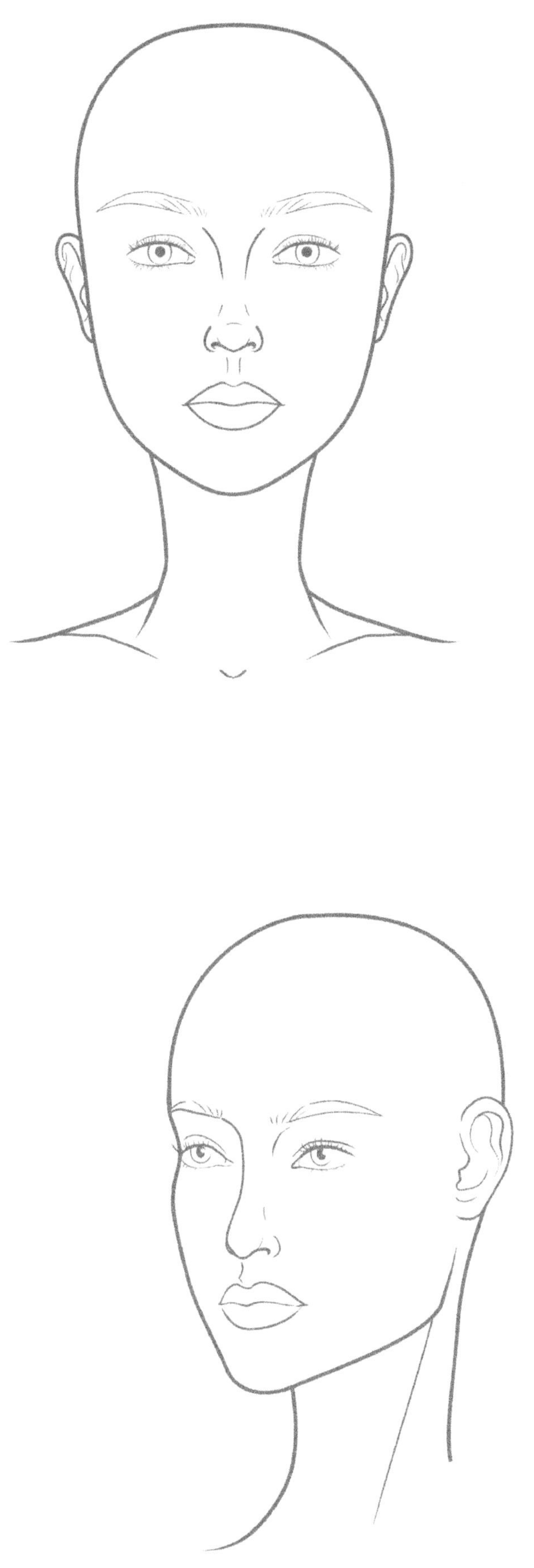
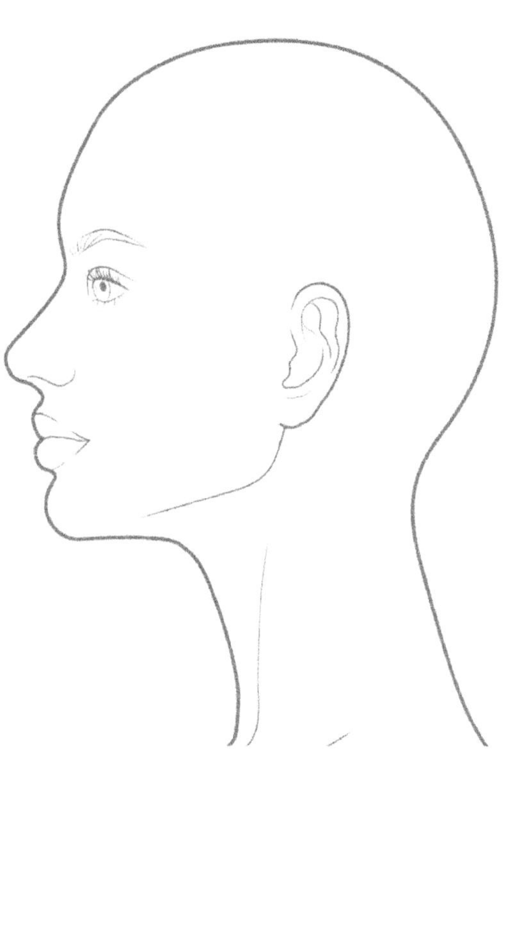

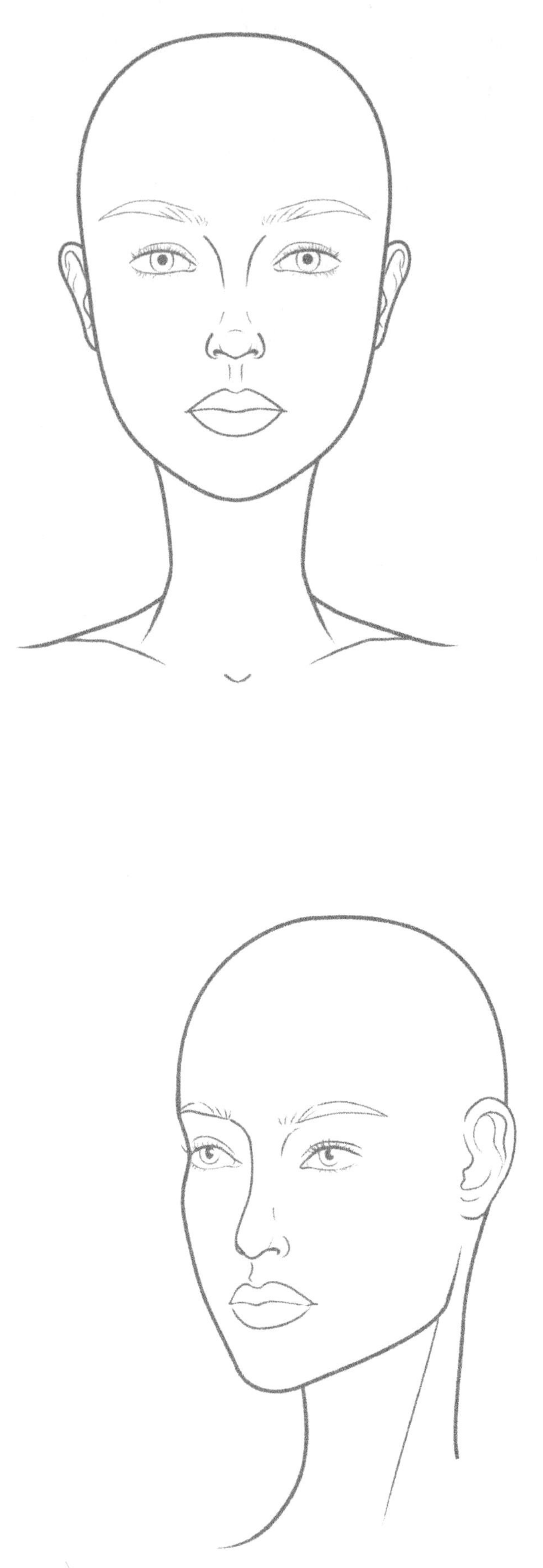

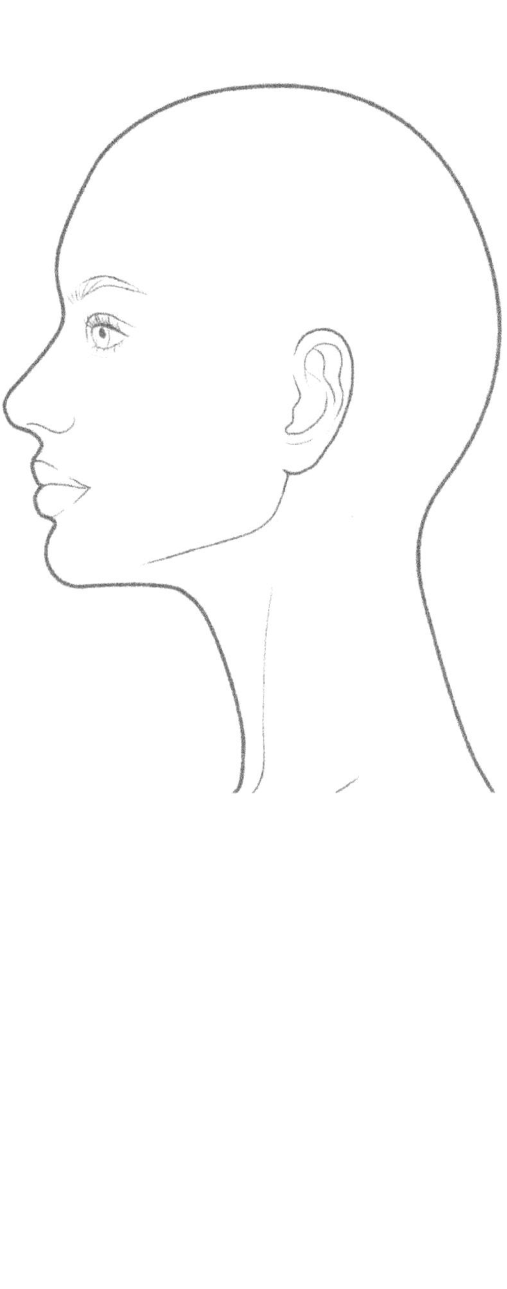

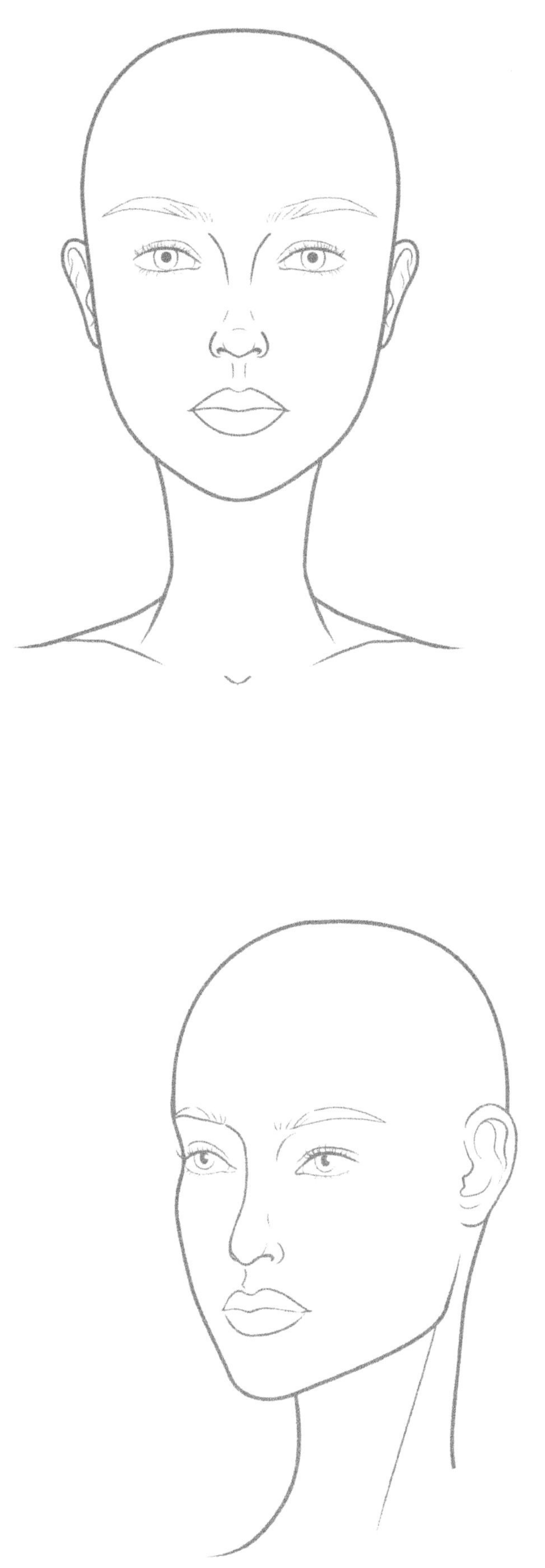
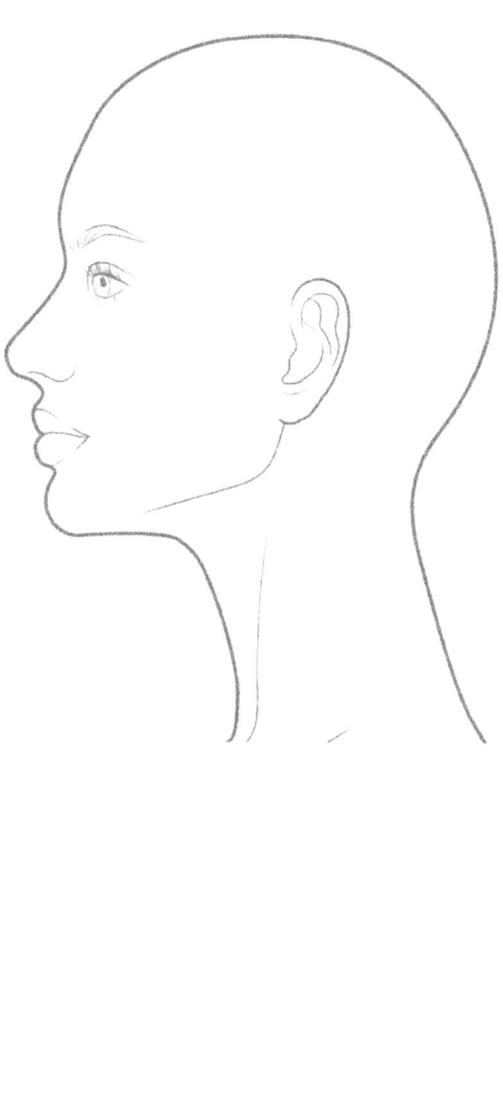

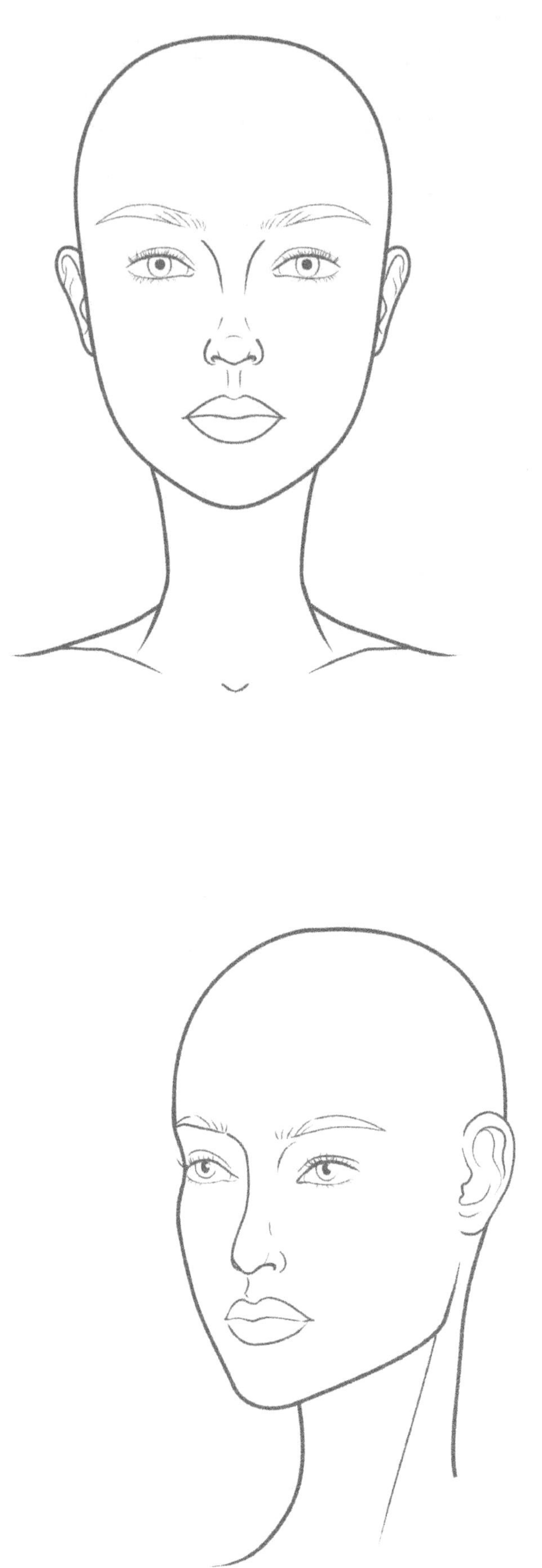

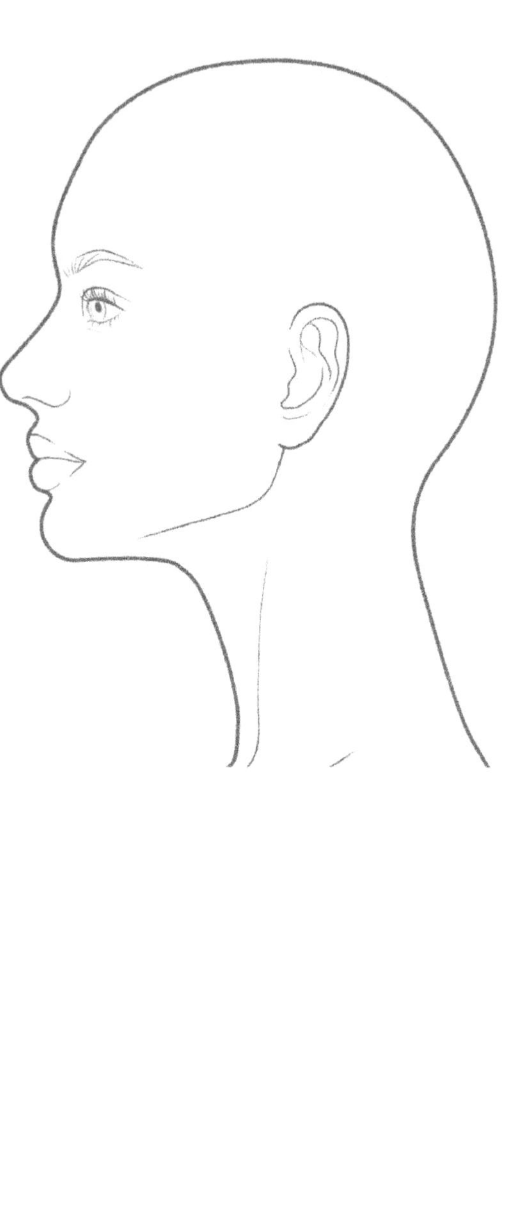

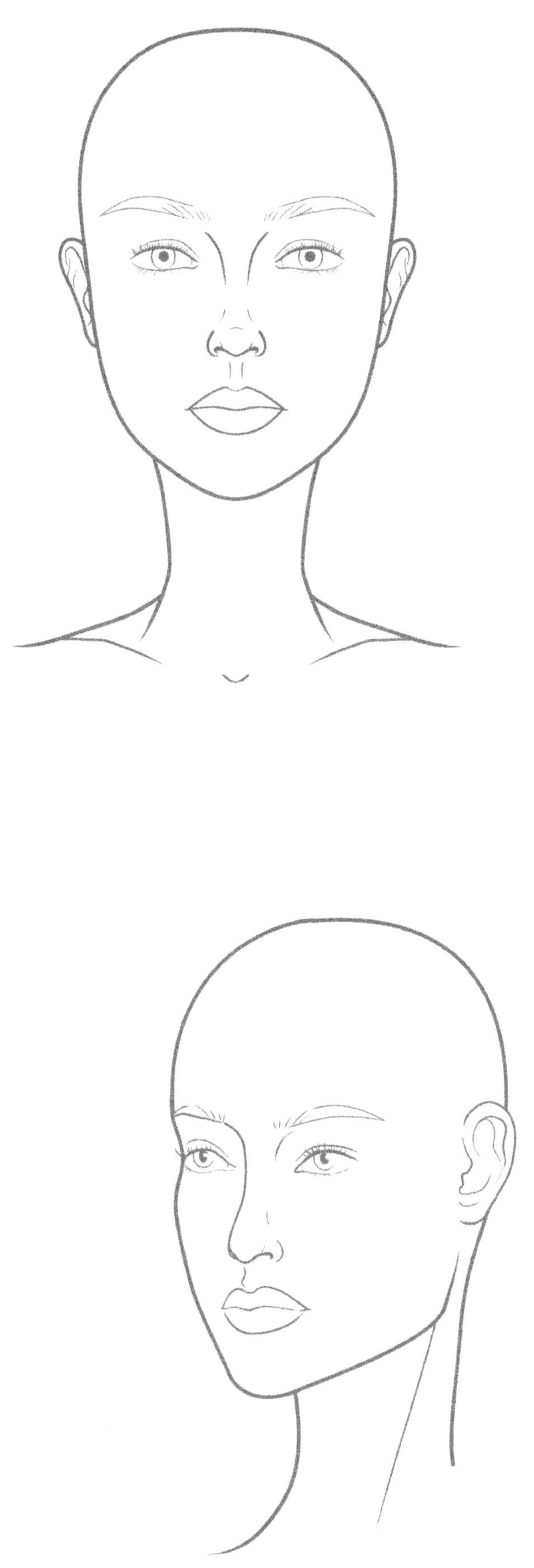
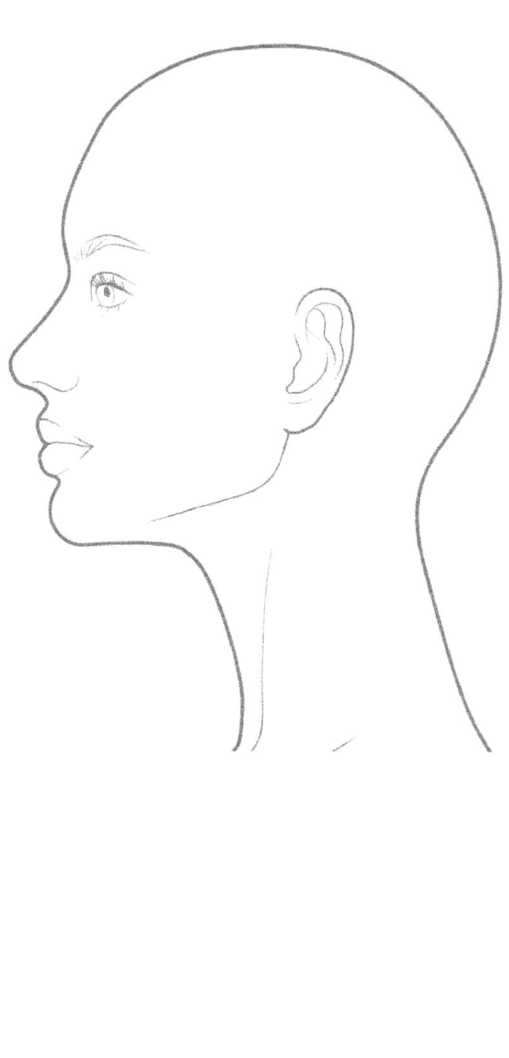

BACKSIDE VIEW
SIDE VIEW

ANGLE VIEW

BACKSIDE VIEW

SIDE VIEW

ANGLE VIEW

BACKSIDE VIEW

SIDE VIEW

ANGLE VIEW

BACKSIDE VIEW

SIDE VIEW

ANGLE VIEW

BACKSIDE VIEW

SIDE VIEW

ANGLE VIEW

BYE BYE

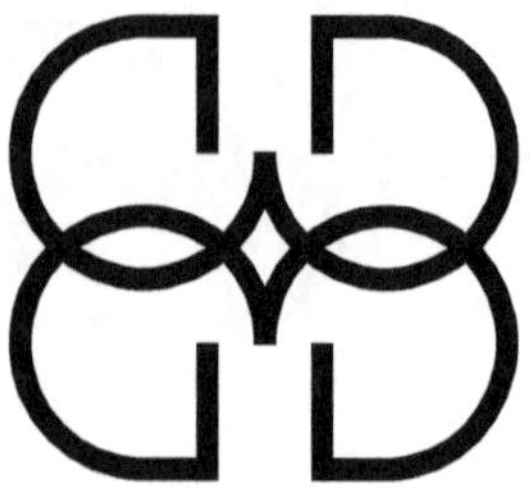

ABOUT BYE BYE STUDIO

Welcome to Bye Bye Studio, a Parisian fashion and accessory design studio where creativity and innovation come together. We love crafting unique pieces for both startups and established brands around the world.

But it's not just about design for us; we're passionate about sharing what we know with aspiring creatives. Our books are packed with insights and inspiration to empower the next generation of designers.

Take a moment to explore our collection, and we invite you to visit our website and connect with us on social media!

https://byebye.studio/

@_byebye_studio_

/byebyestudio

@byebyestudio

Download **2 extra fashion figure templates** to level up your design skills!

Scan query below

https://content.byebye.studio/designersupplynews

STUDIO